전남대학교 지역개발연구소 기획도서 8

사회간접자본과 지역발전

— 호남권 교통현안과 대책 —

정 봉 현

전남대학교출판부

Special Research 8
Center for Regional Development

SOC and Regional Development

- Standing Transportation Problems and Solutions in the Jeonlla Provinces -

Bonghyun Jeong (Ph.D.)

Chonnam National University Press

머리말

사회간접자본(SOC)은 사회를 지탱하는 자본 또는 시설로서 국가 및 지역의 발전수준을 나타내는 척도이다. SOC의 공급과 효율적 운영은 지역과 산업의 생산성을 결정하는 핵심적인 요인이며 국가경쟁력의 바탕이 된다. 특히 SOC 투자는 지역발전을 위한 중요한 정책수단이다. SOC의 구비 정도는 지역의 개발정도 및 성장잠재력과 직결되어 있다. SOC의 지역발전 효과는 단기적으로 지역의 수요창출을 유발하며, 장기적으로 지역경제의 개발잠재력을 향상시킨다.

SOC의 확충을 통한 호남권의 발전전략은 유효수요의 창출을 통한 직접효과와 지역개발여건을 변화시키고 간접적인 효과를 동시에 수반한다. 그동안 호남권에 대한 사회간접자본 투자의 부족과 착공시기의 지연은 지역발전에 긍정적인 효과를 충분히 가져오지 못하였다. 교통 SOC의 투자는 정책적으로 결정되어 호남권은 타권역에 비하여 SOC 투자가 미흡하고 이로 인해 저개발지역으로 놓여있다. 따라서 호남권의 발전과 경쟁력 강화를 위해서는 교통 SOC가 적절한 지역발전정책으로 사용되고, 지속적인 SOC 투자가 요구된다.

이상의 배경 하에 저자는 과거 10년 정도 호남권의 교통 SOC에 대하여 부문별로 연구하고 강의하였다. 본 서적은 저자의 호남권 교통 SOC에 대한 교육경험과 연구결과를 토대로 집필하였다. 본 서적은 호남권의 교통현안과 대책을 중심으로 사회간접자본과 지역발전에 대한 정책적인 내용을 다룬다. 서적의 주요내용은 제1장 사회간접자본과 지역발전, 제2장 SOC 투자정책·여건 변화와 문제, 제3장 호남권 교통 SOC 실태와 계획, 제4장 호남고속철도와 호남권 발전방향, 제5장 호남고속철도역의 운영 및 역세권 개발방향, 제6장 호남권 공항의 기능설정과 발전대안 종류, 제7장 서남권 무안국제공항의 활성화 방안, 제8장 광양항 친수공간 개발정책의 방향, 제9장 환경친화적 광양항 관리정책의 발전방향, 제10장 광양항 배후단지의 복합운송체계 형성전략과 제11장 호남광역경제권과 교통 SOC의 구축방안으로 구성되어 있다. 본 서적은 호남권 교통 SOC에 대한 기존 사례연구가 부족한 데서 시작하였지만, 그간의 조그만 노력의 결과라 생각한다. 서적의 내용이 관련 연구자에게 전문지식을 제공하고, 호남권의 교통 SOC의 문제를 해결하기 위한 개선대책의 수립에 조금이라도 도움이 되길 희망한다.

본 서적은 전남대학교 지역개발연구소의 기획도서 지원사업에 의하여 출판되었다. 본 서적의 출간에 재정지원을 한 전남대학교 지역개발연구소 및 관계자에게 감사한다. 그러나 서적을 집필한 후에 돌이켜 보니, 아직도 부족하고 미진한 내용이 많다. 부족한 부문은 지속적인 노력과 연구로 보완할 것을 약속하며, 추후에도 독자 여러분의 귀중한 소견과 질책을 기대한다. 여기에는 많은 연구자의 소중한 결과가 참조되었으나, 체계상 전체내용을 자세히 기술하지 못한 점은 양해하여 주길 바란다. 그리고 서적의 집필과정에 도움을 준 지역의 교통관련 교수·연구원 및 관계 공무원에게 감사한 마음을 전한다. 또한 서적의 집필에 격려를 준 전남대학교 경영대학의 교수, 지역의 도시계획·교통 관련 교수·연구원 및 지역개발학전공 교수에게도 감사한다. 끝으로 본 서적을 출간하도록 인도하여 주신 하나님께 모든 영광을 돌린다.

2010년 2월

용봉골 교통물류연구실 정 봉 현

차 례

제2장 SOC 투자정책 · 여건 변화와 문제

제3장 호남권 교통 SOC 실태와 계획

제6장 호남권 공항의 기능설정과 발전대안 종류

제7장 서남권 무안국제공항의 활성화 방안

제8장 광양항 친수공간 개발정책의 방향

제9장 환경친화적 광양항관리정책의 발전방향

제10장 광양항 배후단지의 복합운송체계 형성전략

제11장 호남광역경제권과 교통 SOC의 구축방안

제 1 장

사회간접자본(SOC)과 지역발전

1.1. 사회간접자본의 개요

1.2. 사회간접자본의 역할과 개발효과

1.3. 사회간접자본과 지역발전

사회간접자본(SOC)이란 말은 자주 들어도 익숙한 용어는 아니다. 우선 사회간접자본이란 용어를 기본적으로 알아본다. 그리고 SOC의 역할과 이에 따른 개발의 효과를 파악한다. SOC와 지역발전의 관계를 설명한 후에 어느 정도 지역발전의 정도가 있는 지 살펴보고자 한다.

제1장 사회간접자본과 지역발전

1.1. 사회간접자본의 개요

1.1.1. 사회간접자본의 정의[1)]

사회간접자본(SOC: social overhead capital)은 사회를 지탱하는 자본 또는 시설로써 포괄적인 의미가 있다. 이는 국가를 구성하는 크고 작은 시설을 포함한다. 일반적으로 도로, 철도, 공항, 항만, 댐, 상하수도 시설, 및 통신시설과 같이 비교적 규모가 큰 시설을 지칭한다. 법규에 의하면 사회간접자본이란 "각종 생산활동에 기반이 되는 시설 및 당해 시설의 효율성을 증진시키거나 이용자의 편익을 도모하는 시설"로 정의한다[2)].

이러한 개념에는 3가지의 기본인식이 포함되어 있다[3)]. ① SOC를 간접적으로 생산력을 증대시키는 기능을 갖는 자본으로 간주한다. 즉 생산활동에 필요한 자본 중에 기업이 직접 비용을 지불하지 않아도 되는 자본이다. ② 재화의 특성으로 보아 인간활동에 필수불가결한 재화로써 공동소비성, 비배제성 등의 특성으로 시장기구에 충분히 재화공급이 어려운 것이 SOC이다. ③ 공공부문에 의하여 공급되는 재화 및 서비스가

---

1) 정봉현 외 11공저(2000), pp.29-55.
2) 사회간접자본에 대한 민간자본유치촉진법
3) 부산발전연구원(2008), pp.7-10.

〈표 1.1〉 SOC의 개념구성

구분	개념적 의미
협의	공공투자 = 정부투자 + 정부기업투자 → 공적 고정자본 형성
광의	협의 SOC + 민간철도, 사립학교, 사립병원 등

자료: 정봉현(2000)

SOC이다.

따라서 SOC는 생산활동에서 필수불가결한 기본적인 시설로서 공공서비스, 교통, 통신, 전력 및 수도, 관계 및 배수 등과 연관된 재화 및 시설을 포함한다. 실제로 통상적인 SOC의 개념은 협의 및 광의로 구분한다. 협의 개념으로 SOC는 재화와 서비스의 생산에 직접 생산되기 보다는 도로, 통신, 전력 등 기업의 생산활동을 간접적으로 지원 또는 촉진하는 자본을 의미한다. 광의로는 기업의 생산활동 뿐만 아니라 교육, 의료, 보건, 국방 등과 같이 국민의 일상생활에 필요한 서비스의 생산과 관련된 자본도 들어 있다.

1.1.2. 사회간접자본의 특성

SOC는 공공성, 자본성, 지역 및 시설에 대한 독점성, 기술지향성 등의 특성이 있다[4]. 공공성은 SOC가 제공하는 서비스의 공공적인 성격으로 자본소유, 자본이용 및 자본정보에 대한 공공성이다. SOC는 대규모 투자액이 필요하고 자본의 회수기간이 길어 공공성이 강하다. SOC는 해당 자본의 시설과 지역적인 측면에서 독점성을 확보하며, 이것은 공공부문에 독자적인 SOC시설의 구축 및 운영을 정당화시켜 주고 있다. SOC시설을 구축하는 과정에는 기술적인 사항을 충분히 검토할 필요가 있고, 기술에 대한 의존도가 높아 기술지향적인 속성이 강하다.

---

4) 원제무 · 오병호(1998), pp.7-8.

1.1.3. 사회간접자본의 분류

SOC에 대한 정형적인 분류기준은 마련되어 있지 않다. 다만 그 시기의 상황, 분석 및 평가범위에 따라 다양하게 분류한다. 가장 일반적인 분류는 SOC를 기능에 따라 산업 및 생산기반시설과 생활기반시설 등 2가지로 나눈다. 산업 및 생산기반시설은 산업의 생산활동에 필요하고 일상생활과 밀접하게 관련된 시설로서 교통시설, 에너지시설, 통신시설, 행정 및 사법시설 등을 들 수 있다. 생활기반시설은 주거·환경시설, 교육시설, 의료·복지시설, 문화 및 여가시설 등으로 구분한다.

SOC는 자본의 스톡(stock)[5]에 따라 구분한다. 이것은 통계청이 10년 기준으로 수행하는 국부통계조사에서 활용된다. 부문별로는 교통부문, 생활편익시설, 통신부문, 치수 및 수리시설로 구분한다. SOC는 기간산

〈표 1.2〉 SOC의 분류

기준	분류항목	특성
SOC 기능	■ 산업·생활기반시설(교통시설, 에너지시설, 통신시설, 행정·사법시설, 수리시설) ■ 생활기반시설(주거환경시설, 교육시설, 의료복지시설, 문화·여가시설)	현황파악
SOC 특성	■ 교통시설(도로, 철도, 항만, 공항) ■ 생활편익시설(상하수도, 전기가스) ■ 통신부문 ■ 수리·치수시설	경제적 기능과 효과비교
국가기간 SOC	■ 수송시설(도로, 철도·지하철, 항만, 공항) ■ 전력가스, 용수·댐, 상하수도·환경시설 ■ 유통 집배송단지, 정보통신	국가기관

자료: 광주상공회의소(1996)

5) 스톡(stock): 어떤 특정 시점을 기준으로 파악한 경제 조직 중에 존재하는 재화 전체의 양이다. 예를 들면, 국부(國富)는 한 시점에 존재하는 한 나라 재화의 총액을 나타내는 스톡이다.

〈표 1.3〉 국부통계 조사보고서의 SOC 분류

대분류	중분류	소분류
사회간접자본 스톡(stock)	교통부문	도로, 철도, 항만, 공항
	생활편의시설부문	상하수도, 전기가스
	통신부문	
	수리 · 치수시설부문	

자료: 통계청(1999)

업을 고려하여 최소한 협의의 SOC인 수송시설과 전력, 가스, 용수, 댐, 상 · 하수도, 유통 집 · 배송단지, 정보통신을 포함하여 중간 협의의 SOC로 파악한다. 여기에서는 국가 및 지역의 경쟁력을 강화하기 위한 필수적인 SOC로 파악하여 국가기반 SOC로 분류한다.

한편 한국의 통계청에서 발행하는 국부통계조사와 1999년 개정된 '사회간접자본시설에 대한 민간투자법'에 SOC에 대한 정의가 있다. 국부통계조사서에 의한 SOC 분류는 stock을 기준으로 구분하고 있다. 보통 교통부문 SOC는 도로, 철도, 항만, 공항을 포함한다.

1.2. 사회간접자본의 역할과 개발효과

1.2.1. 사회간접자본의 역할

사회의 대표적인 활동에는 생산, 소비와 복지가 있다. SOC는 사회의 소비와 생산, 생산과 복지, 복지와 소비 등을 상호간에 연계시켜 주는 역할을 한다. 사회의 지속적인 발전을 유도하고 그 역량을 충분히 발휘시키기 위하여 SOC시설이 필요하다. SOC는 이러한 상호 연계의 매개체 역할을 통하여 다양한 역할을 수행한다. 다시 말해, 생산활동을 간접적으로 지원하고, 그 자체가 생산요소로 작용한다. 지역투자를 촉진하고 경제개발을 활성화시키며, 생산비용의 절감과 물가안정을 도모한다. 기술개발을 촉진하고 지역간 사회·경제적인 격차를 완화하며, 지역의 고용촉진과 경제활성화 등의 역할을 담당한다.

따라서 정부는 SOC의 투자·확대를 통하여 생산, 고용 등의 실물경기의 향상을 가져오는 경기부양정책의 수단으로 사용한다. 정부가 경기부양책으로 사용하는 통화정책과 감세정책은 실물경제에 미치는 영향이 제한적이다. 이러한 정책은 재정지출 확대정책과 병행하여야 보다 효과적이다. SOC의 투자확대는 재정지출 확대정책으로 사용되는 대표적인 정책수단이다.

1.2.2. 사회간접자본의 개발 및 효과

SOC의 개발방식에는 크게 정부가 주도하는 공공부문과 경제적 원리가 강하게 적용되는 민간부문이 있다. 이의 변형으로 공공부문과 민간부문이 통합한 제3섹터 방식 등이 있다. SOC의 공급주체는 실제로 공공부문, 민간부문 및 제3섹터로 나누어진다.

이러한 서비스 유형으로 구축된 SOC의 개발로 직접 또는 간접효과가 발생한다. 직접효과는 SOC의 구축에 의한 직접적인 효과이다. 여기에는 SOC수요의 충족, 경제효과(비용절감, 편익발생), 환경효과(대기·수질개선, 소음감소), 사고방지와 안전증진, 편리성 증대효과 등이 존

〈표 1.4〉 공공서비스 유형별 SOC의 분류

공공서비스 유형	세 부 내 용
정부건설, 정부운영	정부 무료공급, 정부의 판매와 협약
민간건설, 민간운영	허가, 시장 공급, 자급
정부건설, 민간운영	민간과 협약, 민간 위탁
민간건설, 정부운영	자원 봉사
기타유형	보조금, 조세유인, 수요제한

자료: 원제무·오병호(1998)

〈표 1.5〉 SOC 개발의 효과

효 과	세 부 사 항
생산활동 간접지원	■ 생산효율성 제고, 생산량 간접증가 ■ 물류비용의 절감, 국제경쟁력 강화
투자촉진	■ 생산비 감소, 수요증대와 투자확대 유도
경제개발의 촉진	■ 효율적 국토개발 추진 ■ 지역간 분업화 촉진, 고용인구의 증가
물가 조절기능	■ 수송비용 절감, 물가지수 반영과 물가영향
기술혁신의 촉진	■ 관련산업의 육성, 기술혁신의 유발
지역격차의 완화	■ 지역개발 유도, 지역격차의 완화 ■ 타지역과 연계성 강화

자료: 양지청(1994); 광주상공회의소(1996)

재한다. 외연적으로 파생되는 간접효과는 지역개발 효과, 지역경제의 활성화, 지역 재정수입의 증대 및 지역사회의 문화형성 효과 등이 들어 있다.

1.2.3. 사회간접자본의 개발관련 문제

SOC의 개발에 따라서 국가 및 지역사회에 미치는 긍정 및 부정적인 영향은 다양하다. 이를 테면 SOC가 잘못 건설된다면 국가적으로 부정적인 영향이 크게 발생한다. 부정적인 영향의 사례를 보면, 지역불균형의 심화, 단기계획과 공사로 인한 부실 문제, 지역·국가의 경쟁력 약화 및 난개발의 초래 등이 있다[6].

6) 원제무·오병호(1998), p.10.

〈표 1.6〉 SOC의 개발관련 문제

항 목	문 제 내 용
지역불균형 심 화	■ SOC의 편중배치로 지역불균형 성장의 초래와 심화 ■ 지역간 불균형 개발의 유도, 경제사회부문에 문제점 초래
부실 발생	■ 사전 준비계획의 소홀과 건설비용의 과다 발생 ■ 시설 내구연한 내 과다한 유지·보수비용의 발생과 형성
경쟁력 약 화	■ SOC에 대한 과대·과소평가로 인한 문제발생 ■ SOC자체의 경쟁력 약화, 지역·국가경쟁력 약화의 초래
난개발 조 성	■ 정치적 논리와 지역이기주의에 의한 SOC의 확충 ■ SOC의 수요와 시설특성 간 사전 이해부족의 문제

지료: 원제무·오병호(1998); 홍성웅(2005)

1.3. 사회간접자본과 지역발전

1.3.1. 사회간접자본과 지역발전의 관계

SOC투자는 지역개발을 위한 다양한 정책수단 중의 하나이다. SOC는 지역의 사회·경제적 활동을 위한 기반여건을 제공함으로써 중요한 정책수단이 된다. SOC의 구비 정도는 지역의 개발정도 및 성장잠재력과 직결되어 있다. SOC의 지역발전효과는 단기적으로 공공지출의 승수효과[7]를 통하여 지역의 수요창출을 가져온다. 장기적으로는 지역경제의 개발잠재력을 향상시키는 것이다. 선진국의 사례들을 보면, SOC시설의 확충을 통한 지역발전 전략은 유효수요의 창출을 통한 직접효과와 지역개발여건을 변화시키고 간접적인 효과를 동시에 수반한다.

지역적으로 사회간접자본의 투자는 지역발전에 보통 긍정적인 효과가 나타난다. 한편 지역발전의 효과는 사회간접자본의 수요증가를 유발

7) 한 경제변수의 변화가 직접·간접으로 효과를 순차적으로 파급, 경제체계 전체를 새로운 수준으로 유도할 때 나타나는, 다른 경제변수의 변화에 대한 배수관계이다.

〈표 1.7〉 교통 SOC 투자와 지역발전의 관계

역 할	발전효과의 경로
생산 · 유통비 절감	■ 생산 · 유통비 감소 → 가격하락 → 기존시장수요 증가 → 생산량 증가
시장성의 확대	■ 생산 · 유통비 감소 → 가격하락 → 판매시장 확대 → 생산량 증가
공업입지여건의 향상	■ 신규기업 증가 → 지역생산의 증가
지역간 교류증대	■ 제반서비스 증가 → 지역서비스산업의 생산증가
지역성장잠재력 강화	■ 사회간접자본 투자 증가 → 지역경제성장 잠재력의 향상

자료: 안홍기 · 김민철(2006); 부산발전연구원(2008)

한다. 그러나 한국에서 교통 SOC의 투자는 정책적으로 결정되는 특성이 강하였다. 이것은 교통수요가 많은 혼잡이 심한 성장지역에 교통투자를 증가해야 한다는 사회적 의사결정구조(정치)가 반영된 결과이다. 또한 교통 SOC의 네트워크 특성으로 공간적인 파급효과는 해당지역과 타지역에 영향을 미친다. 산업생산의 측면에서 보면, 교통 SOC 투자로 인한 지역간 접근성의 제고는 해당지역의 산업생산성을 증가시킨다. 따라서 지역발전과 교통 SOC 투자에는 높은 연관관계가 존재한다. 외형상으로 발전지역은 많은 교통 SOC를 보유하고, 저개발 지역은 교통 SOC 시설이 상대적으로 부족하다. 그래서 한 지역의 발전 및 경쟁력의 강화를 위해서는 교통 SOC투자가 유효한 지역발전정책의 수단으로 사용되고 있다[8].

1.3.2. 사회간접자본과 지역발전의 정도

SOC에 대한 불가분성과 한계규모가 존재하여 지역의 발전정도에 따라 투자의 효율성이 다르다. 지역에서 SOC는 지역성장의 잠재력으로

8) 부산발전연구원(2008), pp.10-12.

연결되고 향후 지역의 발전상태를 결정한다. 이러한 관점에서 지역하부구조 시설의 상대적인 효과를 교통시설을 중심으로 11개 부문에 걸쳐 상·중·하의 3단계로 제시할 수 있다. 따라서 SOC의 세부 특성에 따라서 투자효과가 상이하게 나타난다. 구조효과의 측면에서 교통, 에너지 및 상수도 시설이 지역에 가장 큰 영향을 미치는 것으로 드러나 있다.

〈표 1.6〉 주요 지역하부구조시설의 상대적 효과크기

	비이동성	불가분성	대체성	균형성	비배제성	구조효과
교통시설	A	A	A	A	B	A
통신시설	B	B	A	A	B	A
에너지시설	A	B	A	A	C	A
상수시설	A	B	A	A	B	B
환경부문	B	B	A	B	B	B
교육부문	C	C	A	A	B	B
건강부문	C	C	A	A	B	B
도시개발	B	C	A	C	B	B
체육관광	C	C	B	C	B	C
사회보장	C	C	B	C	C	C
문화시설	C	C	B	C	C	C

비고: A는 상, B는 중, C는 하를 의미함.
자료: 양지청(1994)

요 약

1. 사회간접자본(SOC)은 각종 생산활동에 기반이 되는 시설 및 당해 시설의 효율성을 증진하고 이용자 편의를 도모하는 시설이다. SOC의 개념은 협의 및 광의로 구분하며, SOC는 공공성, 자본성, 지역 및 시설의 독점성, 기술지향성의 특징이 있다.

2. SOC에 대한 정형적인 분류기준은 정립되어 있지 않다. 가장 일반적인 분류는 기능에 따라 나누며 특성과 국가기간 SOC로 구분한다. 다만 stock의 입장에서 국부통계조사서의 교통 SOC는 도로, 철도, 항만 및 공항을 포함한다.

3. 공공부문, 민간부문 및 제3섹터 등이 공급한 SOC는 생산활동의 간접지원, 투자촉진, 경제개발의 촉진, 물가조절기능 및 기술혁신의 촉진 등의 개발효과를 갖는다. 그러나 SOC의 개발로 인해서 지역불균형, 부실발생, 경재력 약화와 난개발 조성의 문제가 발생한다.

4. SOC는 지역발전을 위한 다양한 정책수단 중의 하나이다. 교통 SOC의 투자는 생산유통비의 절감, 시장성의 확대, 공업입지여건의 향상, 지역간 교류증대, 지역성장잠재력의 강화를 통하여 지역발전을 앞당긴다. 이러한 지역발전의 정도는 교통시설을 중심으로 상·중·하의 3단계로 제시할 수 있다.

중요개념

SOC 개념
SOC의 분류
SOC와 지역발전관계
SOC의 특성
SOC개발의 효과
SOC와 지역발전정도
스톡(stock)
SOC 개발문제

연습문제

1. 사회간접자본의 개념은 무엇이고 무슨 특성을 가지며, SOC는 기능, 특성 및 통계조사의 입장에서 어떻게 분류되는가?
2. SOC의 역할을 설명하고 SOC를 개발하면 무슨 효과가 발생하며, SOC의 개발로 인한 부정적인 영향의 사례에는 무엇이 있는가?
3. 교통 SOC의 투자에 따라 지역발전은 어떠한 경로로 발생하는가 살펴보라.
4. 지역에서 SOC시설은 성장의 잠재력으로 연결된다. SOC를 부문별로 투자하게 되면, 그 투자의 지역발전 효과는 상대적으로 어느 정도 발생하는 지 설명하라.

News

서남권 개발사업비 91% 민간에 떠넘겨

낙후지역인 전남 서남권 개발을 위한 정부의 구상이 윤곽을 드러냈다. 서남권개발을 위한 특별법 등 관련 법안을 추진중인 정부는 서남권개발을 위한 3단계 로드맵과 서남권개발을 실무적으로 추진할 실무 기획단 구성에 대한 안을 마련했다. 그러나 오는 2020년까지 목표로 한 서남권 개발 총 사업비 7조 2천280억원 중 민자가 6조6천억원으로 대부분을 차지하고, 국비는 6천280억원에 불과해 사업의 원활한 추진에 의문이 제기되고 있다.

정부는 서남권 개발의 중요 정책을 심의하기 위해 국무총리 소속으로 '낙후지역발전위원회'를 두고, 위원회에 위원장 1명(국무총리), 부위원장 2명(재정경제부장관·건교부장관), 30인 이내의 위원을 두기로 했다. 또 위원회를 실무적으로 지원하기 위해 건교부 소속 하에 '낙후지역발전기획단'을 설치할 예정이다. 기획단은 1단장, 2국 4팀(기획총괄국-기획총괄팀·물류SOC팀, 사업추진국-산업팀·투자유치팀) 등 총 20명 정도의 인력으로 구성된다.

정부는 2007년~2020년에 걸쳐 진행되는 서남권 인프라사업의 로드맵도 제시했다. 우선 2007년부터 2009년까지 '기반조성단계'로 무안국제공항 개항과 무안~광주 고속도로 개통, 대불자유무역지역 조성, 흑산도 일주도로 확·포장, 신안군 식수원 개발사업 등이 추진된다.

또 '투자유인단계'인 2010년~2013년까지는 목포신외항·목포항 확장과 목포~광양 고속도로 등이 포함된다. 마지막으로 2014년~2020년까지의 '투자활성화단계'에는 목포~보성 철도, 호남고속철도, 압해~운남 국도 77호선 등을 개통하게 된다.

【자료】 국민일보, 2007년 4월 12일

참고문헌

1. 광주상공회의소, 민자유치를 통한 광주·전남권의 SOC 확충방안에 관한 연구, 광주경제연구총서 96-3, 1996.
2. 광주상공회의소, 광주·전남지역 사회간접자본 애로실태와 해소대책 조사보고, 조사자료 98-10, 1998.
3. 공공투자관리센터, 공공투자사업의 지역경제파급효과 추정을 위한 다지역 산업연관모형 구축 및 분석, 한국개발연구원, 2000.
4. 공공투자관리센터, 공공투자지출의 국민경제적 파급효과 분석, 한국개발연구원, 2001.
5. 공공투자관리센터, 공공투자사업 예산관리의 효율화 방안, 한국개발연구원, 2002.
6. 김재형, 공공투자사업의 타당성 평가체제 개선방안, 한국개발연구원 공공투자관리센터, 1999.
7. 김태윤·김상봉, 비용편익분석의 이론과 실제: 공공사업평가와 규제영향분석, 박영사, 2004.
8. 부산발전연구원, 동남권 SOC 투자사업의 경제성장 기여도 및 유발효과 연구, 미래경제 기획연구, 미래경제연구센터, 2008.
9. 안홍기·김민철, 교통기반시설투자의 지역간 배분과 지역경제성장에 관한 연구, 국토연 2006-35, 국토연구원, 2006.
10. 양지청, 사회간접자본론, 서울프레스, 1994.
11. 양지청·김성일, 공공투자정책 평가체계 구축을 위한 연구, 국토개발연구원, 1993.
12. 양지청, 지역경제 및 사회간접자본론, 청양, 2002.
13. 원제무·오병호, SOC 계획론, (재)21세기한국연구재단, 교통학편 113, 1998.
14. 이정전, 경제학에서 본 정치와 정부: 공공경제학 입문, 박영사, 2005.
15. 이형희·김대형, 광역과 기초단체간 세원배분방안, 한국지방행정연구원, 2006.

16. 정봉현, 사회간접자본의 실태와 대책, 광주지역의 투자환경, 강태구 외 11공저, 전남대학교 지역개발연구소, 2000. 3.
17. 한국개발연구원, Public Infrastructure Investment and the Role of Public-Private Partnerships, 2005.
18. 홍기용, 공공사업분석론, 형설출판사, 2002.
19. 홍성웅, 사회간접자본의 경제학, 박영사, 2005.

제 2 장

SOC 투자정책·여건 변화와 문제

2.1. SOC 투자정책의 변화

2.2. SOC 투자여건의 변화

2.3. SOC 시설투자의 문제

한국에서 이루어진 SOC 투자정책의 내용과 투자실적을 시기별로 알아보고, 이를 지역경제와 연관하여 특징을 규명한다. 이를 기반으로 SOC 투자가 수요, 공급 및 투자여건에 따라 변화된 내용을 살펴본다. 실제로 SOC 투자사업의 추진과정에서는 무슨 문제가 있었으며, 특히 교통 SOC 투자문제를 부문별로 상세히 설명한다.

제2장 SOC 투자정책·여건 변화와 문제

2.1. SOC 투자정책의 변화

2.1.1. SOC의 시기별 투자정책[1)]

한국에서 SOC 투자정책은 시기별로 정책의 기조에 따라 서로 다른 모습을 보였다. 1950대는 주로 사회간접자본의 시설과 농·공업 생산부문의 파괴된 시설복구에 투자가 집중되었다. 1960년대에는 경제개발5개년 계획을 추구하는 과정에서 SOC 투자정책의 기조는 경제성장의 추구이었다. 부족한 산업생산시설을 확충하기 위하여 공업단지를 조성하고 수자원과 에너지를 공급하기 위하여 댐시설과 발전소를 건설하였다. 증가하는 교통수요를 처리하기 위하여 도로망과 항만시설에 SOC 투자가 증가하였다. 1970년에 들어서 SOC 투자정책의 기조는 경제성장의 극대화로서 산업생산지원을 위한 공업단지와 고속도로 등 SOC 확충사업이 활발하게 진행되었다. 1980년대에는 과거 20년간 국가경제 고도성장의 부작용이 나타나 물가안정에 경제정책이 집중되었고, SOC 투자는 상당 부분 축소되었다. 1990년에 이르러 교통혼잡 악화 및 물류비의 상승으로 도로·철도·공항·항만 등 시설부족문제가 부각되었다. SOC 시설을 원활하게 확충하고 효율적으로 관리하기 위하여 1993

1) 부산발전연구원(2008), pp.17-18; 박용석(2008), pp.55-57.

〈표 2.1〉 시기별 SOC 투자정책의 변화

시기	정책기조	주요정책
1950년대	빈곤의 극복	■ 한국전쟁과 도로, 철도, 항만 등 주요 기발시설의 전후 복구사업
1960년대	경제성장의 추구	■ 도로, 항만, 울산공단건설 등 자립경제 기반시설의 건설
1970년대	경제성장의 극대화	■ 중화학공업 육성, 동남해안 공업벨트 조성을 위한 수송시설의 확충과 현대화
1980년대	경제성장의 분배	■ 수도권 정비와 주택200만호 건설 등 상대적인 SOC 투자예산의 축소
1990년대	세계화, 지방화 민주화	■ 동북아 중심국가 추구, 중앙·지방간 협조, 교통물류난 극복목적의 SOC 투자확대
2000년대	통합국토조성 자립형 지역발전	■ 수도권 기능분산, 지방분권, 교통물류체계의 형성과 SOC 투자감소

자료: 박용석(2008); 부산발전연구원(2008)

년 교통시설특별회계법을 제정하면서 SOC 투자가 크게 증가하였다. 2000년대에는 사회 양극화의 심화 및 노령화의 급격한 진행으로 사회복지부문의 수요가 증가함에 따라 상대적으로 SOC 투자예산은 감소하는 추세이다.

2.1.2. SOC의 투자추세[2)]

한국에서 SOC 투자는 1997년 외환위기 이전에는 경제성장률을 넘는 증가율을 보여 주었다. 1970년대에 경제성장률의 표시인 GDP 성장률은 평균 8.3%인 반면에 SOC 시설 즉 토목용 건설투자률은 12.9%로 경제성장률보다 더욱 높았다. 1980년대에 GDP 평균성장률은 7.7%인 반면에 SOC 투자증가률은 8.6%이었다. 1990년대에는 GDP 평균성장률

2) 김재영(2009), pp.6-8.

〈표 2.2〉 시기별 SOC 투자정책의 변화

구분	총고정 자산형성	건설 투자	건물 건설	SOC 건설	설비 투자	GDP
1970년대	16.8	13.1	14.0	12.9	25.6	8.3
1980년대	9.0	9.4	10.2	8.6	8.5	7.7
1990년대	6.5	6.4	4.1	10.0	7.2	6.3
2000년대	4.3	2.6	5.1	-3.0	7.0	5.2

자료: 한국은행 자료참고

은 6.3%, SOC 투자의 증가율은 10.0%로서 SOC 투자의 경제성장에 대한 기여도는 높았다. 그러나 2000년대에 들어서 이러한 상황은 크게 변모하고 있다. 즉 GDP 평균성장률은 5.2%를 기록하였으나 SOC 투자는 평균 3.0% 감소하여 경제성장에 부(-)의 요인으로 작용하였다.

2000년대 SOC 투자액의 축소는 각 부문별 균형투자, 재정운용의 효율성 제고, 국민부담의 경감 등을 위하여 선택과 집중의 원칙으로 투자되었기 때문이다. 2000년대에 새만금 사업, 고속철도 사업, 가덕도 신항만 건설 등 대형국책사업이 막바지에 이르거나 추후 후속사업을 추진하지 못하였다. SOC 투자의 축소는 재정부담을 감소시켰으나, 민간부문에 부동산투자의 경기의존도를 높이는 결과를 가져왔다. 따라서 SOC 투자의 축소는 지방경제를 위축시키고 고용창출에도 다소 부정적인 효과가 있었다.

2.1.3. 지역경제와 SOC 투자[3)]

SOC 투자는 지역경제기반에 대한 투자로서 성장과 발전의 측면에서 중요한 의미가 있다. SOC는 지역경제력의 제고와 지역경제 성장동력으로 역할을 수행한다. SOC 투자의 확충은 중앙정부 및 지방자치단체에

3) 김재영(2008), pp.50-52.

서 추진하는 중요한 정책적 과제이다. 따라서 지역경제에서 SOC 투자가 참여하는 비중은 지역적으로 차이가 있지만, 국민경제에서 SOC 비중과 연동하여 지속적으로 증가하였다. 그러나 외환위기 이후 재정운영 효율화의 이유로 이런 추이는 크게 바뀌었다. 국민경제에서 SOC 투자가 차지하는 비중은 점차 감소하여 2007년에는 8.9%의 수준에 불과하였다. 총건설투자가 국민경제에서 차지하는 비중도 17.0% 이하로 감소하였다.

오늘날 지역경제에서 SOC가 차지하는 비중은 점차 감소추세를 보인다. 지역경제에서 투자의존도가 높은 지역이나 낮은 지역이나 모두 동일한 양상을 보이고 있다. 외환위기를 지나면서 지역경제에서 SOC 투자 비중은 점차 감소경향을 드러내고 있다. 이것은 지역경제구조의 선진화 및 재정운영의 효율성 제고 측면에서 바라보면 긍정적인 특성도 있다. 그러나 지역경제의 성장동력이 위축되고 지역차원에서 경제난국에 대처하는 능력이 취약해지는 지역경제의 건전성 유지 측면에서 부정적인 면도 있다. 특히 경기침체의 경우에는 지역경제에서 SOC 투자 비중이 낮은 지역은 체감경기가 더욱 하락하는 현상을 보인다. 지역경제의 시각에서 산업구조가 취약한 지역은 SOC 투자가 지역경제에 미치는 영향이 매우 크다. 그래서 지역경제의 활성화를 위하여 일정 수준의 SOC 투자를 유지하는 것이 매우 중요하다.

2.2. SOC 투자여건의 변화

2.2.1. SOC 수요여건과 구조변화[4)]

SOC 수요여건 및 구조변화는 안정적 경제성장, 인구구조의 변화, 경제구조의 고도화, 안전 · 환경수요의 증대로 제시할 수 있다.

① 안정적 경제성장이다. 한국경제가 앞으로도 급속한 경제성장을 계

4) 유재윤(2007), pp.6-14.

속 유지하기는 어렵다. 한국의 1인당 GDP는 2006-2010년 동안 4.9% 수준에서 2021-2030 동안에 2.8% 수준으로 떨어질 수 있다. 경제성장의 안정기에 SOC 시설수요는 감소할 것이다. 그러나 경제수준이 선진화·고도화 단계에 가면 신시설수요의 형성 및 수요구조의 변화로 경제성장을 유도하는 SOC에 대한 선도적 투자가 요망된다.

② 인구구조의 변화이다. 한국 인구는 2020년 5천만명 도달한 후 점차 감소할 전망이다. 인구증가율은 2003년 0.49%에서 2020년 0.01%까지 하락하여 절대인구치가 감소한다. 평균수명의 연장과 출산율 저하로 인구고령화가 급속히 진행되어 2018년 고령사회, 2026년 초고령화 사회에 진입하여 65세 이상 인구가 20%이상 될 전망이다. 한국인의 평균수명은 2005년 78세, 2030년 82세, 2050년 83세로 높아질 것이다. 인구증가의 둔화 및 노령화는 SOC 시설에 대한 수요감소로 이어진다. 이에 따른 규모의 경제가 발생하며 신인구구조의 변화에 따른 새로운 시설수요에 대비해야 한다.

③ 경제구조의 변화이다. 향후 한국의 산업구조는 제조업 성장률은 감소하고 서비스 부문의 성장률은 증가할 전망이다. 2005-2020년 기간 중에 두 부문의 성장률은 거의 유사할 것이다. 장차 국내산업을 주도할 신산업 혹은 유망산업들은 차세대 반도체, 바이오·신약, 유비쿼터스 네트워크, 신개념 컴퓨터, 콘텐츠 산업, 차세대 에너지 및 로봇 등 14개 산업들이다. 이러한 경제구조의 변화에 대비하려면 정보활동을 지원하는 기반시설, 문화·교육·여가시설, 환경시설 및 첨단·지능형 기반시설에 SOC 수요가 증가할 전망이다.

④ 환경·안전시설 수요의 증대이다. 소득 및 국민의식 수준이 높아지고, 환경오염의 심화와 기후변화로 인하여 재해·대형사고가 빈번히 발생하면서 환경·안전에 대한 가치가 중요시된다. 이를 테면 수자원 투자는 GDP 대비 1% 내외 수준으로 GDP의 3-4%정도인 도로투자보다 아주 적다. 그러나 환경기초시설의 건설, 수자원의 확보와 공급확대 및 재해방지 등을 위하여 투자규모가 더욱 확대될 것이다. OECD에 의

하면, 2020년 이후 수자원에 관한 투자가 도로투자의 3배에 이를 전망이다. 환경·안전시설에 대한 양적인 확대투자는 물론 질적인 구조변화의 필요성도 제기된다. 반복적인 재해복구비가 방재예산보다 많은 경우에 환경·안전 관련시설에 대한 적극적인 사전투자의 중요성을 시사하고 있다.

2.2.2. SOC 공급여건과 구조변화

SOC 공급여건 및 구조변화에 대한 내용은 신기술의 출현, 정부공시제도의 변화 및 시민의식의 변화를 볼 수 있다.

① 신기술의 출현이다. 신기술의 개발은 SOC의 종류, 건설방식과 건설비용에도 상당한 영향을 미친다. 이것은 시설종류, 기술혁신의 정도 및 민감성에 따라 다르게 나타난다. 최근 SOC 분야의 기술혁신은 정보통신, 전력에너지 및 교통 분야에서 크게 발생하고 있다. 다소 정도의 차이가 있지만 기술간 복합화과정을 통하여 모든 SOC 시설종류에 따라 공급구조가 변화될 조짐이다.

수자원개발 분야에서 신기술이 핵심적인 역할을 담당할 전망이다. 특히 지표면 관측 등 정보통신(IT) 기술을 공간적으로 적용시킨 기술은 수자원 공급과정 전분야에 대한 모니터링을 가능하게 한다. 바이오기술은 수자원에 대한 오염방지, 검사, 수질개선 등의 과정을 획기적으로 개선시킬 것이다. 현재와 같은 수질처리시설을 위한 대규모 고정자본투자 보다는 상하수도 시스템을 위생적인 완전한 방법으로 결합시키는 수자원분야 SOC 시설공급에서 근본적인 변화가 예상되고 있다.

② 정부공시제도의 변화이다. 현제 정부공시제도는 입찰·대안 입찰방식제도 등의 기술경쟁방식과 최저가 낙찰제 등 가격경쟁방식으로 구분된다. 전자는 건설공사비의 증가, 후자는 저가투찰로 인한 부실공사와 건설회사의 채산성 악화를 야기한다. 이로 인하여 최고가치를 지향하는 입찰방식으로 전환할 필요가 있다. 이의 일환으로 기술제안형 입찰방식을 도입할 수 있다. 또한 기술평가심사의 강화, 각종 심사제도의

개선 및 책임형 건설관리제도 도입 등의 제도개선도 필요하다. 건설생산체계도 크게 변화하여 일반·전문 건설업체 간 겸업 허용, 업종개선 및 중소업체 보호조치 등의 제도가 마련되고 있다. 이것은 건설산업의 구조조정을 촉진시켜 산업내 구조조정이 가속화될 전망이다. 발주행정에서도 지방분권화가 더욱 진전되어 지자체의 재정운용 권한도 확대될 추세이다. 이의 예로는 지방계약법령의 제정 또는 조달청 위임발주 대상공사의 축소 등이 있다.

③ 시민의식의 변화이다. 환경 및 안전가치에 대한 중시경향은 SOC 시설의 공급과정에 중요한 영향을 미친다. 환경에 영향을 미치는 SOC 공사에 대하여 시민단체 및 주민의 반대운동과 예민한 반응이 표출되어 있다. 예를 들면 서울외곽순환도로 사패산 구간, 경부고속철도 천성산 구간 및 핵폐기물 처리장 입지선정 등이 있다. 또한 SOC 시설의 성능면에서 환경, 경관 및 안전에 요구수준도 높아지고 있다. 주민의 SOC 시설어 대한 NIMBY[5), PIMBY[6)] 현상은 사업기간의 연장과 토지보상비의 상승 등 사업성에 상당한 영향을 미친다. 시민단체는 공공공사의 발주·심의과정의 비효율성 및 턴키공사방식에 의한 공사비 증가를 비판한다. 민간투자사업의 과도한 최소운영수입 보장 등에 의하여 재정낭비가 발생하고 공사비도 증액되는 경향이다.

2.2.3. SOC 투자여건과 구조변화

SOC 투자여건과 구조변화에 대한 내용은 크게 정부투자재원의 부족, 재정운용체계의 변화, 금융시장여건의 변화 등이다.

① 정부투자재원의 부족이다. SOC에 대한 지속적인 투자는 막대한

5) 님비(NIMBY: not in my backyard)현상으로 공공의 이익에는 부합하지만 자신이 속한 지역에는 이롭지 아니한 일을 반대하는 이기적인 행동이다.

6) 핌비(PIMBY: please in my backyard)현상으로 지방자치의 전면 실시로 각 지방자치단체들이 자기 지역에 투자해 달라며 대기업들의 투자를 앞다퉈 유치하려는 현상에서 나온 말이다.

정부재원을 필요로 한다. 이를 테면, 2005-2015년 동안 교통기반시설의 경우 총투자소요액은 470조원으로 추정된다. 교통 SOC 스톡을 OECD 국가 수준으로 달성한다면 474조원이 소요될 전망이다. 중기교통시설 투자계획의 총투자규모도 468조원으로 추산되고 있다. 한편 2006-2010년 국가재정운용계획상 자원배분을 보면 수송교통 · 지역개발 분야는 1.6%정도 증가하여 총투자금액은 20조원으로 예정되어 있다. 따라서 정부의 재원으로 SOC 투자예산을 확보하기는 곤란하다.

② 재정운용체계의 변화이다. 이에는 국가재정운용계획의 수립, 총액배분 · 자율편성제도 및 성과관리제도 등을 들 수 있다. 국가재정운용계획은 통합재정기준으로 5년 단위 국가재정운용계획을 수립하여 중 · 장기적 관점에서 정책에 기초하여 국가재원을 전략적으로 분배하는 것이다. 총액배분 · 자율편성제도는 재정당국이 국가재정운용계획에 근거하여 연도별 재정규모, 분야별 · 중앙관서별 · 부문별 지출한도를 제시하여 정책과 우선순위에 입각한 전략적인 자원배분을 도모하는 것이다. 이것은 부처별 지출한도가 사전에 제시되어 부처별 과다요구와 제정당국의

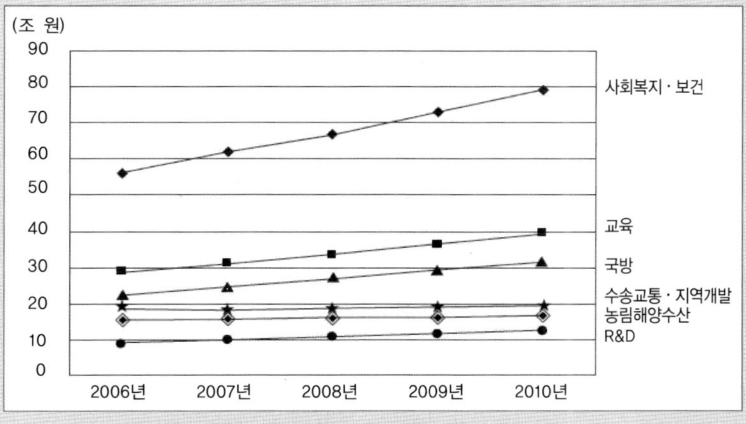

〈그림 2.1〉 2006-2010년 분야별 지출규모

〈표 2.3〉 SOC 투자여건의 변화

여건변화의 종류	변화의 세부내용
수요여건 · 구조변화	■ 안정적 경제성장, 인구구조의 변화 ■ 경제구조의 고도화, 환경 · 안전수요의 증가
공급여건 · 구조변화	■ 신기술의 출현, 정부고시제도의 변화 ■ 시민의식의 변화
투자여건 · 구조변화	■ 정부투자재원의 부족, 재정운용체계의 변화 ■ 금융시장여건의 변화

자료: 유재윤(2007)

대폭삭감 등 예산편성 과정의 비효율성이 감소한다. 이로 인하여 SOC 시설도 우선순위에 따라 예산이 배분되고 사업간 경쟁도 심해진다. 성과관리제도는 재정사업의 목표와 성과지표를 설정하고 지표에 의한 평가결과를 재정운용에 반영하는 제도이다. 이 제도는 부처별 재정운영의 책임성을 제고하며 SOC 시설투자도 물량 확대보다는 국민생활의 개선에 기여하는 사업선정으로 예산집행이 이루어진다.

③ 금융시장의 여건변화이다. 저금리 기조가 지속되는 추세속에서 수출증대, 외국자본의 유입으로 유동성이 형성되어 있다. 유동성 일부는 적절한 투자처를 확보하지 못해 부동자금의 상태이다. 정부의 긴축재정 기조가 유지되는 상황에서 부동자금을 SOC 시설투자에 활용하는 방안도 모색되어야 한다.

2.3. SOC 시설투자의 문제

2.3.1. SOC투자 추진과정의 문제

SOC 투자의 추진단계는 사업구상, 사업결정, 사업시행 및 사후관리 등의 단계로 구성된다. SOC 투자사업의 추진과정에서는 사업구상 및 사업결정의 합리성 측면, 사업과정 참여 및 이해관계의 갈등 측면, 예산 및 사업관리 측면, 사후평가의 측면에서 문제들이 발생하고 있다[7].

① 사업구상 및 사업결정의 합리성 문제이다. 효율적인 SOC 투자는 중복투자가 없고 타 투자사업 간 연계 속에서 이루어진다. SOC 사업의 구상에서 SOC 기반시설은 중장기 법정계획에 의하여 구상되고 주무부처의 투자우선순위에 따라 개별 단위사업으로 추진된다. SOC 분야별 계획이 상호 연계 · 조정되는 시스템이 거의 작동하지 않는다. 개별 법정계획과 사업주체에 의해 사업 결정 및 집행이 이루어지므로 종합적인 SOC 투자의 효율성 측면은 간과하고 있다. SOC 사후평가 차원에서 SOC 부문 간 투자의 적정성 및 배분의 합리성을 고려하지 않고 성과평가를 생각하여 SOC계획이 수립되지 않는다.

대규모 투자사업의 결정을 위한 예비타당성 조사제도는 투자사업의 연계성 확보와 시너지 효과에는 미흡하다. 약식 예비타당성제도는 조사 · 분석상의 한계가 있고, 정치적 · 정책적인 입장에서 투자사업의 정당화에 악용되는 수단으로 전락한다.

② 사업과정의 참여 및 이해갈등의 문제이다. SOC 투자계획의 수립과 집행과정에는 여러 주체가 참여하고 갈등문제가 발생한다. 갈등이 유발되면 SOC 사업계획은 변경되어 사업비 증가, 사업기간의 연장 등의 문제가 발생한다. SOC 투자계획의 수립과정에서 주민의견의 수렴 및 참여과정이 매우 형식적이다. 통상적으로 전문가는 계획단계에서 참여가 높고, 이해집단과 주민은 집행단계에서 보다 높게 참여한다. 계획단계에서 참여 부족은 집행단계에서 참여문제를 야기하여 갈등이 생기고 사업추진의 효율성을 저하시킨다. 특히 이해갈등의 관계에서 중앙정부, 지자체, 사업수행주체 간의 협의조정상 갈등과 사업주체와 지역주민 등 제3자 간 갈등은 SOC 투자사업에 갈등을 초래한다. 사업주체와 제3자 간 갈등은 주로 경제 및 환경문제의 갈등이 높고, 입지갈등과 지역분열 등 사회적 갈등도 나타난다.

③ 예산 및 사업관리상의 문제이다. 사업예산이 적기에 확보되지 못

---

7) 김성일(2007), pp.32-37.

하면 공기가 지연되어 사업비용이 상승한다. 설계변경은 사업의 추진과정에서 무분별한 사업비 증가를 가져오고 사업기간 내에 적절한 품질공사를 수행하지 못하게 한다. 광역교통투자사업에서 중앙정부와 지방정부 간 재정분담에 대한 갈등으로 사업이 지연된다. 대규모 재정사업에서 장기 계속계약방식의 적용은 기존사업의 예산축소와 신규사업의 과다투자를 가져와 방만한 분산투자를 유발한다. 총사업비 관리에서 총사업비의 산정범위가 협소하다. 사업의 추진과정에서 모니터링시스템이 부족하여 공사비 증가, 사업의 타당성 판단 및 사업추진의 부작용에 대한 적절한 조치와 사업의 책임성 확보가 어렵다. 사업관리 측면에서 공

〈표 2.4〉 SOC 투자 추진과정의 문제

주요 문제	세부적 내용
사업구상 및 사업결정의 합리성	■ SOC의 법정계획 · 주무부처별 개별 추진 ■ 분야별 SOC계획의 연계 · 조정 미흡 ■ 예비타당성조사제도의 한계와 남용
사업과정의 참여, 이해갈등	■ 참여정도 및 참여의 공정성, 투명성 ■ 의견수렴의 정도 및 투명성 ■ 이해관계의 복잡도 ■ 사업 및 예산조직, 중앙 및 지방정부 등의 이해관계 갈등 ■ 민원 등 사업주체와 제3자 간의 이해관계 갈등 ■ 사업주체와 제3자 간 이해관계 갈등의 정도 ■ 발주자와 사업주간 갈등
예산 및 사업관리상의 문제	■ 사업예산의 적기 미확보와 설계변경 ■ 중앙정부와 지방정부의 재정상 갈등 ■ 사업추진과정상 모니터링시스템 미흡 ■ 사업관리상 공정관리와 예산관리의 연계성 미흡
사업의 사후평가	■ 다양한 사후평가 기능과 역할의 해석 ■ 사후 투자 평가 및 개별사업단위 평가 치중 ■ 정책단위 재정사업에 대한 평가기능 미흡

자료: 김성일(2007)

정관리와 예산관리의 연계성이 미흡한 실정이다.

④ 사후평가의 문제이다. SOC 사업의 사후평가는 사업계획의 수립과 집행단계에 환류되어 향후 투자사업을 효율적으로 추진시킨다. 건설기술관리법 시행령을 보면, 500억원 이상 SOC 시설에 대하여 사후평가를 할 수 있다. 그러나 사후평가에 대한 기능과 역할에 대한 해석이 다양하여 사업계획상 수요목표치와 실제 수요치 비교, 공사수행과정의 설계변경으로 인한 공사비 및 공기 증감상황을 파악하여 문제를 개선하지 못하고 있다. 개별사업에 대한 사후평가에 치중하여 정책단위의 재정사업 평가기능은 미흡하고 성과관리계획과 연계한 사후평가의 틀이 구축되지 못한다.

2.3.2. 교통 SOC 투자의 문제[8)]

교통 SOC에 대한 효율적인 투자를 위해서는 기존 투자의 문제점을 파악해야 한다.

① 교통 사회적 비용의 지속적인 증가이다. 2005년 교통혼잡비용은 24조 2천억원, 국가물류비용 101조원, 가구교통비용은 44조원으로 계산된다. 교통물류의 사회적 비용은 GDP 대비 21%에 이르러 고비용·저효율의 교통체계를 갖고 있다.

② 투자재원의 비효율적 집행이다. 교통 SOC 투자는 도로부문에 과도하게 집중되어 2003-2007년 동안에 도로부문 투자비율이 53.6% 증가하였고, 완공위주의 SOC 투자가 미흡하다. 이로 인해 공사기간이 장기화되어 사업비 증가와 투자효율성 저하 등을 초래한다.

③ 과대한 수요추정과 예산의 낭비이다. 교통 SOC계획에서 교통수요추정의 신뢰성을 제고하여 예산을 절약하는 것이 중요하다. 한국에서 민자도로 사업은 평균 50%정도 과대 추정되었고 재정사업은 20%정도 과대 추정된 것으로 분석되었다. 최소운영수입 보장액 규모도 2005년

8) 이훈기(2009), pp.18-19.

1,189억원에서 2009년 3,512억원으로 증가할 전망이다.

④ 효율적인 연계교통체계의 미흡이다. 교통 SOC는 공항, 항만, 내륙물류시설 및 산업단지 등 주요시설물과 국가기간 교통망을 연결하는 연계교통망이 미흡하다. 이로 인하여 이중환적에 따른 손실이 발생하며 물류의 운영효율성이 저하되고 있다. 따라서 각 교통수단간의 연계성을 증진시키는 연계교통체계의 형성이 필요하고 이를 통한 시너지효과를 극대화해야 한다.

⑤ 환경 · 에너지 대응이 미비되어 있다. 한국의 온실가스 배출량은 지속적으로 증가해서 137개국 중 온실가스 배출순위는 16위에 이른다. 특히 수송부문의 에너지 소비량이 연평균 2.8%로 증가하여 전체 에너지 평균치를 상회한다. 이것은 외국에 비하여도 높아 환경문제와 에너지위기에 체계적인 대응이 필요하다.

〈표 2.5〉 과거 교통 SOC의 투자문제

문제점	주요 내용
교통 사회적비용의 지속 증가	■ 고비용 · 저효율의 교통체계 ■ 교통물류비의 지속적 증가
투자재원의 비효율적 집행	■ 도로부문 투자의 과중 현장 ■ 시설완공 위주 투자미흡, 공사기간 장기화
수요과대추정과 예산의 낭비	■ 민자 · 재정사업도로의 과대 수요추정 ■ 수요추정결과 신뢰도 저하와 예산낭비
효율적 교통체계의 미흡	■ 주요시설과 기간교통망 간 연계성 미비 ■ 이중환적과 손실 · 물류비의 증가
환경문제 · 에너지 대응의 미비	■ 환경문제 대책의 미비 ■ 지속가능 · 녹색교통 투자의 부족

자료: 이훈기(2009)

요 약

1. SOC 투자의 특징은 시기별로 다르며, 1960년대는 공업단지, 도로와 항만, 1970년대에 산업단지와 항만, 1980년대 SOC 투자축소, 1990년대 교통 기반시설에 투자가 집중되었고, 2000년대는 SOC 투자가 축소되었다. SOC 투자는 1997년 외환위기 이전에 경제성장률보다 높은 증가율을 보였지만, 그 이후에 SOC 투자가 축소되고 투자에도 선택과 집중이 이루어졌다.

2. SOC는 지역경제 기반에 대한 투자로서 지역발전의 측면에서 매우 중요하다. SOC는 지역경제력의 제고와 지역경제 성장 동력으로서 그 역할을 수행한다. 그러나 오늘날 지역경제에서 차지하는 SOC의 비중은 점차 감소하며, 특히 외환위기 이후에 그 현상이 뚜렷하다. 지역경제에서 투자의존도가 높은 지역이나 낮은 지역이나 모두 동일한 양상을 보이고 있다.

3. SOC 투자여건은 수요여건과 구조변화의 측면에서 안정적 경제성장, 인구구조의 변화, 경제구조의 고도화, 안전 · 환경수요의 증대 등의 변화 모습을 보인다. 공급여건 및 구조면에서 나타난 SOC 투자여건의 변화내용은 신기술의 출현, 정부공시제도의 변화 및 시민의식의 변화 등을 포함한다. 투자여건과 구조변화의 관점에서 투자환경의 변화는 크게 정부투자재원의 부족, 재정운용체계의 변화, 금융시장여건의 변화 등으로 제시된다.

4. SOC 투자사업은 사업구상, 사업결정, 사업시행 및 사후관리 등의 단계로 추진되어진다. 사업 추진과정에서는 사업구상 및 사업결정의 합리성 측면, 사업과정 참여 및 이해관계의 갈등 측면, 예산 및 사업관리 측면, 사후평가의 측면에서 문제들이 발생한다.

5. 효율적인 교통 SOC의 투자를 위해서는 기존 교통 SOC투자의 문제점을 파악하는 것이 중요하다. 중요한 문제점들은 주로 교통 사회적비용의 지속 증

가, 투자재원의 비효율적 집행, 수요 과대추정과 예산의 낭비, 효율적 교통체계의 미흡, 환경 문제·에너지 대응의 미비 등으로 제시되고 있다.

중요개념

SOC 투자정책	SOC 투자추세	SOC 투자정책 변화
지역경제	SOC 수요여건	SOC 공급여건
SOC 구조변화	SOC 투자과정	정부공시제도
교통의 사회적비용	연계교통체계	중기교통투자계획

연습문제

1. 한국에서 시대별로 정책의 기조에 따라 중요한 SOC 투자정책의 내용은 어떻게 변화되었는가?
2. 우리나라에서 시대별로 경제성장률보다 투자실적의 증감률은 어느 정도로 변화되어 왔는지 파악하라.
3. SOC 투자는 지역경제에서 무슨 의미가 있으며, SOC 투자비중에 따라서 지역경제의 성장에 어느 정도 긍정적 혹은 부정적 효과를 나타내는가?
4. SOC는 수요 및 공급여건에 따라서 무슨 투자구조의 변화를 보여주고 있는가?
5. SOC 투자여건에 따라서 SOC의 투자구조는 어떠한 모습으로 변화하는가 파악하라.
6. SOC투자를 추진하는 사업구상, 사업결정, 사업시행 및 사업관리 등의 단계에서는 무슨 문제점이 발생하고 있는가?
7. 효율적으로 교통 SOC 투자를 달성하기 위해서는 기존 문제점은 무엇이 존재하는가?

News

세금 먹는 SOC 민자사업 막는다

SOC(사회간접자본) 민자사업의 사전 수요예측 조사가 부실하거나 허위로 예측돼 국가 예산이 낭비되면 관련자의 책임을 묻는 법률안이 마련됐다. 자유선진당 이재선 의원은 신대구부산고속도로, 인천공항철도 등 '세금 먹는 SOC 민자 투자 사업'에 대한 문제점을 예방하기 위해 이 같은 내용을 담은 '사회기반시설에 대한 민간투자법 일부 개정법률안'을 22일 입법 발의했다. 이 의원은 "민투 사업에 대해 '최소운영수입보장제'를 적용, 무리하게 추진하면서 부담액이 천문학적으로 늘어나 막대한 국민 혈세가 낭비되고 있다"며 "개정안은 관련자 책임을 강화하면서 민투 사업의 철저한 예측 심사와 관리 · 감독을 유도하는데 목적이 있다"고 밝혔다.

실제 민간업체가 SOC 사업에 참여할 경우 정부는 '최소운영수입보장제'를 통해 20년간 80~90%의 수익을 보장해주고 있다. 사전 수요예측 조사에서 운영 수입 보장 상한액을 연간 1천억원으로 정했는데 실제 수입액이 400억원일 경우 차액인 600억원의 80~90%인 480억~540억원을 정부가 보전해주는 것이다. 이에 인천공항철도는 2007년 3월 개통된 후 대규모 적자 운영 상태에 빠져 지난 2년간 2천700억원이 투입됐으며, 신대구부산고속도로도 3년간 1천146억원이 보전됐다. 천안~논산고속도로 2천446억원(6년간), 서울외곽고속도로 66억원(3년간)이 투입됐다. 이 개정안에는 또 국제공항, 통신사업 등 국가의 안전과 공공질서 유지에 지장을 초래할 수 있는 사업은 민투대상사업으로 지정할 수 없도록 하는 내용도 담고 있다. 이 의원은 "개정안이 통과되면 'SOC 마피아'로 불리기까지 하는 민간SOC사업자, 관련 공무원, 타당성 분석 전문가 사이의 유착 관계도 근절되고 국민 부담과 피해도 줄일 수 있을 것"이라고 말했다.

【자료】 매일신문, 2009년 12월 23일

참고문헌

1. 공공투자관리센터, 공공투자지출의 국민경제적 파급효과 분석, 한국개발연구원, 2001.
2. 공공투자관리센터, 공공투자사업 예산관리의 효율화 방안, 한국개발연구원, 2002.
3. 김성일, SOC투자의 효율적 추진방향, 특집: 전환기의 SOC 투자전략, 월간 국토, 통권314호, 국토연구원, 2007. 12, pp. 32-37.
4. 김재영, 능동적 SOC투자를 통한 일자리 창출, 월간 국토 통권326호, 국토연구원, 2008, pp.48-59.
5. 김재영, 미래 성장동력 확충과 일자리 창출을 위한 SOC투자의 새로운 전략, 월간 국토, 통권329호, 국토연구원, 2009, pp.6-17.
6. 박용석, 국가경쟁력 강화를 위한 SOC 확보방안, 한국건설관리학회 학술발표대회 논문집, 2008. 11, pp.55-60.
7. 부산발전연구원, 동남권 SOC 투자사업의 경제성장 기여도 및 유발효과 연구, 미래경제 기획연구, 미래경제연구센터, 2008.
8. 안홍기 · 김민철, 교통기반시설투자의 지역간 배분과 지역경제성장에 관한 연구, 국토연 2006-35, 국토연구원, 2006.
9. 양지청, 지역경제 및 사회간접자본론, 청양, 2002.
10. 이훈기, 미래 성장동력 확충을 위한 교통 · 물류부문의 중장기 투자방향, 월간 국토, 통권329호, 국토연구원, 2009. 3, pp. 18-26.
11. 정봉현, 사회간접자본의 실태와 대책, 광주지역의 투자환경, 강태구 외 11공저, 전남대학교 지역개발연구소, 2000. 3.
12. 홍기용, 공공사업분석론, 형설출판사, 2002.
13. 홍성웅, 사회간접자본의 경제학, 박영사, 2006.

제 3 장

호남권 교통 SOC 실태와 계획

3.1. 호남권의 경제여건

3.2. 호남권 교통 SOC의 투자실적

3.3. 호남권의 교통수요 특성과 교통 SOC 계획의 검토

한국에서 이루어진 SOC 투자정책의 내용과 투자실적을 시기별로 알아보고, 이를 지역경제와 연관하여 특징을 규명한다. 이를 기반으로 SOC 투자가 수요, 공급 및 투자여건에 따라 변화된 내용을 살펴본다. 실제로 SOC 투자사업의 추진과정에서는 무슨 문제가 있었으며, 특히 교통 SOC투자 문제를 부문별로 상세히 설명한다.

제3장 호남권 교통 SOC 실태와 계획

3.1. 호남권의 경제여건

3.1.1. 호남권의 여건

호남권은 광주 및 전남·북으로 구성되며, 2005년 인구와 면적은 각각 5,253천명, 20,629km^{2}이다. 특히 호남권의 인구는 1949년 전국의 25%을 점유하였으나, 지속적으로 감소하여 2008년도 전국대비 10.5% 수준에 그치고 있다. 호남권의 면적은 전국토 100,333km^2 중 20.7%를 차지하여 상대적으로 높으며, 각각 면적은 광주시 501km^2(0.5%), 전라북도 8,063km^2(8.1%), 전라남도 12,121km^2(12.1%)로 구성되어 있다. 지역내총생산, 제조업체와 제조업종자사수, 내국세·지방세의 징수액도 전국대비 통상 4-10% 정도의 수준이다. 호남권의 경제력은 인구 및 면적규모에 비추어도 수도권은 물론, 충청권, 대경권, 동남권보다 떨어지며 상대적으로 발전의 잠재력도 취약한 실정이다.

3.1.2. 호남권의 산업과 세부지표

세부 지표를 기준으로 5대 광역권 간의 주요 차이점을 보면, 모든 광역경제권이 수도권에 비해 상대적으로 낮은 비중을 차지하고 있다. 그러나 대경권과 동남권의 제조업 부가가치액, 동남권의 총사업체 비중(17.16%), 충청권의 대학교수(16.96%), 대학생수(17.70%) 및 이전 후

〈표 3.1〉 광역권별 주요 경제지표(2005)

구 분 (단 위)	면적 (Km^2)	인구 (인)	지역내총생산 (백만원)	제조업고용 (인)	지방세징수 (백만원)
전 국	99,646	47,278,951	817,811,875	2,865,549	35,977,359
	(100.0)	(100.0)	(100.0)	(100.0)	(100.0)
수도권	11,730	22,766,850	386,989,607	1,346,360	20,720,115
	(11.8)	(48.2)	(47.3)	(47.0)	(57.6)
중부권	16,572	4,792,804	91,614,559	316,131	3,167,269
	(16.6)	(10.1)	(11.2)	(11.0)	(8.8)
호남권	20,629	5,021,548	83,504,218	202,357	2,530,104
	(20.7)	(10.6)	(10.2)	(7.1)	(7.0)
대경권	19,910	5,072,188	84,477,482	347,105	3,106,441
	(20.0)	(10.7)	(10.3)	(12.1)	(8.6)
동남권	12,342	7,629,115	141,180,802	616,119	5,163,008
	(12.4)	(16.1)	(17.3)	(21.5)	(14.4)
강원권	16,613	1,464,559	22,381,340	32,882	889,301
	(16.7)	(3.1)	(2.7)	(1.1)	(2.5)
제주권	1,848	531,887	7,663,867	4,595	401,121
	(1.9)	(1.1)	(0.9)	(0.2)	(1.1)

자료: 통계청(2007)

공공기관의 수(27.39%) 등은 평균 이상의 비중을 차지하고 있다[1]. 한편, 호남권은 제조업체수, 제조업체 부가가치액, 총사업체수, 벤체기업수, 공공기관수 및 국내특허출원건수 등의 측면에서 전국 평균수준 보다 낮은 형편이다. 이것은 호남광역권의 상대적인 낙후여건을 반영하며, 수도권과 호남권, 다른 광역경제권과 호남권을 비교해도 경제적인 취약성과 발전의 부진성을 보여주고 있다.

1) 변창흠(2008), pp.289-299.

〈표 3.2〉 대광역권별 지표비교(2005)

광역경제권	수도권	대경권	동남권	호남권	충청권	전국
지자체	서울 인천 경기 강원	대구 경북	부산 울산 경남	광주 전남 전북	대전 충남 충북	
면적 (비중)	28,342 (28.98%)	19,909 (20.36%)	12,341 (12.62%)	20,628 (21.09%)	16,570 (16.94%)	97,790 (100.00%)
인구 (비중)	24,082,002 (51.78%)	5,050,735 (10.86%)	7,598,474 (16.34%)	5,007,697 (10.77%)	4,771,840 (10.26%)	46,510,748 (100.00%)
제조업체수 (비중)	65,737 (58.19%)	12,906 (11.42%)	19,373 (17.15%)	6,990 (6.19%)	7,967 (7.05%)	122,973 (100.00%)
제조업 부가가치액 (비중)	119,006,873 (45.28%)	47,613,172 (18.12%)	65,713,112 (25.01%)	27,481,800 (10.46%)	2,982,961 (1.14%)	262,797,918 (100.00%)
총사업체수 (비중)	1,591,821 (50.58%)	362,803 (11.53%)	539,967 (17.16%)	342,150 (10.87%)	310,618 (9.87%)	3,147,359 (100.00%)
대학교수 (비중)	76 (44.44%)	21 (12.28%)	18 (10.53%)	27 (15.79%)	29 (16.96%)	171 (100.00%)
대학생수 (비중)	552,884 (44.12%)	144,647 (11.54%)	180,360 (14.39%)	15,388 (12.24%)	221,761 (17.70%)	1,253,040 (100.00%)
대학원생수 (비중)	167,784 (59.91%)	22,775 (8.13%)	29,469 (10.52%)	26,243 (9.37%)	33,776 (12.06%)	280,047 (100.00%)
벤처기업체수 (비중)	8,086 (69.89%)	777 (6.62%)	1,141 (9.72%)	691 (5.89%)	1,043 (8.89%)	11,738 (100.00%)
공공기관수 현재 (비중)	347 (85.05%)	1 (0.25%)	8 (1.96%)	5 (1.23%)	47 (11.52%)	408 (100.00%)
공공기관수 이전 후 (비중)	184 (46.23%)	26 (6.53%)	43 (10.80%)	36 (9.05%)	109 (27.39%)	398 (100.00%)
국내특허출원 (비중)	6,572 (75.94%)	469 (5.42%)	482 (5.57%)	309 (3.57%)	822 (9.50%)	8,654 (100.00%)
지자체예산액 (비중)	40,007,471 (44.97%)	10,057,268 (11.31%)	13,964,941 (15.70%)	14,019,689 (15.76%)	10,906,851 (12.26%)	88,956,220 (100.00%)

자료: 통계청(2006)

2007년 기준 호남권의 총생산비중은 전국대비 10.0%를 차지한다. 동년에 전국의 지역내 총생산은 약912조원으로 전년 대비 5.0% 성장하였으나, 호남권은 약91조원으로 전년 대비 3.3% 성장하였다. 호남권은 농림어업 등 1차 산업의 비중이 상대적으로 높은 실정이다. 호남권의 산업생산 구조를 보면, 서비스업의 비중이 전체의 50.9%로 가장 높고, 농림어업의 비중도 타 권역에 비하면 상대적으로 높다.

3.2. 호남권 교통 SOC의 투자실적

3.2.1. 호남권의 교통 SOC 투자액[2)]

교통 SOC의 투자현황을 2007년 기준으로 보면, 수도권의 비중이

〈표 3.3〉 광역경제권별 교통 SOC의 투자실적

(단위: 억원, %)

구 분	2000		2005		2007		평균 증가율
	투자액	비중	투자액	비중	투자액	비중	
수도권	52,236	26.4	62,026	29.7	79,451	33.3	6.1
강원권	14,805	7.5	15,819	7.6	16,986	7.1	2.0
충청권	32,758	16.5	29,155	14.0	24,481	10.3	-4.1
호남권	34,074	17.2	34,577	16.5	37,771	15.8	1.5
대경권	28,095	14.2	23,753	11.4	18,286	7.7	-6.0
동남권	28,323	14.3	39,520	18.9	47,327	19.9	7.6
전 국	198,192	100.0	208,960	100.0	238,406	100.0	2.7

비고: 1) 투자액은 공사액의 기준; 연평균증가율은 2000-2007년 동안임.
2) 교통 SOC는 도로, 철도, 공항 및 항만을 포함함.

자료: 통계청 국가통계포털 http://www.kosis.kr, 건설업통계조사보고서

2) 국토연구원(2008), pp.27-32.

33.3%로 집중되어 있다. 전국대비 광역경제권별 비중은 수도권에 이어 동남권(19.9%), 호남권(15.8%), 충청권(10.3%), 대경권(7.7%), 강원권(7.1%)의 순서로 나타났다. 2000-2007년 동안의 전국 교통 SOC 투자액은 연평균 2.7%의 증가세를 보여주었다. 광역경제권별 연평균 증가추세는 동남권 7.6%, 수도권 6.1%로 높았다. 이어서 강원권 2.0%, 호남권 1.5%의 신장추세를 보였으나, 대경권과 충청권은 각각 6.1% 및 4.1% 감소하였다. 그러나 호남권의 전국 대비 투자비중은 2000년 17.2%에서 2007년 15.8%로 감소하였다.

3.2.2. 호남권의 부문별 교통 SOC 투자[3)]

2007년 교통 SOC에서 도로투자액은 수도권이 전국의 29.6%를 점유하여 가장 높다. 이어서 호남권(19.2%), 동남권(16.1%), 충청권(12.3%), 강원권(9.7%) 등의 순서로 나타났다. 2000-2007년 기간에 광역경제권별 도로투자 평균증가율은 수도권이 5.7%, 동남권 3.8%, 호남권 2.1%로서 전국평균 1.7%보다 조금 높다. 호남권의 도로투자가 높은 것은 계획된 고속도로 및 국도의 건설사업이 2000년대 중반기에 집중되었기 때문이다. 2007년 철도의 투자액은 수도권이 52.6%로 절반이상을 차지하고, 다음으로 동남권 23.4%, 충청권 7.9%의 비중을 보였다. 호남권 철도투자액의 전국대비 점유비는 2000년 10.0%에서 2007년에 5.9%로 감소하였고, 동기간에 5.0%의 감소율을 보여주었다. 이것은 전국 철도투자 연평균증가율 2.5%의 수준에도 못 미치는 실정이다. 따라서 호남권에서 호남고속철도의 신속 착공 및 전라선의 복선·전철화, 경전선 개량화 사업이 매우 중요함을 시사하고 있다.

교통 SOC에서 2007년 항만투자 실적을 보면 해운·조선산업이 발달한 동남권의 비중이 35.2%로 가장 높고, 이어서 수도권 15.2%, 호남권 15.2%를 보여준다. 그러나 2000-2007년 동안에 광역경제권별 항만투자

---

3) 국토연구원(2006), pp.65-67; 부산발전연구원(2008), pp.27-32.

액의 연평균증가율은 수도권 20.3%, 충청권 14.7%, 동남권 14.5%, 강원권 14.2% 등의 순서로 드러났다. 동기간에 호남권의 항만투자액은 2.3%로 증가하였으나, 전국대비 비중은 2007년 29.6%에서 2007년에 15.2%로 감소하여 광양항, 목포항 및 군산항에 대한 지속적인 투자가 필요하다. 2007년도 공항부문의 투자실적은 한국에서 사회・경제활동의 중심지인 수도권의 비중이 78.4%로 가장 높다. 호남권의 전국대비 공항투자액의 점유비는 2000년 4.8%에서 2007년 8.0%로 증가하였다. 동기간에 공항 투자액의 연평균 증가율은 동남권(10.3%), 충청권(4.1%), 호남권(2.7%)의 순서를 드러내었다.

〈표 3.4〉 호남권의 분야별 교통 SOC 투자

(단위: 억원, %)

구 분		2000		2005		2007		평균 증가율
		투자액	비중	투자액	비중	투자액	비중	
호남권	도로	25,830	18.7	29,087	17.9	29,906	19.2	2.1
	철도	3,838	10.0	1,930	6.9	2,674	5.9	-5.0
	항만	4,016	29.6	3,117	24.0	4,721	15.2	2.3
	공항	390	4.8	443	7.7	469	8.0	2.7
	소계	34,074	17.2	34,577	16.5	37,771	15.8	1.5
전국	도로	137,971	100.0	162,123	100.0	155,696	100.0	1.7
	철도	38,492	100.0	28,128	100.0	45,679	100.0	2.5
	항만	13,562	100.0	12,971	100.0	31,135	100.0	12.6
	공항	8,167	100.0	5,737	100.0	5,896	100.0	-4.5
	소계	198,192	-	208,960	-	238,406	-	2.7

비고: 1) 투자액은 공사액의 기준; 연평균증가율은 2000-2007년 동안임
2) 교통 SOC는 도로, 철도, 공항 및 항만을 포함함.

자료: 통계청 국가통계포털 http://www.kosis.kr, 건설업통계조사보고서

3.3. 호남권의 교통수요 특성과 교통 SOC 계획의 검토

3.3.1. 여객통행의 실태[4)]

광역경제권을 대상으로 한 승객과 화물의 흐름은 교통 SOC계획의 지표로 활용가능하다. 도로, 철도, 해운 및 항공 등 모든 교통수단의 광역경제권간 승객통행량은 인구 1인당 하루 1.6통행이다. 수도권 내부통행은 전국 통행의 61%를 차지하며, 기타 광역경제권 내부통행도 모두 10만 이상 통행하였고 동남권, 대경권, 충청권, 호남권, 강원권 및 제주권 등의 순서를 보여주었다. 수도권↔충청권, 수도권↔강원권도 일평균 10만 이상 통행하였다. 승용차 통행을 보면, 수도권내부 승용차 통행이 전체의 50%를 보였으나, 모든 교통수단 통행량의 점유비 61.2% 보다는 낮게 나타났다. 이것은 수도권이 타광역권에 비하여 버스·철도 교통 등의 대중교통체계가 발달하여 승용차 통행분담률이 상대적으로 적은 것이다.

〈표 3.5〉 광역경제권간 총교통수단 통행량

(단위: 천통행/일)

구 분	수도권	강원권	충청권	대경권	호남권	동남권	제주권	합계
수도권	39,931	132	321	44	77	60	9	40,574
강원권	156	270	24	14	3	5	1	472
충청권	344	20	4,252	42	75	20	1	4,755
대경권	46	13	42	5,241	16	153	1	5,511
호남권	81	3	83	17	4,005	45	3	4,235
동남권	61	4	20	155	45	9,026	3	9,315
제주권	9	0.1	1	1	3	3	122	139
합 계	40,628	442,138	4,742,841	5,514	4,224	9,312	139	65,003

자료: 한국교통연구원 국가교통DB센터, 전국지역간 여객OD, 화물OD의 현행화, 2008

4) 김찬성(2008), pp.7-14.

호남권의 총통행량은 전국 통행량의 6.5%를 점유하며, 광역경제권의 내부통행이 전체의 95.0%를 보여주고 있다. 호남권↔수도권, 호남권↔충청권의 통행이 각각 1.5% 및 2.0%를 점유한다. 따라서 호남권과 타 광역권 간에 도로 및 철도망 체계가 양호하지 못하고 경제활동의 교류가 적다.

3.3.2. 화물통행의 실태

국민경제활동과 연관성이 강한 화물물동량, 화물차 통행량 및 수출입 컨테이너의 비중은 여객통행 실태와 다른 양상을 보여준다. 5+2 광역권에서 5대 광역권 내부의 통행량이 전체의 72.3%를 차지하여 전체의 3/4수준에 이른다. 화물차를 기준으로 5개 권역이 모두 5%이상을 점유하며, 5대 광역권은 84.4%를 차지하여 화물차의 집중도가 크다. 컨테이너를 기준으로 보면, 화물물동량과 화물차의 분포와는 다른 모습을 나타낸다. 광역권 간 5%이상을 차지하는 쌍방 경제권역은 수도권 내부통행, 수도권↔동남권, 호남권 내부통행, 대경권↔동남권인 것으로 보여

〈표 3.6〉 광역권 간 화물물동량 비중

(단위: %)

구 분	수도권	강원권	충청권	대경권	호남권	동남권	제주권	합계
수도권	23.75	0.74	2.14	0.23	0.34	0.97	0.00	28.17
강원권	0.68	2.26	0.36	0.28	0.03	0.14	0.00	3.74
충청권	2.68	0.41	7.45	0.67	1.01	0.73	0.00	12.96
대경권	0.30	0.33	0.91	6.80	0.28	3.18	0.00	11.79
호남권	0.51	0.02	1.08	0.21	10.54	1.74	0.00	14.10
동남권	0.98	0.10	0.67	2.62	1.15	23.71	0.00	29.23
제주권	0.00	0.00	0.00	0.00	0.00	0.00	0.00	0.00
합 계	28.90	3.85	12.61	13.35	13.35	30.47	0.00	100.0

자료: 한국교통연구원 국가교통DB센터, 전국지역 간 여객OD, 화물OD의 현행화, 2008

주었다.

따라서 광역권의 승객 및 화물통행을 분석하면, 동일 광역권에서 발생·도착한 통행량이 많고 타광역권 간 통행량은 크지 않다. 수도권은 승객통행과 화물통행의 중심지이고, 수출입과 연관된 동남권은 화물의 비중이 높다. 5+2 광역권 기준으로 교통수요 분석을 보면, 수도권·충청권·강원권을 통합하여 하나의 권역으로 보고, 나머지 대경권·호남권·동남권의 3개 권역의 통합권으로 설정하는 것이 의미가 있다.

3.3.3. 국가기간교통망 SOC 계획의 개요

국가기간교통망계획은 도로, 철도, 공항, 항만 등 모든 국가기간교통시설에 대한 장기 종합교통계획이다[5]. 2007년 수립된 국가기간교통망 제1차 수정계획은 글로벌 교통·물류네트워크 확충계획의 제시, 국가교통체계의 트자효율성 강화, 국내외 여건부응 국가교통체계의 재정립 등의 특징을 가지고 있다.

국가기간교통망계획은 이전 계획과 비교하면, 고속국도와 철도의 신설계획 연장은 감소하고 일반국도와 전철화의 비율은 증가하는 결과를 보여준다. 이는 경합된 구간의 투자조정에 따라서 신설·확충계획은 조정되고, 대신에 기존 교통시설의 확충·개량사업에 치중한 결과로 보인다. 또한 글로벌 세계시장의 통합화 추세에 국가경쟁력을 강화하기 위한 항만·공항의 처리능력이 증가하고 있다. 국가기간교통망 제1차 수정계획의 투자규모는 2000-2019년 410조억원, 2007-2019년 사이에 291조원이 소요될 것으로 추정된다.

3.3.4. 호남권 교통 SOC 계획의 검토

국가기간교통망계획에 나타난 호남권의 교통 SOC 계획은 도로망, 철도망, 배수수송망, 항만 및 공항부문별로 제시되어 있다. 간선도로

---

5) 교통체계효율화법 제3조.

망 체계는 남북1축의 인천-군산-목포 간, 남북2축의 광주-완도 간, 동서7축의 군산-대구-영천 간, 동서8축의 무안-광주-대구 간, 동서9축의 목포-순천-부산구간이 연결되어 있다. 특히 광양-목포 간 고속도로, 광주-대구 간 고속도로 확장사업 및 광주-완도 간 국도사업은 매우 시급한 실정이다.

철도망체계는 호남고속철도 건설사업(충북 오송-전남 목포), 전라선의 복선·개량화, 경전선 개량화 등의 일반철도, 대구-광주 간 및 새만금-군산 간 철도구상도 있다. 항만은 거점항인 광양항, 군장항 및 목포항의 확장, 새만금 신항의 건설사업이 존재한다. 군산 및 여수공항의 확장과 무안공항의 활성화가 중요한 SOC 사업이다. 배후수송망 체계는 광양항, 목포항, 새만금 신항 및 호남권 복합물류터미널의 배후지역을 연결하는 도로 및 철도망이 구축되어야 한다.

이상의 관점에서 호남권 교통 SOC 사업은 투자재원의 조달, 사업기간의 지연 및 SOC 사업 효율성 확보 등의 문제에 직면하여 있다. 그러나 호남광역권의 지역발전을 도모하는 중요한 교통 SOC 과제를 계획·관리의 입장에서 검토하는 것이 필요하다. 호남권의 발달에 필요한 중요한 SOC 정책과제는 호남고속철도 건설사업과 KTX 역세권개발, 광양항의 활성화 및 환경친화적 개발 및 무안공항의 활성화, 광역경제권 정책과 교통 SOC 추진방안 등으로 요약되어진다.

〈표 3.7〉 호남권의 국가기간교통망(SOC) 사업계획

<table>
<tr><th>분야</th><th colspan="2">구 분</th><th>세 부 내 용(km)</th><th>비고</th></tr>
<tr><td rowspan="5">간선도로망(7×9)</td><td colspan="2">남북 제1축</td><td>강화-인천-군산-목포 : 370.5</td><td></td></tr>
<tr><td colspan="2">남북 제2축</td><td>문산-서울-천안-광주-완도: 392(경부, 천안-논산, 호남)</td><td></td></tr>
<tr><td colspan="2">동서 제7축</td><td>군산-대구-영천-포항(경부): 294</td><td></td></tr>
<tr><td colspan="2">동서 제8축</td><td>무안-광주-남원-고령-대구(88): 224, 지선: 고창-담양, 광주순환선</td><td></td></tr>
<tr><td colspan="2">동서 제9축</td><td>목포-순천-마산-부산(남해): 292, 지선: 고서-순천</td><td></td></tr>
<tr><td rowspan="7">간선철도망(6×6)</td><td colspan="2">고속철도</td><td>호남고속철도(오송-목포) : 231</td><td>P</td></tr>
<tr><td colspan="2" rowspan="4">일반철도</td><td>전라선(익산-순천) 복선전철화: 154, 전라선(순천-여수) 전철화: 40</td><td>I, I</td></tr>
<tr><td>경전선(동순천-광양-진주-삼량진) 복선전철화: 168</td><td>P</td></tr>
<tr><td>경전선(순천-송정리) 복선전철화: 97, 경전선(보성-임성리) 단선전철: 79</td><td>P, P</td></tr>
<tr><td>군산선(익산-대야) 복선전철화: 17, 목포-군산 철도건설: 150</td><td>P</td></tr>
<tr><td colspan="2" rowspan="2">일반/광역철도</td><td>대구-광주 단선철도: 200, 김천-전주 단선철도: 97</td><td>R</td></tr>
<tr><td>새만금-군산 단선전철: 24</td><td>R</td></tr>
<tr><td rowspan="9">배후수송망</td><td rowspan="2">광양항</td><td>도로</td><td>서측배후도로:11, 컨부두-초남도로: 10, 여수국가산단진입로: 9, 광양-전주 고속도로: 118</td><td>I, I
I, I</td></tr>
<tr><td>철도</td><td>율촌 제1산단 인입철도: 5, 광양항 컨부두 서측인입철도</td><td>P, I</td></tr>
<tr><td rowspan="2">새만금 신 항</td><td>도로</td><td>새만금-무주 고속도로</td><td>R</td></tr>
<tr><td>철도</td><td>새만금-군산 철도</td><td>R</td></tr>
<tr><td rowspan="2">목포항</td><td>도로</td><td>목포 북항-목포 신항: 4</td><td>P</td></tr>
<tr><td>철도</td><td>목포 신항 배후철도: 9</td><td>I</td></tr>
<tr><td rowspan="3">호남권 복합 물류 터미널</td><td>고속도</td><td>호남고속국도 장성 IC: 24, 서해안고속국도 고창 IC: 7</td><td></td></tr>
<tr><td>국도</td><td>국도 1호선: 4, 국도 24호선: 5</td><td></td></tr>
<tr><td>철도</td><td>호남선 화물전용 인입선 안평역: 3</td><td></td></tr>
<tr><td rowspan="2">항만</td><td colspan="2" rowspan="2">거점항만 개발</td><td>군장항 39선석(2011)→45선석(2019), 목포항 9선석(2011)→12선석(2019)</td><td>P, P</td></tr>
<tr><td>광양항 24선석(2011)→40선석(2019), 새만금 신항</td><td>P, R</td></tr>
<tr><td>공항</td><td colspan="2">거점 소형 공항</td><td>무안공항신설, 김제공항 구상, 군산공항 기능유지</td><td></td></tr>
</table>

비고: I 시헝중, P 계획중, R 검토중을 의미함.

자료: 국가기간교통망계획 제1차 수정(2007)

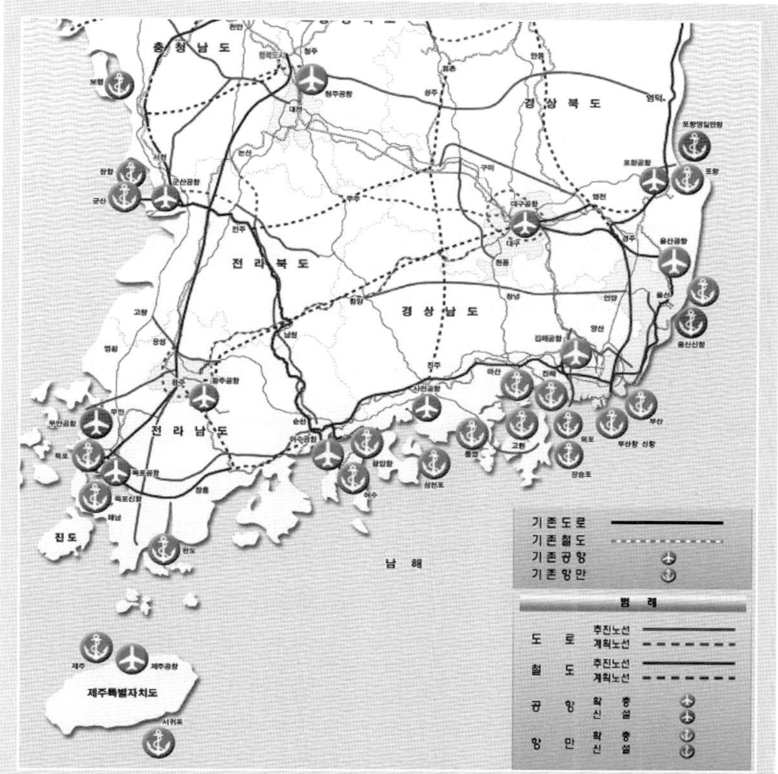

〈그림 3.1〉 호남권의 기간교통망 계획도

요 약

1. 호남권 면적은 전국의 20.7%를 차지하며 호남권 경제력은 인구・면적규모로 보아도 수도권은 물론 타 광역권보다 떨어져 상대적으로 발전잠재력도 취약하다.

2. 호남권은 제조업체수, 제조업체 부가가치액, 총사업체수, 벤처기업수 및 공공기관수 등의 측면에서 전국 평균수준 보다 낮다. 호남권의 산업생산구조를 보면, 서비스업의 비중이 전체의 50.9%로 가장 높고, 농림어업의 비중은 타 권역에 비하면 상대적으로 높다.

3. 호남권의 전국 대비 투자비중은 2000-2007년 15.8%로 감소하였다. 동기간 동안 호남권의 도로투자증가율은 2.1%로서 전국 1.7% 보다 조금 높으나, 철도투자 증가세는 전국 평균증가율 2.5%의 수준에도 못 미친다. 동기간 전국 대비 항만투자비중은 감소하였으나, 공항투자액의 점유비는 증가하였다.

4. 호남권의 총통행량은 전국 통행량의 6.5%를 점유하며, 광역경제권의 내부통행이 전체의 95.0%를 보여준다. 호남광역권과 타 광역권간에 도로 및 철도망 체계가 양호하지 못하고 경제활동의 교류가 적다.

5. 국가기간교통망계획은 도로, 철도, 공항, 항만 등 모든 국가기간교통시설에 대한 장기 종합교통계획이다. 호남권 교통 SOC 계획은 도로망, 철도망, 배수수송망, 항만 및 공항부문별로 제시되어 있다. 중요한 SOC과제는 호남고속철도 건설사업과 KTX 역세권개발, 광양항의 활성화와 환경친화적 개발, 무안공항의 활성화, 및 광역경제권 정책과 교통 SOC 추진 등이다.

중요개념

광역경제권	지역내총생산	교통 SOC
여객통행 실태	화물통행 실태	국가기간교통망계획
호남고속철도	배후수송망	간선도로망

연습문제

1. 호남광역경제권의 일반현황을 알아보고, 전국에서 호남광역경제권이 차지하는 산업별 및 경제수준별 여건을 전체적으로 말하라.

2. 호남광역경제권이 전국 광역경제권에서 차지하는 교통 SOC 투자비중과 특성은 무엇인가? 그리고 호남광역경제권에서 도로, 철도, 항만, 공항 등 교통 SOC의 부문별 투자비중은 어느 정도이며 시대에 따라서 어떠한 추세를 보이고 있는가?

3. 호남광역경제권에서 발생하는 승객과 화물의 흐름은 교통 SOC 계획의 중요한 지표이다. 호남광역경제권 내·외부의 여객통행 실태를 살펴보고 화물통행의 양상을 말하라.

4. 국가기간교통망계획은 모든 국가기간교통시설에 대한 장기 종합법정계획이다. 이 계획에서 제시된 호남광역경제권의 교통 SOC 사업의 종류와 내용을 파악하여 제시하라.

News

호남권 SOC 소외 심각

우리나라 SOC(사회간접자본)의 60% 가량이 영남과 수도권에 집중돼 있으며 영남의 SOC 스톡(SOC를 가격으로 환산한 수치)이 호남의 1.7배에 달하고 있는 것으로 드러났다. 특히 호남권 SOC 스톡은 영남권의 도로 가격스톡 수준에 불과해 SOC 예산의 부익부 빈익빈 현상이 전혀 시정되지 않고 있는 것으로 나타났다. 대통합민주신당 이낙연(함평·영광) 의원은 17일 건교부 국감에서 SOC 예산의 영남권 및 수도권 집중 이유에 대해 따지고 전남 등 소외개발지역에 SOC 투자 가중치를 둘 것을 촉구했다.

건교부가 국토연구원에 의뢰해 지난 3월 발간한 '건설교통분야 SOC 스톡에 관한 기초연구'에 따르면 2004년 기준으로 전국의 SOC(도로, 철도, 항만, 상하수도, 수리치수) 가격스톡은 총 515조2,000억원으로 조사됐다. 권역별로는 영남권이 155조7,000억원(30.2%)으로 가장 크고 수도권이 150조원(29.1%)으로 두 지역을 합해 305조7,000억원으로 59.3%를 차지했다. 이에 반해 호남권은 89조5,000억원(17.4%)에 불과해 영남권 SOC 예산이 호남에 비해 무려 1.7배 많은 것으로 나타났다. 또 호남권의 SOC 예산 89조5,000억원은 영남권의 도로 가격스톡 88조 3,000억원 수준에 불과한 것으로 조사됐다.

호남권의 시설별 SOC 가격스톡 현황을 보면 도로 46조1,000억원, 철도 7조5,000억원, 공항 4,000억원, 항만 4조8,000억원, 상하수도 5조 3,000억원, 수리치수 15조9,000억원 등인 것으로 조사됐다. 이밖에 충청권은 75조5,000억원(14.7%), 강원권 37조9,000억원(7.4%), 제주권 6조 6,000억원(1.3%) 등이었다.

전문가를 대상으로 실시한 'SOC 구비정도에 대한 만족도 조사'에서도 서울, 경기, 경남 등은 50%가 넘는 응답자가 보통이상(보통, 충분, 매우충분)이라고 답했다. 반면 전남, 광주, 강원, 전북, 충남, 충북, 제주

등은 60% 이상이 SOC가 부족하다(매우 부족, 부족)고 응답했다.

이와 함께 16개 광역시도별 지자체공무원과 지역발전연구소, 대학교수 등 관련업무 조사자 및 전문가와 상공회의소를 대상으로 설문조사를 실시한 결과에서도 전체 응답자의 55.1%가 SOC가 부족하다고 생각하고 있는 것으로 나타났다.

시도별로 부족하다(매우부족, 부족)는 응답 비율이 50%를 넘는 지역과 비율은 경북 90%, 광주 81.9%, 강원 81.8%, 부산 80%, 전남 80%, 충남 77.7%, 전북 72.7%, 충북 66.7%, 제주 60%였다. 보통이상(보통, 충분, 매우충분)의 응답 비율이 50%를 넘는 지역은 서울 92.9%, 경기 71.4%, 대전 68.5%, 경남 61.6%였고 대구와 울산은 보통이상과 부족하다는 응답이 각각 50%로 같았다.

지역에 따라 SOC 예산이 편중되고 있는 현상에 대해 이낙연 의원은 "지금까지 SOC 투자가 저개발지역 보다는 개발지역에, 인구 과소지역 보다는 과밀지역에 집중됐기 때문이다"고 지적했다. 이 의원은 "앞으로 SOC 투자 방향은 지역균형발전 측면에서 이루어져야 한다"며 "그동안 투자배분 과정에서 상대적으로 소외됐던 저개발지역에 높은 가중치를 둬야 한다"고 강조했다.

【자료】 전남매일, 2007년 10월 18일

참고문헌

1. 건설교통부, 국가기간교통망 제1차 수정계획, 2007.
2. 기획재정부 · 국토해양부, 광역경제권 발전 선도프로젝트 추진방안, 2008.
3. 김찬성, 교통측면에서의 5+2 광역경제권 설정의 의미와 과제, 특집: 5+2 광역경제권 형성과 교통부문의 과제, 월간교통 통권129호, 한국교통연구원, 2008, pp.6-14.
4. 변창흠, 지역경제 활성화를 위한 광역경제권 구축의 필요성과 과제, 글로벌시대 지역경쟁력 강화와 지역의 역할 프로그램 심포지엄 자료, 한국산업기술재단, 서울교육문화회관, 2008. 5, pp.269-299.
5. 부산발전연구원, 동남권 SOC 투자사업의 경제성장 기여도 및 유발효과 연구, 미래경제 기획연구, 미래경제연구센터, 2008.
6. 안홍기 · 김민철, 교통기반시설투자의 지역간 배분과 지역경제성장에 관한 연구, 국토연 2006-35, 국토연구원, 2006.
7. 이훈기, 5+2 광역경제권 설정에 따른 국가기간교통망계획의 보완방향, 특집: 5+2 광역경제권 형성과 교통부문의 과제, 월간교통, 통권129호, 한국교통연구원, 2008, pp.15-22.
8. 정봉현, 호남광역경제권의 형성과 교통 사회간접자본(SOC)의 구축방안, 한국도시행정학보 제22집 제2호, 한국도시행정학회, 2009.8, pp.3-30.
9. 광주광역시 http://www.gjcity.net
10. 광주발전연구원 http://www.gji.re.kr
11. 지역발전위원회 http://www.balance.go.kr
12. 국토연구원 http://www.krihs.re.kr
13. 국토해양부 http://www.moct.go.kr
14. 교통연구원 http://www.koti.re.kr
15. 전남발전연구원 http://www.gjdi.re.kr
16. 전북발전연구원 http://www.jd.re.kr
17. 전라남도 http://www.jeonnam.go.kr
18. 전라북도 http://www.jeonbuk.go.kr

제 4 장

호남고속철도와 호남권 발전방향

호남고속철도는 한국의 양대 철도기간망의 하나로서 국토의 균형발전을 도모할 것이다. 여기에서는 고속철도의 운행특성과 고속철도계획을 먼저 살펴본다. 고속철도운행의 영향요인을 기존 문헌으로 고찰한 다음에 선진국에서 경험한 고속철도 운행영향을 파악한다. 호남고속철도의 운행이 호남권의 인구이동, 교통체계, 도시경제 · 발전, 사회문화 등의 분야에 미치는 효과를 다양하게 분석한다. 이를 통하여 고속철도 개통에 따른 호남권의 발전방안을 교통체계, 도시발전 및 문화관광의 분야별로 종합적으로 강구한다.

제4장 호남고속철도와 호남권 발전방향

4.1. 고속철도 운행·특성과 계획

4.1.1. 고속철도의 추진경과[1)]

고속철도는 열차가 주요구간을 시속 200km 이상 운행하는 철도로서 국토해양부 장관이 노선을 지정·고시한다. 한국은 1989년 5월 경부고속철도 건설방침이 결정되었고, 1990년 6월에는 기본계획과 노선이 확정되었다. 1998년 7월에 고속철도 건설기본계획을 변경하고 단계별 개통이 확정되고, 2004년 4월에 경부선과 호남선이 동시에 개통되었다.

구체적으로 보면, 2004년 4월에 서울역-동대구역 신설구간 292.4km에 최고시속 300km의 고속철도가 운행되며, 2010년에는 대구-경주-부산구간이 완공되어 경부고속철도가 완전히 개통된다. 호남선의 경우에 서대전-목포구간의 복선전철화 사업이 완공되어 고속전철이 기존선로에 운영되고 있다. 호남고속철도는 충북 오송-광주송정역 구간에 건설사업이 시작되어 2014년에 완공될 계획이다.

외국을 보면, 1964년 일본의 신칸센 이후, 고속철도는 1981년 프랑스의 TGV, 이탈리아의 ETR, 1988년 독일의 ICE, 1992년 스페인의 AVE 등이 운행되었다. 운행시속 200km를 넘는 고속철도는 핀란드의 헬싱키-티쿠 구간에서 운행 중이지만, 이는 기존 구간의 개량 및 틸팅

1) 조남건 외 9인(2003), pp.15-17.

〈표 4.1〉 고속철도의 추진경과

시기	주요 추진내용
1989. 5.	경부고속철도 건설방침 결정
1990. 6.	기본계획과 노선확정(서울-천안-대전-대구-경주-부산)
1994. 6.	차량도입계약 체결(불 TGV시스템, 46편성)
1998. 7.	고속철도건설 기본계획변경과 단계별 개통 - 1단계: 서울-대전(2003.12), 서울-부산(2004. 4.) - 2단계: 2010년 개통
1999. 12.	호남선 전철화 추진계획 수립(철도청)
2003. 4.	서울-부산, 서울-목포 2004년 4월 동시개통
2004. 4.	경부선, 호남선(고속전철) 동시 개통
2006. 7.	건설교통부 호남고속철도 기본계획발표
2010. 12.	경부고속철도 동대구-부산구간 개통
2014. 12.	호남고속철도 충북 오송-광주송정 구간 개통목표
2017. 12.	호남고속철도 광주송정역-목포 임성역 구간 개통계획

자료: 철도시설관리공단 홈페이지

기술에 의한 것이다. 유럽 내의 독일, 프랑스, 화란, 벨기에 등 4개국이 공동 사용하는 열차(Thalys)를 만들어 파리-브뤼셀-암스텔담-퀼른 구간을 운행한다. 신설 철도노선에서는 시속 300km, 개량된 철도구간에서는 시속 220km 정도로 운행한다. 고속철도에 준하는 시속 150km급의 고속열차는 영국, 미국, 말레이시아, 노르웨이, 벨기에, 포르투갈 등에서 운행되고 있다.

4.1.2. 고속철도의 운행특성

기존에 운행되고 있는 경부고속철도는 대용량성, 소수의 정차역, 운행시간의 다양성, 운행의 고속성, 선로설계의 상향성, 운임의 경쟁성 등의 특성을 가지고 있다[2]. 고속철도는 승객을 대량으로 수송하는 대용량의 기간교통수단이다. 고속철도는 시·종점 간의 운행에 정차역수가 적으며 시속 300km로 운행되므로 정차역당 최소한 7-10분정도의 시간이 소요된다. 고속철도는 핵심역만 정차하는 최단시간 운행과 기간역에 모두 정차하는 보통운행으로 구분한다. 한국의 고속철도는 최고시속 300km로 운행하지만, 선로구간에 따라 166km-207km로 달린다. 이것은 고속철도가 기존 선로를 사용하고 소음과 진동을 고려하기 때문이다. 고속철도는 안전운행이 중요하여 일반 선로보다 높은 설계기준으로 건설되었다. 이를 테면, 고속철도의 곡선반경은 7km이며, 신설구간은 시흥-경북 신동구간이고 기타는 기존선로를 개량하여 이용한다. 운행열차는 한국형 KTX이며, 프랑스 TGV를 이용하여 개발한 것이다. 고속열차의 은임은 항공기의 70% 수준으로 결정하였고, 한국철도공사는 새마을호 특실 5-15% 정도로 책정하였다. 고속철도는 200-550km 구간에서는 육상교통에서 타 교통수단에 비하여 경쟁력이 있다.

4.1.3. 고속철도의 운행현황

1) 고속열차의 편성[3]

KTX 고속열차는 1편성(1대)당 동력차 2량(칸), 동력객차 2량, 객차 16량 등 총 20량으로 구성되어 있다. 차량 전체길이는 388m이고 승객탑승 기준으로 총중량은 771.2톤이다. 차량 내 좌석의 경우 특실은 1열당 3석으로 127석이고, 일반실은 1열당 4석으로 808석으로서 총좌석은 1편성당 935석이며, 간이좌석도 1편성당 30석이 별도로 있다. 열차는 모두 46편성이 운행되며, 한국철도공사는 여객수요에 따라 투입량을 결정한다.

KTX-Ⅱ는 수송수요에 따라 탄력적인 운행이 가능하도록 10량 편성

---

2) 임병호(2008), pp.28-30.

3) 한국고속철도 KTX홈페이지 http://ktx.korail.go.kr

〈표 4.2〉 KTX와 KTX-Ⅱ의 제원비교

구 분	KTX	KTX-Ⅱ
설계 · 제작	프랑스 설계	국내기술, 국산화율 87%
내 · 외부 디자인	프랑스 TGV 모델(상어 형상)	한국 고유디자인(산천어 형상)
의자방향 조절	전 좌석 고정식(일반실) 간격-930mm	전 좌석 회전식(우등실) 간격-980mm
DMB, 무선인터넷	DMB 수신설비 없음	DMB · 무선인터넷 수신중계기 설치
비즈니스실	없음	1개소 운영
편성운영 방식	20량 고정편성	10량 고정, 최대 10량 추가편성
객차차제 재질	강재골조 + 강판	알루미늄 압출재
전원콘센트	추가설치 예정	특실 전석, 우등실 8석
최고속도	시속 300km	시속 300km

자료: 한국철도공사

을 기본으로 20량(10+10)까지 연결할 수 있다. 이것은 KTX의 업그레이드 형으로 2000년대 한국의 기술로 개발되었고, 외형은 토종어종인 산천어의 이미지로 디자인하였다. 유선형의 외관은 공기저항을 줄였고, 차체는 알루미늄 합금으로 만들어 하중을 줄여 에너지 효율을 높였다. KTX의 고정좌석을 회전형 좌석으로 바꾸고 의자간격을 5cm 넓혔다. 모든 객실에 DMB 수신 설비와 무선인터넷 서비스를 갖추었다. 이밖에도 장애인 등 교통약자를 위한 전용석과 전용화장실, 수유실 등 편의시설과 비즈니스실도 마련되어 있다. KTX-Ⅱ는 2010년 3월 2일부터 경부선 서울~부산 구간과 호남선 용산~광주 · 목포 구간에 하루 4차례 투입될 예정이다.

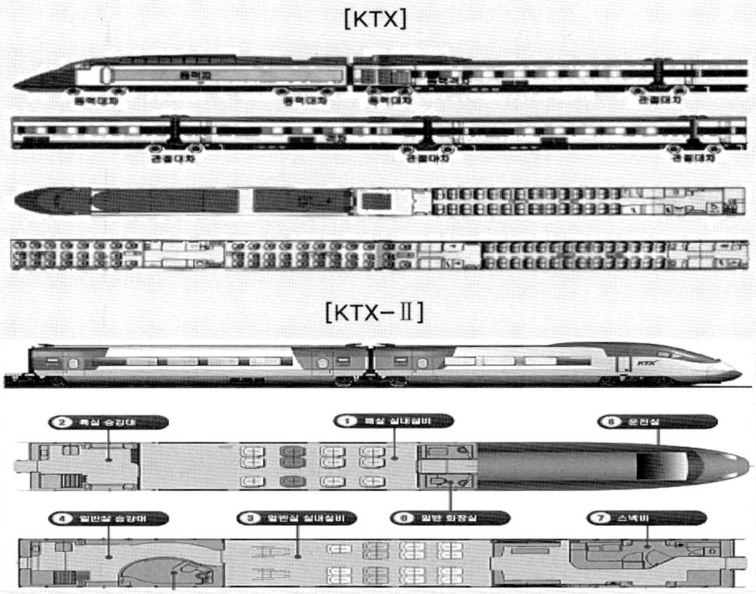

자료: http://korail.go.kr

〈그림 4.1〉 KTX(고속열차)의 구성내역

2) 고속철도의 운행현황

고속철도 현재 410km 구간을 운행하며, 속도는 시간당 300km이다. 2008년 기준 고속철도는 경부선과 호남선을 토대로 운영되나 호남선은 기존 선로를 이용하여 서대전-목포구간의 시간단축 효과는 아주 적다. 경부고속철도의 중요경유지는 서울·용산-광명-천안·아산-대전-동대구-밀양-구포-부산이며, 호남선은 용산-광명-천안·아산-오송-익산-정읍-광주(송정)-목포 등으로 되어 있다. 운행편수는 1일 서울역과 용산역을 기준으로 서울-대전 78회, 대전-서울 간 79회가 운행되고 있다. 호남선은 용산-서대전 간 61회, 서대전-용산 간 61회가 운행되는 실정이다. 운행시간은 경부선(1단계)이 서울을 기준으로 천안 34분, 대전 49분,

〈표 4.3〉 고속철도 정차구간별 소요시간의 비교

철도구간	연장(km)	2004년	2010년	새마을호 소요시간	단축시간 (2004년)	단축률 (2004년)
서울-천안아산	96.3	34분	34분	60분	26분	43.3%
서울-대전	159.2	49분	47분	1:32분	43분	46.7%
서울-동대구	292.4	1:39분	1:20분	3:03분	1:24분	45.9%
서울-부산	409.8	2:40분	1:56분	4:10분	1:30분	36.0%
서울-광주	352.0	2:38분	2:38분	3:52분	1:14분	32.3%
서울-목포	411.4	2:58분	2:58분	4:42분	1:44분	36.9%

자료: 건설교통부(2003)

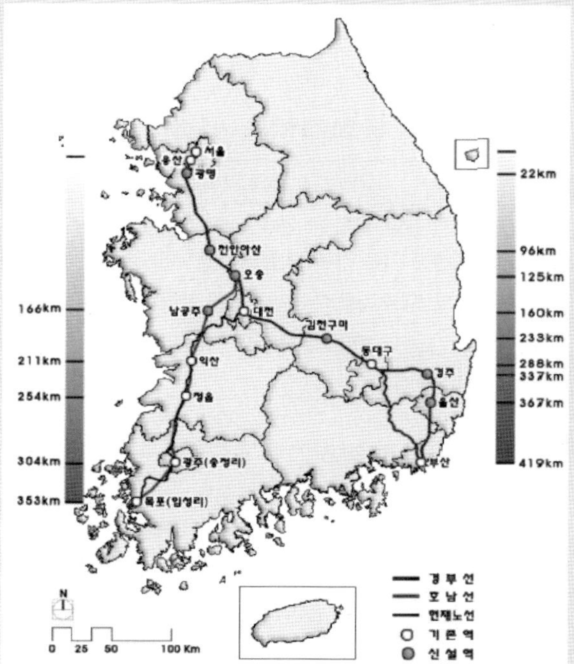

〈그림 4.2〉 고속철도의 노선과 정차역

동대구 1시간 39분, 부산 2시간 40분이 소요된다. 호남선의 경우는 익산 1시간 38분, 광주 2시간 37분, 목포가 2시간 58분으로 운행하고 있다.

4.1.4. 호남고속철도의 건설계획[4)]

호남고속철도는 경부고속철도와 더불어 한국의 양대 철도기간망으로서 교통 및 생활축을 형성한다. 이의 목적은 국토의 균형발전을 통하여 효율적·합리적인 교통수단간 분담 및 연계가 가능한 통합국가교통체계를 형성하기 위한 것이다.

호남고속철도는 오송-목포 간 230.9km에 걸쳐서 2006-2017년 동안에 11조 3,382억원의 예산으로 순차적으로 건설할 것이다. 제1단계 오송~광주 구간은 2009년에 착공하여 2014년에 개통, 제2단계 광주~목포 구간은 2017년에 완공할 계획이다. 중요한 정차역은 오송역, 공주

〈표 4.4〉 호남고속철도 사업의 개요

구 분	주요 사업내용
구간노선	■ 오송-익산-광주-목포 간 230.9km - 1단계:오송-광주, 2단계:광주-목포 ■ 서울-오송간 기존 경부고속철도 이용: 121.8km
사업비용	■ 11조 3,382억원(차량비용 7326억원 포함)
정 거 장	■ 오송역, 공주역, 익산역, 정읍역, 광주(송정리)역, 목포(임성리), 광주차량기지
사업기간	■ 2006-2017년(12년), 기본설계: 2006.11-2008.11 ■ 오송-광주 구간: 2006-2014, 광주-목포 구간: 2006-2017
열차운행	■ 총350량-1편성 10량, 1일 39회 운행 ■ 속도-최고속도: 300km/h, 설계속도: 350km/h
운행시간	■ 서울-목포: 106분(352.7km), 오송-목포: 60분(231.2km)
통행수요	■ 2014년: 446백명/1일, 2017년: 567백명/1일

자료: 호남고속철도 http://www.honamktx.org

4) 호남고속철도 홈페이지 http://www.honamktx.org

역, 익산역, 정읍역, 광주송정역, 목포역, 광주차량기지 등으로 구성되어 있다. 고속철도의 최고시속은 1시간당 300km이며, 운행시간을 보면 오송-목포 구간 230.9km는 60분, 서울-목포 구간 352km는 106분정도 소요될 전망이다. 철도차량은 총350량이 투입되고 1편성은 10량이며, 구간별로 보면, 오송-광주 구간은 개통 시 총330량, 광주-목포 구간은 개통 시에 총20량이 투입될 전망이다. 호남고속철도가 완성되면 서울-광주 구간은 현재보다 60분 단축(153분→93분)된 1시간 33분안에 이동이 가능하다. 서울-목포 구간도 현재보다 79분 단축(185분→106분)된 1시간 46분의 통행시간이 소요될 예정이다. 따라서 호남고속철도로 사람과 물류의 이동이 고속화되어 국토의 경쟁력이 한층 강화되고 국토의 균형발전, 서남권 경제성장의 촉진 및 국가경쟁력 제고에 크게 기여할 것이다.

4.2. 고속철도 운행의 영향요인

4.2.1. 고속철도 운행의 영향

고속철도의 개통으로 인한 국가교통체계, 공간구조, 도시지역개발 및 국민생활 등에 미치는 영향은 다양하다. 영향·효과의 분석은 국가 및 도시지역개발의 관점에서 고속철도의 개통영향을 극대화하기 위한 정책방안을 강구하는데 매우 중요하다. 고속철도의 개통효과는 분석의 성격, 평가의 기준 및 평가방법에 따라 다양하므로, 기존 연구의 이론적 고찰을 통하여 검토할 필요가 있다.

국토연구원(1995)과 서울대학교 국토문제연구소(1997)는 외국사례중심의 고속철도 개통효과를 설명하고 고속철도의 국토공간 구조변화 영향을 간단히 언급하였다. 이상의 연구는 한국에서 고속철도 운영에 따른 국토공간의 변화내용이 외국 사례 중심으로 기술되어 있다. 김영모(1995)는 일본의 사례를 중심으로 고속철도의 개통은 수도권의 인구분

〈표 4.5〉 고속철도 운행과 영향분석연구의 비교

저 자	분석관점	영향분석 항목	특 성
서선덕 (2003)	교통산업 체계	■ 교통체계 · 산업의 긍정적 효과 ■ 항공, 고속버스, 승용차 등	기술적 · 서설적 연구
홍석진 (2003)	항공산업	■ 항공수요의 변화효과	기술적 · 서설적 연구
조남건 (2003)	교통체계	■ 통행시간단축 효과 ■ 교통수단의 이용변화 예측	기술적 · 분석적 연구
조남건 외 (2003)	국토공간 구조	■ 접근도와 인구이동의 변화 ■ 고속철도 이용행태와 기업입지	기술적 · 분석적 연구 모형분석과 설문조사
이성우 (2003)	인구정주 개발	■ 지역과 정차역 인구분산 효과 ■ 수도권 거주가구의 인구분산	거시적 · 분석적 연구
이진선 (2003)	연계교통 체계	■ 지역교통체계 변화와 구축효과	기술적 · 서설적 연구
문경원 (2003)	지역도시	■ 교통체계에 미치는 영향 ■ 지역경제 · 개발에 미치는 영향 ■ 관광 · 문화에 미치는 영향	기술적 · 서설적 연구 지역적 종합연구
문채 (2003)	철도체계	■ 역세권의 정비와 개발	기술적 · 서설적 연구

산, 지방분산형 국토공간 구조의 형성 및 지방도시의 광역도시화 등에 영향을 미친다고 분석하였다. 김광식(1995)은 고속철도의 운영으로 수도인구증가의 완화, 정차역 인접도시의 인구증가 효과를 전망하였다. 박양호(2001)는 지방도시의 흡인력이 낮은 경우에 고속철도의 개통은 수도권의 인구 및 산업집중을 가중시킨다고 분석하였다.

조남건 외(2003)는 국토공간의 관점에서 고속철도의 개통에 따른 접근도와 인구이동 변화, 고속철도 이용형태와 기업의 입지전망에 대한 영향을 검토하고 공간구조의 개편방향을 제시하였다. 이성우(2003)는 인구분산과 연관하여 고속철도의 건설은 경부선의 성장 촉진, 농촌지역과 도시철도 소외지역의 인구유출 등을 전망하였다. 이진선(2003)은 고속철도의 연계교통서비스를 증진하기 위한 단계적인 실행방안을 제시하였다. 문경원(2003)은 대전시를 사례로 고속철도 시대의 지방도시 발전방안을 교통체계, 지역경제·개발 및 관광·문화의 관점에서 개괄적인 발전방안을 강구하였다. 서선덕(2003)은 고속철도 개통에 따른 교통산업 및 교통체계의 변화를 효과 측면에서 기술적으로 조망하였다. 한편 홍석진(2003)은 고속철도의 운영에 의한 항공운송산업의 변화와 전망을 예측하여 항공수요의 감소에 따른 대응방안을 제시하였다.

고속철도의 개통에 따른 영향에 대한 2003년 이전 연구의 대부분은 고속철도와 국토공간의 시각에서 외국 사례중심의 개괄적인 전망연구가 대부분을 차지하였다. 2003년 이후 연구의 흐름은 2004년 4월에 운행된 경부고속철도를 중심으로 교통과 국토공간 변화의 체계에서 단기적·거시적인 영향 예측과 정책적인 발전방안을 강구하는 데 치중하였다. 따라서 상기한 연구들은 지역사례 중심의 고속철도 영향분석 미흡, 고속철도의 종합적인 영향분석 항목의 미정립, 파급효과에 대한 계량적 분석의 한계 등의 문제점을 갖고 있다.

4.2.2. 선진국의 고속철도 운행영향

고속철도를 운행 중인 국가들의 고속철도의 건설 목표 및 개통효과는 2가지로 대별되고 있다.[5] ① 한국 및 일본 등과 같이 인구이동, 지역경제의 발전 등을 포함하는 국가의 광역네트워크 형성을 통한 종합적인 국가발전 방향을 도모하고 있다. ② 프랑스와 독일 등의 유럽국가에서 시사하는 기존 교통수단간의 연계를 통한 교통수단 간 유연시스템의 구축과 교통수단 간 경쟁을 통한 시장의 합리화를 구현하는 것이다.

고속철도의 개통에 따른 일본, 프랑스 및 독일 등 선진 3개국의

5) 이성우(2004), pp.20-23.

〈표 4.6〉 선진국의 고속철도 운행영향

구분	신칸센(일본)	TGV(프랑스)	ICE(독일)
개통	1964	1983	1991
운영 규모	4개노선+1개 연장+2개 단선	5개 주요노선+유로스타 +유럽고속전철	2개노선+유럽전철망
건설 배경	■ 지역개발의 동기부여 ■ 수송체계의 정비 ■ 대용량 고속교통구축	■ 철도경쟁력 제고 ■ 교통합리화정책의 일환 ■ 유럽고속전철망의 중심 역할	■ 종합적 계획성격의 개통 ■ 통일후 동서균형개발의 성격
운영 방식	■ 고속철도 전용노선 건설 ■ 최근 일부철도노선 활용	■ 기존 철도노선과 고속철도 노선의 혼합운영	■ 기존 철도노선의 적극활용
인구 영향	■ 정차지역 인구증가 ■ 대도시권 단기증가, 장기감소 ■ 비정차지역 인구감소 ■ 일부 지방개발지역 인구감소 ■ 정차/비정차지역의 인구증감, 일반경향 없음	■ 수도권 인구증가와 감소 주장 상호대립 ■ 대도시권 주변지역의 자본접근성 향상과 인구유입동기 ■ 대도시권 출퇴근 인구증가	■ 대도시권 및 일부 중간정차지역의 인구감소 ■ 시종착역 인구증가 ■ 통독의 사회적영향과 고속철도의 인구효과 분석상 한계
기타 영향	■ 정차지역 입지조건 개선과 기업이전의 촉진 ■ 대도시 역세권의 형성과 대출증가 ■ 중소도시 매출량의 감소	■ 분산된 기업, 단체의 고속철도개통지역에 재집중 ■ 토지가격의 상승 ■ 수도권의 기업재유입과 재집중 현상 발생	■ 주요 산업도시간 집중도심화 ■ 동서독간 지역불균등 심화요인의 제공

자료: 이성우(2003); 조남건 외(2003); 국토연구원(2003)

영향과 대책을 분석하면 고속철도의 개통에 따른 국토공간에 미치는 영향은 아주 다양하다. 일본은 정차역이 입지한 도시에 인구 및 산업활동이 증가하였다. 오히려 일부 지역에서는 인구가 감소하고, 도쿄와 오사카 같은 주요도시의 집적분산은 별로 효과가 없다[6]. 프랑스의 경우

6) Sasaki, k. Ohashi, T. and Ando, A(1997), pp.77-98.

에 고속철도 역세권을 중심으로 업무·판매시설이 밀집하는 신도심이 성장하였고, 파리 수도권에서는 지방분산의 효과가 있었다. 그러나 비슷한 시기에 정부기관의 지방분산 정책이 실시되어 최종적으로 고속철도의 개통에 따른 효과인지는 검증되지 않았다. 독일의 예를 보면, 고속철도 연계지역에 인구가 증가하고 대도시권의 인구가 감소하는 고속철도 개통영향이 발생하였다[7]. 이것은 1989년부터 시작된 독일의 통일효과와 겹쳐서 고속철도의 개통으로 인한 직접적인 효과로 단정하기는 곤란하다.

4.2.3. 호남고속철도의 운행의미

고속철도의 개통은 국민생활, 국토공간 및 인구이동 등에 크게 영향을 미치고 다양한 변화를 수반한다. 국민생활에 미치는 개통의 의미는 공간격차의 해소, 통행기회의 증가, 장거리 통근행위의 발생 및 사회·문화공간의 확대 등에서 발견할 수 있다[8]. 국토공간의 측면에서도 도시와 지역공간구조의 영향으로 구분하여 설명하며, 산업경제의 입장에서는 인구이동과 기업이전 등의 내용을 파악할 수 있다. 교통체계의 면에서 고속철도의 운행은 국민의 생활방식을 직접적으로 변화시키는 측면에서 의미하는 바가 크다. 이러한 주요 내용에는 접근교통시간의 변화, 1일 통행시간의 단축, 등교·통학권역의 변화, 지역별 이용교통수단의 변화 등이 들어 있다[9]. 이를 테면, 호남선 고속전철의 운행으로 서울-광주 구간은 1시간 15분, 서울-목포 구간은 1시간 45분의 통행시간이 단축된다. 이로 인하여 오전·오후의 업무처리가 가능한 전국에 "반나절 생활권"의 시대가 도래하여 1일 도시권화의 현상이 발생한다. 통행자는 단축된 시간을 효율적으로 활용하며, 종전에 고속버스, 항공기 및 승용차를 이용하던 통행자들은 고속철도의 이용을 선호한다. 서

---

7) Vickerman, R.(1997), pp.21-38.

8) 조남건a(2004), pp.22-29.

9) 이창운·서광석(2003), pp.5-18.

울을 중심으로 전국에서 3시간 내에 접근이 가능한 누적인구의 비율은 고속철도 개통전 58.3%에서 개통후 70.3%, 4시간 이내의 경우는 고속철도 개통전 70.9%에서 90.6%로 급증하였다. 광주시에 3시간 이내에 열차로 접근이 가능한 지구내의 누적인구비율은 고속철도 개통 전 20.0%에서 개통 후 50.9%로 크게 증가한다. 4시간의 경우 고속전철 개통전 43.5%에서 개통후 81.5%로 크게 신장할 것이다.

4.3. 호남고속철도 운행의 호남권 효과

4.3.1. 인구이동 · 분산에 미치는 효과[10]

1) 1일 교류가능인구

고속철도 개통 후에 고속철도역과 전국의 주요 거점도시에서 타 거점도시간의 활동시간을 파악하여 1일 교류 가능인구를 산정한다. 1일 교류가능 지역은 출발지에서 3시간 이내에 도달 가능한 지역이다. 이와 더불어 3시간 이내에 교류 가능한 인구가 전체인구에서 차지하는 점유비를 파악하는 것이 중요하다. 고속철도의 운행으로 지역에 있는 광주시는 접근성이 제고되어 생활권이 확대되고 지역간 상호교류가 크게 증가하고 있다. 고속철도의 개통전 광주시의 상호간 접근도는 각각 17.5%에서 운행 후 2004년에 50.2%로 크게 증가하였다. 1일 교류 가능인구도 광주시가 2002년에 각각 839만명에서 고속열차 운행년도인 2004년에는 각기 2,408만명으로 급증하여 광주-기타 지역간 상호교류가 크게 증가하고 있다.

호남고속철도의 1일 이용객수는 오송-목포 전구간이 개통되는 2017년에 약5만명으로 예측되고 있다[11]. 고속철도의 운행은 어느 한 시·군에서 다른 모든 시·군으로 접근도를 개선시킨다. 고속철도로 인한

10) 조남건 외 9인(2003), pp.63-92.
11) 이용우 외 3인(2006), pp.64-65.

〈표 4.7〉 고속철도 개통후의 광주지역 1일 교류가능인구

정차도시/광역단체	1일 교류가능 인구비율			1일 교류가능 인구(만인)		
	2002년	2004년	2010년	2002년	2004년	2010년
광주	17.5%	50.2%	50.4%	839	2,408	2,418
목포	11.3%	31.9%	32.2%	542	1,530	1,545

자료 : 조남건 외 (2003)

접근도는 정차도시를 그 주변 시·군에서 주로 나타난다. 경부고속철도에 비하여 현재 호남고속철도는 정차도시의 접근도가 전반적으로 개선되지 않고 있다. 그 이유는 이미 고속도로 및 일반도로망의 확충으로 호남고속철도가 완전 개통되어도 추가적인 접근도 개선효과는 작을 것으로 전망된다. 하지만 2021에는 익산, 정읍, 광주 및 목포 등 호남고속철도 정차도시의 접근도는 개선될 것이다[12]. 이를 테면, 고속철도의 정차도시인 광주 6.8분, 목포 3.6분 정도의 접근도 개선효과가 있을 것으로 기대된다.

2) 지역인구의 변화

광주시는 881명 정도의 순인구 유입효과가 발생하고, 전라남도의 시지역도 목포시 유입인구의 증가로 455명의 순인구 효과가 생긴다. 이것은 도시지역에서는 접근도가 개선되어 순인구 증대효과가 발생하나, 전라남도의 농촌지역인 군지역에서는 인구의 감소효과가 일어난다. 고속철도가 인구의 공간적 분산에 미치는 영향을 보면, 호남선 도시철도 운행의 혜택이 미약한 전북은 전남지역에 비하여 상대적인 인구유출 현상이 강하다. 또한 고속철도의 정차역이 있지만 상대적으로 그 효과가 약한 농촌지역에서는 인구가 감소할 것이다. 광주시도 주변지역의 연계교통망이 잘 형성되지 못하는 경우에는 고속철도의 운행 후에도

12) 이용우외 3인(2006), pp.68-69.

〈표 4.8〉 고속철도 개통후 광주지역의 인구영향

지 역	순이동인구	순인구이동(A)	순인구이동(B)	인구변화	고속철도효과
광주시	-14	5,449	7,814	2,366	881
전남-시	-12,363	-7,819	-3,534	4,285	455
전남-군	-21,175	-46,858	-47,718	-860	-288

비고: ① 순인구이동 A - 2000년 추정 순인구이동 ; ② 순인구이동 B - 2010년 고속철도+도로+철도를 가정한 경우의 추정 순인구이동 ; ③ 인구변화 = 순인구이동 B - 순인구이동 A

자료: 조남건 외 (1993)

순인구 유출현상이 발생한다.

호남고속철도 운행은 정차역을 중심으로 접근성을 향상시켜 교통체계를 변화시키고 인구이동의 요인으로 작용한다. 호남고속철도가 완공되어 운영되는 2021년에는 호남권에서 고속철도의 정차도시인 익산, 광주 및 목포 등의 인구는 조금 증가할 것이다. 그러나 정차도시의 주변 시·군의 인구증가는 거의 없을 것이다. 호남권은 지역경제기반이 취약하여 주변 시·군과의 연계성이 높지 않은 지역에서 접근성이 개선되어도 인구증가로 이어지지는 못한다. 따라서 역세권 개발을 통한 지역경제기반의 구축, 정차도시와 주변 시·군과의 연계교통망 강화, 정차도시의 중추관리기능의 확충 및 중심성 제고 등의 지역개발 정책이 추진되어야 한다[13].

3) 전국적 인구변화[14]

고속철도의 운행은 경부축과 호남선 전철화의 효과가 있는 광주지역을 중심으로 인구의 유입효과가 발생한다. 고속철도의 개통은 강원도와 전북의 모든 시-군지역에서 순인구를 감소시킬 것이다. 전북은 익산을

13) 이용우외 3인(2006), pp.80-81.

14) 이성우(2004), pp.24-27.

제외한 거의 대부분 지역에서 인구의 유출현상이 도래할 전망이다. 충남은 고속철도 정차역을 제외한 모든 지역에서 인구의 유출현상이 생긴다. 충북에서도 옥천과 청원을 제외한 모든 지역의 인구감소 효과가 있다.

4.3.2. 교통체계에 미치는 효과[15)]

1) 고속도로부문의 영향[16)]

호남고속철도가 기존 대전-광주-목포 구간 선로를 운행하므로 속도향상효과는 경부축보다 적다. 이에 따라 대전-광주 간 고속도로에서 KTX 운행에 따른 통행량 증감은 거의 없다. 2007년 호남선의 서울 톨게이트 통행량은 천안-논산 간 고속도로의 개통으로 2002년에 비하여 오히

〈표 4.9〉 고속철도 개통전 · 후 1년간 고속도로 이용실적 변화

(단위: 대/일)

구 간 / 기 간		2003.4.-2004.3.	2004.4.-2005.3.	변화율(%)
KTX 정차 도시	서울-익산	1,227	1,187	-3.3
	서울-정읍	495	483	-2.3
	서울-광주	3,101	3,031	-2.3
	서울-목포	1,662	1,595	-1.4
	소 계	6,485	6,296	-2.9
KTX 미정차 도시	서울-전주	2,354	2,304	-2.1
	서울-남원	73	68	-6.8
	서을-순천광양	200	201	0.5
	소 계	2,627	2,573	-2.1

자료: 이장호 · 장수은(2006)

15) 국토연구원 · 교통개발연구원(2004), pp.21-23.
16) 이용우 외 3인(2006), pp.50-55.

〈표 4.10〉 서울-광주 간 고속도로 1종차량 통행량

구 간	단위	개통전	개통	개통후		b/a
		2002(a)	2004	2005	2007(b)	
서울-광주	천대	748	747	734	781	1.04

자료: 이용우외 3인(2006)

려 증가한 상태이다. 광주는 고속철도의 통행시간 단축효과가 적고, 천안-논산 간 고속도로 개통으로 공로 통행시간이 오히려 단축되어 고속철도 개통 후 통행량이 소폭 증가하였다.

2) 철도부문의 효과

서울과 주요 도시 간 고속철도 개통 전·후 1년간의 철도이용실적을 분석하였다. 경부축 고속철도 정차도시의 철도이용 승객은 전체적으로 50%정도 증가하였다. 경부축 고속철도 미정차도시의 철도승객은 일반열차의 운행횟수 감소와 고속철도와의 환승으로 인하여 이용승객이 17%정도 감소하였다. 호남선의 일반 열차는 70%의 수준으로 감축되며, 전라선의 경우에는 익산역에서 연계열차가 증가하였다. 그래서 서울 용산-광주·독포 간 일반열차의 운행간격이 종전의 70분에서 90분으로 증가하였다. 호남축의 고속철도 정차도시에는 도시별로 승객증가와 감소현상이 혼재하여 나타났지만 전체적으로 12%정도 증가하였다. 특히, 서울 용산 ↔ 익산, 광주 및 목포 간에는 각각 약 11%, 35% 및 32%의 철도승객이 증가하였다. 호남고속철도의 미정차도시에는 전체적으로 일반열차의 이용횟수 감소와 철도이용의 불편으로 철도이용 승객이 약 29% 감소하였다.

〈표 4.11〉 고속철도 개통전 · 후 1년간 철도이용실적 변화

(단위: 인/일)

구 간 / 기 간		2003.4.-2004.3.	2004.4.-2005.3.	변화율(%)
KTX 정차 도시	서울-논산	1,310	1,112	-15.1
	서울-익산	2,622	2,909	10.9
	서울-김제	730	590	-19.2
	서울-정읍	1,106	1,031	-6.8
	서울-장성	453	383	-15.5
	서울-광주	3,347	4,413	31.8
	서울-나주	466	433	-7.1
	서울-목포	1,452	1,963	35.2
	소 계	11,486	12,873	11.7
KTX 미정차 도시	서울-전주	1,481	939	-36.6
	서울-남원	719	488	-32.1
	서을-순천	1,358	1,061	-21.9
	서울-여수	1,003	761	-24.1
	소 계	4,561	3,249	-28.8

자료: 이장호 · 장수은(2006)

3) 항공부문의 효과

고속철도와 항공교통은 보통은 통행거리 250-600km 구간에서는 경쟁관계에 놓여 있다. 600km 이상의 통행구간에서는 항공이 고속철도에 비하여 경쟁력이 높다. 고속철도는 항공요금보다 저렴하고 기존 대도시의 중심지에 접근성이 양호하여 국내선 항공기의 운항에 많은 영향을 미친다. 2004년 4월에 서울-부산 간 고속철도가 개통된 이후에 영향권에 있던 대구, 김해 및 광주공항은 항공수요가 상당히 감소하였다. 경부축에서 고속철도의 운행으로 김포-대구, 김해 및 진주 간 항공수요는 개통 전 · 후 1년간 각각 78.7%, 36.6% 및 22.1%로 크게 감소하였다.

〈표 4.12〉 고속철도 개통전 · 후 1년간 항공 이용실적 변화

(단위: 인/일)

	2003.4-2004.3	2004.4-2005.3	변화율(%)
서울-광주	3,216	2,322	-27.8
서울-목포	190	74	-61.1
서을-여수	1,231	1,245	1.1

자료: 김제철 · 김민정(2006)

호남축에 있어서도 김포에서 광주 및 목포 간 항공승객이 동기간에 27.8% 및 61.1%씩 크게 감소하였다. 이러한 수요의 감소원인은 1998년 이후 지속된 항공요금 인상, 고속철도 개통 후 내륙 항공노선에 대한 공급량의 감소도 일부 포함되어 있다. 또한 항공기가 고속·고급교통수단으로서의 차별성이 적어지고 고속철도의 고속성, 안전성 및 정시성이 향상된데 기인한다. 고속철도의 운행으로 인한 항공수요의 감소는 항공부문의 구조조정을 촉진하며, 지방공항의 운영적자를 증가시켜 지방공항의 침체를 가져온다.

4) 고속버스 부문의 효과

지역간 버스교통은 요금이 저렴하고 도시에서의 접근성이 양호한 데 장점이 있다. 고속열차의 운행확대와 서비스 개선은 시외고속버스의 이용승객을 감소시키고, 버스의 지역간 대중교통수단의 역할은 약화될 것이다. 특히 경부선에 고속열차가 운행되면서 고속버스 노선의 72%가 집중되어 있는 경부선은 더욱 직접적인 영향을 받는다. 1996-2001년 전국의 고속버스 이용승객은 자가용 통행의 확대, 도로교통의 혼잡, 버스교통 서비스의 저하 등으로 연평균 4.4%의 감소세를 유지하였다. 이러한 상황 하에서 서울과 경부축 고속철도의 정차도시 간 중장거리 노선에서 고속버스 이용실적이 30% 이상, 전체적으로 17%정도 감소하였다. 서울과 고속철도 미정차도시 간 경우에도 서울-구미 간을 제외하고

전체 7%정도 감소하였다.

호남축은 천안-논산 간 고속도로 개통 후에 서울과 호남지역 도시 간 버스의 통행시간이 크게 감소하여 고속철도의 운행효과는 상대적으로 미비하다. 기존 고속버스 이용자는 빈번한 운행빈도 서비스, 요금의 저렴성 및 도시·지역 간 접근성이 양호한 고속버스를 이용하게 되어 호남선의 경우에 경부선에 비하여 상대적인 감소효과가 적게 나타나고 있다. 서울과 호남축 고속철도의 정차도시 간 중장거리 노선에서 고속버스 이용실적은 전체적으로 큰 변화가 없었다. 다만 서울과 고속철도 미정차도시 간 경우에 일반 철도이용의 불편으로 전체 6%정도 고속버스 이용승객이 증가하는 현상을 보여주었다. 특히 고속철도가 운행되지 않는 서울 - 남원, 순천, 여수 간 고속버스의 이용승객이 더욱 크게 증가하였다.

〈표 4.13〉 고속철도 개통전·후 1년간 고속버스 이용실적 변화

(단위: 인/일)

구 간 / 기 간		2003.4-2004.3	2004.4-2005.3	변화율(%)
KTX 정차 도시	서울-익산	1,286	1,277	-0.7
	서울-정읍	962	876	-8.9
	서울-광주	8,615	8,611	-0.6
	서울-목포	884	972	10.0
	소 계	11,747	11,736	-0.1
KTX 미정차 도시	서울-전주	6,059	6,278	3.6
	서울-남원	431	482	11.8
	서울-순천	799	899	12.5
	서울-여수	503	610	21.3
	소 계	7,792	8,269	6.1

자료: 이장호 · 장수은(2006)

5) 도시교통부문의 효과

고속철도의 운행은 고속철도 역사에 집중되는 접근통행량의 증가와 도시교통내 교통체계에 영향을 미치게 된다. 고속철도의 유발수요 및 도로 등 타교통수단으로 부터 전환수요로 인하여 광주역 및 광주송정역 주변지역의 교통량이 증가한다. 이는 역주변지역 교차로의 교통혼잡을 악화시키고, 통행차량의 증가로 인하여 주차난을 가중시킨다. 보행교통량이 증가하여 교통사고의 위험성이 높아지고 교통 무질서 현상이 증대한다. 특히 증가하는 주변지역의 교통량을 버스, 지하철 등 대중교통수단으로 흡수하지 못한다면 철도역 주변지역의 교통여건은 더욱 악화되는 상황이다.

4.3.3. 도시경제 · 개발에 미치는 효과[17)]

1) 도시매출액의 영향

고속철도의 건설로 고속철도가 정차하는 광주역 및 광주송정역은 여객 및 화물의 접근성이 크게 향상된다. 이것은 수송비용을 절감시키고 지역간 교역량의 증대를 유발한다. 이는 외부에서 생산된 제품이 지역내 생산과정에 투입되는 중간재의 비율을 증가시킨다. 지역간 접근성의 향상은 생산·소비의 측면에서 지역외부 생산품의 수요를 증가시킨다. 광주지역 산업구조의 전문화 및 발전정도에 따라서 지역경제가 성장 혹은 쇠퇴하는 효과가 발생한다.

이를 테면, 일본 도호쿠 신칸선 사례를 보면, 센다이 등 신칸선이 정차한 3개 도시의 매출액 증가업체가 20.6%로 비정차도시의 매출액 증가 10.5%보다 높았다. 신칸선 정차도시였던 후루카와는 고객유출로 매출액 감소업체가 16.9%를 나타낸 적도 있다. 정차도시의 매출액은 관광 서비스업의 45.2%, 소매업의 33.4%가 매출액 증가효과를 경험하였다. 그러나 관광 서비스업과 소매업도 각각 18.9%와 15.5%의 매출액

---

17) 문경원(2001), pp.43-65.

〈표 4.14〉 광주시의 업체수 기준 산업대분류별 구성 (%)

산업	농·임 어업	광업	제조업	전기가스 수도업	건설업	도소매	숙박· 음식업	운수업	통신
광주	0.0	0.01	8.1	0.03	2.8	29.9	19.5	9.2	0.3
산업	금융 보험	부동산 임 대	사 업 서비스	행정· 국방	교 육 서비스	보 건 사회복지	오락·문화 운동관련업	기타·수리 개인서비스	합계
광주	1.4	2.8	2.7	0.3	4.3	2.0	4.6	12.1	100.0

자료 : 광주광역시 (2002)

감소가 있어서 지역경제의 성장을 저해하였다. 신칸선의 개통으로 긍정적인 업체는 서비스업, 운수·통신업, 금융·보험·부동산업, 건설업, 도소매업, 제조업 등으로 확인되고 있다. 고속철도의 운행이 광주·전남지역에 미치는 영향은 산업구조와 기업간 경쟁력에 따라서 다양하게 나타날 것이다. 광주지역의 경우에 도매·소매업이 각각 전체산업의 29.9%, 숙박·음식점업이 각각 19.5%를 점유하여 숙박업체에는 방문형 관광객의 증가로 악효과가 미칠 것이다. 음식업을 보면, 광주시의 특성이 있는 음식업의 매출은 증가할 전망이다. 따라서 호남선의 고속철도의 운행으로 지역산업의 매출액 증가는 기대했던 것보다 적을 것이다. 동일업종 간에도 정차도시별, 비정차 지역에 따라서 영향정도가 다양하게 나타나 업체별 경쟁력의 강화 및 자구노력이 필요하다.

2) 기타 도시경제의 효과

고속철도의 개통으로 기타 도시경제에 미치는 영향은 지가의 상승, 세수입의 증대 및 도시홍보의 효과 등이 있다. 광주·전남지역에 도시철도의 운행으로 광주역, 광주송정역 및 목포 임성역 주변의 토지이용 잠재력의 증대로 지가상승이 약간 기대되고 있다. 지가상승은 도시내 지역격차의 발생과 경쟁심화를 유발하고, 물가상승과 난개발을 초래한다. 수도권 진출업체의 지역업자에 대한 압박이 강화되고, 광주·전남지역에 기업유치를 저해할 소지가 있다. 지역의 매출액 및 지가의 상승은 광주시의 세수입을 약간 증대시킨다. 이것은 지역의 고용자수 증가 및 지역산업의 활성화에 따라서 좌우되는 측면이 있다. 호남고속철도의 개통으로 정차도시의 이용객이 증가하여 도시홍보효과가 발생하며, 역세권의 개발로 도시이미지는 개선될 것이다. 고속철도는 수도권과 광주·전남지역 간 통행시간을 단축시켜 심리적인 시·공간상 단축효과가 발생하며 기업입지의 선택과 관광객의 유치에 긍정적인 효과로 작용한다.

3) 인구성장에 미치는 효과

고속철도의 운행은 고용·주거·문화 환경을 변화시킨다. 호남선에 고속철도의 운행은 지역에 따라 인구의 유출의 가속화 또는 유입인구의 증가를 수반한다. 수도권 억제정책에도 불구하고 수도권의 전입인구에 의한 증가추세는 지속되고 있다. 1995-2000년 동안 광주지역의 인구 감소율은 2.5%로 전국 최대를 기록하였다. 그러나 동기간에 수도권의 인구는 3.0%, 충청권 인구가 1.5% 증가하였다[18]. 1990년 이후 연평균 1.0%의 증가세를 유지하던 광주시의 인구는 2002년 139.7천명에서 2003년에는 139.5천명으로 감소하였고, 이는 수도권지역으로의 인구유출에 기인한다.

고속철도가 통과하는 시도는 인구의 유입효과가 발생하나, 그렇지 못한 지역에는 인구유출 효과가 있는 것으로 분석되었다[19]. 고속철도역이 위치하는 전남에서도 광주, 목포 및 인접지역을 제외하고는 순인구의 유출이 발생할 것이다. 이것은 주변지역의 연계교통망이 발달되어 있지 못하며 역세권의 종합적인 개발계획이 미비된 데 기인한다. 고속철도는 정차역 주변의 인구증가를 가져오지만, 도시 및 역세권의 개발여건에 따라서 상이한 인구변화 현상도 발생할 수 있다. 고속철도는 단기적으로 수도권 인구의 지방분산 유인을 제공하나 집중력과 접근성이

18) 광주일브 (2003. 9.2)

19) 이성우(2004), pp.20-23.

강한 수도권으로의 인구유출을 중·장기적으로 촉발시킨다.

4) 도시개발에 미치는 효과

고속철도의 개통은 역세권의 정비와 연계교통시설의 정비를 통하여 도시개발을 촉진한다. 고속철도의 역세권에서는 다양한 도시활동이 발생하며 핵심적인 도시기능이 활발하게 작용한다. 일본과 프랑스에서는 도심기능의 편성과 도시개발의 수단으로 역세권의 정비사업에 투자와 지원이 활발하다. 역세권에 배치되는 일반적인 기능은 대략 교통, 유통, 여가, 업무, 교류 및 문화 등이다. 고속철도 정차역인 광주역 및 광주송정역의 부지가 협소하여 다양한 기능을 수용하기는 곤란하므로 역사기능을 보완하는 시각에서 역세권의 개발과 정비가 요구된다. 목포 임성역의 신역사 개발에도 KTX 역세권 개발계획의 수립이 필요하다.

고속철도의 개통은 도시기반 시설의 정비를 촉진한다. 광주역, 광주송정역 및 목포 임성역 이용자의 최종 목적지와 출발지는 주변지역일 것이다. 광주역, 광주송정역 및 목포 임성역에 환승센터를 구축하는 것이 필요하다. 기존철도, 지역간 및 시내버스 교통을 고려하는 대중교통 위주의 환승 및 연계교통체계의 확립이 시급하다. 호남선의 고속전철 정차역을 중심으로 연계교통체계 계획을 수립하는 것이 좋다.

5) 정차도시권의 변화[20)]

호남고속철도의 운행으로 광주권의 이용권역이 확대되면서 정차도시권의 연계가 강화될 것이다. 호남고속철도의 이용으로 중·장거리 통행이 증가하여 익산, 정읍, 광주 및 목포 등 정차도시 주민과 주변주민의 정차역 이용이 증가할 것이다. 이에 따라 고속철도의 이용권역이 확대되면서 역세권의 유동인구가 증가할 전망이다. 역세권 통행량의 증가는 단기적으로 역세권, 정차도시 및 주변 시·군간의 교통연계성을 강화시킨다. 이것은 중·장기적으로 고속철도 정차도시를 중심으로 도시권내

20) 이용우외 3인(2006), pp.84-85.

기능적 연계를 강화시킬 수 있다. 호남고속철도의 운행은 정차도시 반경 20km 이내에 고속철도 이용객이 왕래하므로 정차도시권의 연계성 강화는 정차도시 및 주변 시·군 지역에 국한될 것이다.

6) 고속철도와 국토축의 변화[21]

국토축은 국토발전을 선도하는 일련의 중심지와 생활권을 연결하는 회랑지대이다. 국토축은 간선교통축과 매우 밀접하며, 연구·산업의 흡인과 지역간 상호연계 역할을 담당한다. 2005년 경부축과 호남축은 전국의 76.9% 및 5.1%를 각각 점유하고 있다. 고속철도의 운행은 비수도권 경부축의 발달 및 호남축의 유지에 기여할 전망이다. 고속철도의 운행은 비수도권 - 수도권 간에 이용자를 증가시켜 국토축 중심도시인 정차도시 간 연계성을 강화시킨다. 경부축의 중심도시인 대전-대구-부산 간의 연계성이 증대되는 것처럼 호남축의 익산-광주-목포 간 연계성이 한층 강화될 것이다.

4.3.4. 사회·문화에 미치는 효과

1) 관광·여가 부문의 효과[22]

고속철도는 접근성의 향상과 통행시간의 단축을 통하여 여행의 편리성과 이동의 정시성을 제공한다. 고속철도의 운행은 광주·전남지역의 관광·여가분야에도 영향을 미친다. 광주지역의 관광객수는 지역별 문화상품의 개발, 지역축제의 활성화 및 도로교통의 발달로 1999-2002년 사이에 각각 1.5%의 증가세를 보여주었다. 광주시의 관광은 도시·업무관광의 특성을 가지며, 1999-2002년 동안에 광주지역의 외국인 관광객이 각각 42.7%의 신장세를 보여주었다. 광주지역에 방문형 관광객 및 전남지역에 숙박형·체험형의 관광객이 증가하고, 이것은 판매, 음식 등 서비스업의 매출액을 증가시킨다.

21) 이용우외 3인(2006), pp.90-95.
22) 문경원(2001), pp.43-65.

〈표 4.15〉 호남선 고속철도 운행의 광주 · 전남지역 효과

부문	종류	강도	세부적 영향의 내용	기간
인구이동	교류가능인구	순효과	■ 광주시, 목포시 접근성과 교류가능인구 증대 ■ 광주 1일교류 가능인구 비율 (개통전 17% → 개통 후 50.2%)	중기
인구이동	지역인구	순효과 악효과	■ 광주 881명 순인구 유입효과 ■ 전남-군지역의 인구감소효과	중단기
인구이동	전국인구	악효과	■ 전북과 충남의 정차역 도시이외 인구감소 ■ 충북 및 강원도의 인구감소효과 발생	중장기
지역교통체계	철도부문	순효과 악효과	■ 고속철도 정차역의 30% 이상 승객 증가 ■ 고속철도 미정차역의 29% 정도 승객 감소	단기
지역교통체계	항공교통	악효과	■ 서울-목포간 승객 61% 이상 감소 ■ 광주공항 연간승객 28%의 감소	단기
지역교통체계	고속버스	악효과	■ 고속버스의 지역간 대중교통기능의 축소 ■ 광주전남 고속버스승객의 전체 감소효과 미약 ■ 고속철도 미정차시 순천, 여수 승객의 증가	단기
지역경제개발	지역매출액	순효과 악효과	■ 지역산업의 전문화 ↔ 지역경제의 성장, 쇠퇴 ■ 지역간 교역량증대, 숙박업체 매출감소, 음식업의 매출증대	중단기
지역경제개발	기타지역경제	악효과 순효과	■ 정차도시 지가상승, 난개발과 물가상승의 요인 ■ 지역의 세수입증대, 도시의 이미지 · 홍보증대 효과	중기
지역경제개발	인구성장	순효과 악효과	■ 광주, 목포시의 순인구 유입효과 ■ 전남 시군부의 순인구 유출효과, 장기적인 수도권 인구 증가	중단기
지역경제개발	도시개발	순효과	■ 역세권의 정비, 연계교통체계, 도시기반시설의 정비 ■ 광주역, 광주송정역 및 목포임성역의 환승체계 구축	중기
관광문화산업	관광여가	순효과	■ 가족단위 방문형 관광객의 증가, 외국인 관광객 증가 ■ 서비스산업의 증가	중기
관광문화산업	학술문화	순효과 악효과	■ 기반시설의 준비 - 학술문화공연의 증대 ■ 사전준비의 부족 - 학술문화교류의 수도권 집중가속화	중기

전국적인 주5일 근무제의 도입으로 기존의 승용차, 관광버스를 이용하던 가족단위의 관광객들이 도로교통의 혼잡과 교통사고의 위험성 등으로 고속철도로 전환한다. 특히 광주·전남지역의 경우에 자연환경의 보존, 지역문화 축제의 활성화 및 음식문화의 잠재성 측면에서 경쟁력이 높아 방문형 가족단위 관광객은 다소 증가할 것이다.

2) 학술·문화교류의 증진

호남선의 고속철도의 운행은 시간거리의 단축을 통하여 학술·문화 공연 등의 참여를 확대시킨다. 생활의 질 향상과 주5일 근무제의 확산으로 서울에 집중된 학술·문화기능을 광주·전남지역에 확산시키는 좋은 기회가 된다. 이를 테면, 전국철도학회의 학술대회가 2008년 2월 광주 김대중컨벤션 센터에서 개최되어 500명 이상의 학술대회 참가자가 있었다. 그러나 이에 대비한 종합적인 계획체계의 정비, 학술·문화 시설의 확충, 제도적인 토대의 마련 등 제반 대책이 구비되지 못한다면, 오히려 수도권의 집중성이 강화되어 학술·문화기능의 전출현상이 발생할 것이다.

4.4. 호남고속철도와 호남권 발전방향[23)]

4.4.1. 지역 발전목표와 발전방향

고속철도의 개통으로 신교통수단이 등장하여 교통환경이 개선되고, 지역간 접근성과 이동성이 증대되어 국토 및 토지이용에 변화를 초래한다. 고속철도에 의한 통행시간·통행비용의 절감은 토지이용-교통체계 간의 상호작용을 통하여 정주체계 및 국토공간구조의 변화를 가져온다.[24)] 이것은 도시·지역인구, 토지이용의 양태, 통행인구의 이동행

23) 문경원(2001), pp.43-65.
24) 조남건a(2004), pp.22-23.

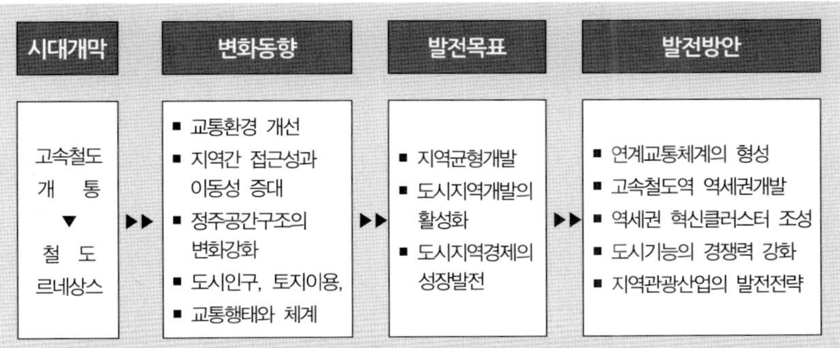

〈그림 4.3〉 고속철도와 지역발전 목표와 방향

태에 다양한 변화를 주면서, 전국을 반나절 생활권으로 조성한다. 그러므로 고속철도의 운행과 광주·목포시를 중심으로 교통체계를 형성하고, 이를 기반으로 도시 발전방향을 다각적인 입장에서 수립하는 것이 중요하다. 지역발전의 목표는 고속철도의 이동성과 접근성을 제고하여 지역균형개발의 도모, 도시개발의 활성화 및 도시경제개발과 기능강화에 있다. 이러한 목표를 달성하기 위한 도시의 발전방향은 대략적으로 교통체계, 국토공간구조, 도시개발·경제 및 문화·관광의 발전 등으로 제시할 수 있다

4.4.2. 연계교통체계의 형성

연계교통체계의 구축은 호남선 고속철도의 이용효과를 증대하고 통행자의 편리성을 확보하기 위하여 중요하다. 고속 철도역에 접근하거나, 철도이용 후 통행목적지로 이동하는 데 많은 통행시간과 통행불편을 느끼면, 기존 통행자는 승용차 또는 고속버스 이용을 선호한다. 이러한 연계교통체계는 환승센터 및 연계교통망의 형성에 의하여 구축할 수 있다.

1) 환승센터의 구축

호남선 고속철도의 정차역인 광주역, 광주송정역 및 목포 임성역은 도시내 지역과 주변 지역과의 연결이 가능한 원활한 환승체계가 구축되어야 한다. 고속철도 광주역사는 중기적으로는 광주시의 거점 교통결절점이 되어 환승센터가 구축되어야 한다. 광주역 및 광주송정역의 환승체계는 기존 철도, 도시철도, 버스, 택시 및 승용차와의 환승으로 구분하여 설명할 수 있다. 광주역과 도심지에 있는 도시철도 1호선의 문화전당역 또는 금남로5가 역간에 버스교통의 연계가 요구된다. 광주송정역에서 도시철도와 고속전철 간 환승을 위한 통로개선과 환승안내판의 구축 등을 포함하는 대중교통 환승체계를 개선해야 한다. 광주시의 도시철도 2호선은 광주역과 연계되어, 이에 대한 종합적인 대중교통환승대책이 필요하다[25].

도시철도 광주역, 광주송정역에 버스 및 택시와의 환승이 가능하도록 교통시설을 정비한다. 따라서 고속철도 이용승객, 또는 역세권의 이용인구를 감안하면 광주역 및 광주송정역에 버스정류장, 택시 승강장을 확충하고, 이를 위한 보행자도로, 버스안내 정보판, 보행동선의 정비 등의 대책이 요구된다. 이를 위하여 광주역-광천동 버스터미널 간에 순환버스노선을 신설한다. 광주역·광주송정역 광장에 주요 방면별 버스정류장의 설치, 보도시설의 정비 및 보행자 네트워크의 구축이 요청되고 있다. 고속철도와 승용차 간 환승의 원활화를 위하여 역세권 주차장(park and ride facility)을 확충하고, 주차요금의 차등제 및 주차시간별 주차요금 할인제 등의 제도를 구축한다.

2) 연계 교통망의 형성

고속철도의 정차역인 광주역, 광주송정역은 일반철도의 역사와 함께 위치하므로 고속철도와 기존 철도와의 연계성이 아주 중요하다. 기존 철도의 배차간격을 줄여서 고속철도 이용자의 편의성을 증진시키는 것

25) 광주시 도시철도건설본부 홈페이지 http://subway.gicity.net/

이 필요하다. 현재 광주역과 광주송정역의 주변 교통상황이 심각하고 도로 교통수요가 증가하여 도시철도와 고속철도의 연계체계가 개선되어야 한다. 광주송정역에서 도시철도 1호선과 고속철도와 환승체계를 편리하게 한다. 2008-2019년 동안에 계획 중인 도시철도 2호선은 광주역에 환승체계를 구축한다.

광주역사 주변의 교통체계는 버스노선의 과다, 교통량의 집중 및 주변 불법주차 차량의 증대로 환경정비가 필요하다. 광주역, 광주송정역과 시내 주요지역을 연결하기 위한 연결도로망을 구축한다. 도로의 입체화를 통한 접근성의 제고는 물론 연속 입체도로의 구상도 고려한다. 이것은 민자 역세권의 정비 및 역사권 개발사업과 관련하여 고려하는 것이 중요하다. 예를 들면, 광주송정역 주변의 도심교통난을 해소하고 간선도로의 연결성을 제고하기 위하여 광주송정역 - 국도 13호선 간에 도로를 개설한다. 광주송정역 주변 시가지와 광주공항 간 도로망을 확충하여 고속전철과 항공교통 간 연계를 활성화시키기 위하여 내상로 도로개설을 계획한다. 송정 시가지 병목구간 650m 도로를 확장해서 도심통과 교통량을 분산·처리하기 위하여 동곡로를 확장한다. 고속철도역과 연계한 연결 도로망을 확충하고 광주-전남지역 간 접근성을 향상시키기 위하여 광역교통망을 조기에 완공한다.

버스 및 택시의 정차로 인한 교통혼잡의 완화를 위하여 버스·택시 승강장을 확충하고, 역세권 개발사업의 일환으로 추진한다. 도시내 주요지역 및 주변도시 간의 교통연계는 연계교통망의 형성에서 매우 긴요하다. 고속철도 역사의 연계도로망 개선사업은 단기적으로 광주역 및 광주송정역의 교통문제를 개선하는 지구교통계획의 관점에서 접근한다. 광주시 도로망의 개선은 광주시 도로정비기본계획, 광역교통계획 등의 중·장기적인 안목에서 사업을 수행할 필요가 있다. 광주역은 주변지역의 교통혼잡을 개선하기 위하여 남북관통 지하도로의 개설이 요망된다. 광주역앞-중흥동 간 연결통로의 건설을 통한 보행자 및 광주역 이용자의 통행편의를 도모한다.[26)]

시내버스 노선은 고속철도의 개통과 역세권 개발사업이 진행되는 경우에 버스노선체계를 개편해야 한다. 광천동 여객터미날에 광주역 및 광주송정역과 연계될 수 있는 버스노선 조정과 버스-고속철도 통합운행계획을 통한 연계교통망의 구축이 절실하다. 고속전철의 승객이 버스터미널로 이동하여 주변 지역으로 이동하는 데는 많은 통행시간이 소요된다. 도시철도 1호선의 개통과 더불어 도시철도와 버스교통과의 연계성을 증진하기 위한 버스터미널의 종합운영계획을 검토한다. 광주·무

〈표 4.16〉 연계교통망의 발전방향

방향	세부적 발전전략	특성
환 승 센 터	▪ 광주, 광주송정역 환승센터 ▪ 일반철도, 도시철도, 버스, 택시, 승용차 환승 ▪ 광주역과 1호선 금남로5가역 간 환승연계 ▪ 도시철도와 고속철도 광주송정역 환승통로, 환승안내 ▪ 도시철도 2호선과 고속철도 광주역 환승체계 ▪ 광주역, 광주송정역의 버스/택시승강장 개선 ▪ 광주역, 광주송정역 역세권 주차시설의 확충 ▪ 광주역-광천동 버스정류장 순환버스노선 강화 ▪ 광주역, 광주송정역 주요방면별 버스정류장 설치 ▪ 보도시설의 정비, 보행자 네트워크의 정비 ▪ 주차요금 차등화 및 시간별 주차요금 할인제	• 중단기적 특성 • 광역교통계획 • 지구교통계획 강화 • 교통개선협의회 • 환경친화적 정비 • 역세권정비, 개발 사업과 연계
연 계 교통망	▪ 기존 철도의 배차간격 축소, 환승정보 제공 ▪ 광주역, 광주송정역 주요방면별 도로망 정비 ▪ 광주역, 광주송정역 교차로의 입체화 ▪ 버스/택시정류장의 대폭 확충과 정보안내 ▪ 지구교통개선사업의 시행과 연계도로망 확충 ▪ 도로정비기본계획, 광역교통계획과의 연계성 ▪ 역세권 정비와 역세권 개발사업의 병행	• 중장기적 특성 • 광역교통계획 접근 • 도로정비계획 연계 • 광역교통협의회 • 역세권개발사업연계 • 시설투자 전략

26) 북구청 홈페이지 http://bukgu.gwangju.kr/

안공항과 광주역 및 광주송정역 간에 연계수송체계에 대한 대책수립이 필요하다.

4.4.3. 고속철도역의 역세권 개발

고속철도역은 도시의 중요 공공시설이며 지역의 산업·문화·교류의 장소로서 인식된다. 이에 따라 고속철도역의 역할을 이용자, 운영자, 지역사회 및 정부의 측면에서 사회경제적 변화를 반영하여 재정립할 필요가 있다. 고속철도역은 철도운송의 지원, 도시활동의 지원과 종합 교통센터의 역할을 가지고 있다.

고속철도역의 역할은 결국 통과하는 정차도시의 특성에 부합되는 전략을 수립하여 추진하면 제고된다. 고속철도역은 정차도시의 중심적 토지이용에 부응하는 광역교통기능의 체계화가 요구되는 지역에 입지한다. 이를 통하여 도시 중심부의 단순 교통기능은 물론 도시문화의 거점이며 지역발전의 촉진제 역할을 수행한다. 이러므로 고속철도역사 및 역세권은 지역의 산업·문화·교류의 장소이며, 정차도시의 도시정비와 경제성장에 크게 기여한다.

고속철도 시대에 정차역은 단순한 열차의 정차역에 국한되지 않는다. 선진국에서 고속철도역은 기반시설과 정보시스템을 잘 활용하여 승객·화물수송의 효율화를 도모하는 경제·사회활동의 기지가 되고 있다. 호남고속철도 시대에 광주권의 고속철도역은 역세권을 중심으로 지역경제의 활성화 및 국가의 균형발전을 유도하는 중요한 시점에 있다. 호남고속철도 역세권(정읍, 광주, 목포)의 개발이다. 호남고속철도 역세권은 지역별 특성화개발, 토지이용의 고도화, 대중교통 중심지화를 통하여 개발하는 것이 좋다. KTX 경제권계획을 통하여 광역경제권으로 참여한다. KTX 역세권이 광역경제권의 핵심으로 개발되며, 이에는 대도시권의 역세권을 유도하여 개발한다.

〈표 4.17〉 호남광역경제권 KTX 역세권의 개발계획

구 분		정읍역세권	광주역세권	목포역세권
위 치		정읍시 연지동	광주시 송정동	목포시 옥암동
역사종류		통합역사, 종착역	복합역사, 환승역	통합역사, 종착역
개발유형		신시가지형	기존도시형	신시가지형
도입기능		주거 · 상업 · 물류기능 부도심 지역	상업 · 주거 · 문화기능	업무 · 상업기능
개발방향	교통거점화	연계교통체계	연계 · 환승체계	연계교통체계
	지역특성화	관광 · 농업	첨단녹색, 문화예술	신재생에너지
	고밀화개발	역사부지	배후지역 범위	1차역세권
	대중교통화	복합환승센터	대중교통중심지구	복합환승센터
추진체계		국토해양부-제도지원 정읍시-계획수립 공사(단)-사업시행	국토해양부-제도지원 광주시-계획수립 공사(단)-사업시행	국토해양부-제도지원 목포시-계획수립 공사(단)-사업시행

자료: 정봉현(2007); 오재학(2009); 구자훈 · 백운수(2009)

4.4.4. 역세권 중심 혁신 클러스터의 조성[27)]

호남고속철도 정차역을 중심으로 역세권을 지역 전략산업의 육성을 위한 혁신 클러스터조성의 계기로 적극 활용한다. 선진 외국의 경우에 고속철도 역세권을 중심으로 산업집적지 사례에서 발견되는 것은 고속철도 역세권의 정비를 도시이미지의 제고에 적극 활용하는 것이다. 이것은 고속철도의 운행으로 철도이용자가 증가하여 역세권의 정비로 이용자에게 향상된 도시이미지를 보여준다. 호남고속철도 역세권의 정비는 산업과 경제를 성장시켜 도시의 경쟁력을 강화한다. 특히 역세권에 지역 혁신클러스터가 조성되면 지역경제를 활성화시키는 중요한 계기가 된다. 왜냐하면 고속철도의 운행은 호남지역에서 발전의 기회이자

27) 배경화(2005), pp.94-95.

위협요소로서 작용할 수 있다. 역세권의 개발·정비를 통하여 지역경제의 활성화 및 교통체계의 정비 기회로 활용하는 것이 중요하다. 지역의 도시기능과 인구유출을 방지하기 위한 각종 서비스의 개발과 특화산업의 발굴에 노력해야 한다. 고속철도는 하나의 고속교통수단이지만 호남지역의 지역성장 노력과 병행하면 낙후된 지역발전의 기회로 이용할 수 있다. 국가차원에서도 고속철도를 지역균형발전의 계기로 활용하여 지방의 자립기반을 구축하는 전략을 강구하는 것이 필요하다. 고속철도 운행정책을 지역혁신클러스터 육성정책 및 혁신도시 건설 등의 시책과 병행해야 한다. 고속철도 정차도시인 정읍시, 광주시 및 목포시를 중심으로 지역간 연계교통망 확충을 위한 SOC 투자를 촉진한다.

따라서 광주·전남지역은 호남고속철도의 운행을 지역의 자립적 경제기반을 구축하고 국가균형발전을 유도하는 노력을 경주한다. 이를 위하여 광역적 연계 클러스터 모델의 정립 및 정책개발을 추진하여 고속철도 정차도시와 인근지역을 지역혁신 클러스터 중심의 도시권으로 육성하는 시책을 강구한다. 광역적인 차원에서 산·학·연·관 주체에 지역공동발전 시스템을 구축하고 지역 간에 전략산업의 배치 및 지역 간 협력 네트워크를 구축한다. 고속철도의 개통으로 인한 접근성 향상과 지역의 전략산업, 지역혁신 클러스터의 조성에는 정부의 지속적인 투자와 정책적 개입이 요구된다.

광주권 역세권의 지역혁신 클러스터 구축모형은 과학기술, 정보의 집적을 유도하여 서남권 첨단과학기술의 허브로 개발하여 첨단산업클러스터를 형성하고 산·학·연·관·민의 협력체계를 구축한다. 즉 지방정부, 대학, 연구소, 기업, 시민단체 및 언론기관 등 지역 혁신주체들이 지역의 연구개발·생산과정, 행정제도 개혁, 문화활동 등 제분야에 상호렵력과 공동학습을 통하여 혁신을 창출하고 지역발전을 위한 시스템을 구축한다. 이를 위하여 기업의 업무지원기관을 클러스터화하고, 상호협력을 통하여 효율적인 기업육성과 경영입지 환경을 마련한다.

〈표 4.18〉 역세권 중심의 혁신 클러스터의 조성

조성방향	세부적 내용
역세권 중심 철도망의 고속·고급화	■ 광주권-목포권-광양권 연결 철도망의 정비와 확충 ■ 경전선의 전철화, 호남선·전라선과 경전선 연계성 강화
역사중심 연계교통망, 환승시설 확충	■ 도시도로망의 확충과 주변지역 광역교통망의 확충 ■ 대중교통 중심의 연계교통망과 환승시설의 확충 ■ 보행, 주차장 등 교통편의시설의 확대
정차역 주변 역세권 개발의 추진	■ 역사주변 상업·업무지구의 지정·개발 ■ 난개발과 투기지역 방지대책의 강구 ■ 정차도시의 고급 서비스기능의 강화

자료: 배경화(2005).

지역발전 사업을 성공적으로 추진하기 위하여 지역의 혁신주체가 참여하는 협력체계를 구축해서 성장주도산업을 육성하고 지역혁신의 창출을 극대화한다. 지역혁신은 대학이 미래성장산업, 기업이 전통산업을 중심으로 주도하며, 산업별 주체들의 네트워크를 형성하여 혁신 클러스터를 구축한다. 호남고속철도 정차역 중심의 혁신 클러스터는 철도네트워크의 구축, 연계·환승교통체계 및 역세권의 입장에서 조성할 수 있다[28].

4.4.5. 도시기능의 경쟁력 강화전략

1) 중추관리기능의 유치[29]

수도권의 경제적·행정적 중추관리기능이 지방으로 이전하게 되면, 인구 및 산업의 측면에서 파급효과가 매우 크다. 이러한 의미에서 중앙의 과학기술연구 기관이 광주의 첨단과학단지 및 광주전남 나주혁신도시에 이주하도록 제반 대책을 강구하는 것이 좋다. 중추관리기능의 지

28) 배경화(2005), pp.86-87.
29) 광주광역시(2004), pp.12-13.

방분산은 인구 및 산업의 지방분산을 촉진시킬 것이다. 따라서 호남 고속철도의 운행으로 수도권과 호남권의 지역격차의 완화 및 지역균형발전을 위하여 광주시 및 전라남도에 문화관광과 농업관련 기관을 유치하도록 광주시와 전라남도는 기반조성과 실질적인 대책수립에 노력을 경주해야 한다.

2) 산업개발 및 도시정비의 추진[30]

산업개발은 고용인구를 창출하여 도시의 성장잠재력을 향상시킨다. 광주시는 도소매업과 숙박음식업의 비중이 높은 산업구조적 특성이 있다. 지역에 핵심 성장산업이 부족하여 대기업 입지도 적으며 낮은 지역총생산을 유지한다. 21세기 지식기반사회에 대비하여 광주시에 광산업, 문화산업을 육성하여 산업개발을 추진한다. 광주시는 지역특화 산업의 육성기반을 강화하고 연구개발 역량을 확충하기 위하여 첨단과학 산업단지를 중심으로 과학기술진흥사업의 거점화를 추진한다. 국내외 기술정보와 마케팅으로 광산업 등 지역특화산업의 성공적인 육성을 위하여 컨벤션센터의 활성화방안을 수립한다. 광산업을 비롯한 핵심전략산업이 활성화되면서 공장용지의 수요증대가 예상되므로 첨단과학산업단지 2단계 개발의 추진을 검토한다.

도시는 역세권의 개발과 도시의 정비개발을 통하여 정비될 수 있다. 장기적인 입장에서 고속철도의 개통에 따라 광주역, 광주송정역 및 목포임성역 역세권의 개발은 필수적이며, 이에 대한 전략수립이 긴요하다. 이를 테면 도시의 활성화, 철도역의 재생, 가로의 활성화, 지역의 활성화 및 도시이미지의 제공 등이다. 이것은 새로운 도시공간의 창출과 도시기능의 조합으로 도시발전의 원동력이 된다. 도시구조의 개편과 토지이용의 순화 및 고도화의 효과가 발생하는 계기가 된다. 고속철도역사가 복합·개발되는 경우에 산업교류기능, 기술·교육기능, 문화교류기능 및 고도정보기능들을 강화시키는 전략적 대응방안이 중요하다.

30) 문경원(2001), pp.43-65.

〈표 4.19〉 도시기능의 경쟁력 강화전략

주요방향	세부적 발전전략
중추관리기능	■ 첨단과학기술 기능, 문화관광부서와 관련기능 유치, 전략
도시산업개발	■ 광산업과 문화정보산업 연계 산업개발의 추진
도시정비추진	■ 역세권 개발 : 광주역, 광주송정역 - 장기적, 시설적 투자 ■ 개발전략 : 도시의 활성화, 철도역 재생, 가로 활성화 지역 활성화, 도시이미지의 제고 ■ 도시정비 : 광주역, 광주송정역 및 목포 임성역- 중기적, 계획 관리적 접근 ■ 정비내용 : 주차문제 개선, 이면도로의 정비, 자전거 교통체계의 개선, 운행환경의 개선 등을 포함하는 지구교통개선사업

중기적인 관점에서 광주역, 광주송정역 및 목포 임성역 등 중심역사의 정비·개발은 도시의 균형발전과 인구 정착을 유도하는 중요한 방안이다. 이 방안에는 환경친화적인 정주공간의 확보, 미관의 증진, 도시의 안전성을 향상시키는 관점에서 도시정비가 필요하다. 이러한 도시정비는 주차문제 개선, 이면도로의 정비, 자전거 교통체계의 개선, 보행환경의 개선 등을 포함하는 지구교통사업에 의하여 가능하다. 또한 ITS 사업, 공원개발사업, 및 사회복지시설의 정비사업 등을 통하여 단계적으로 도시전체를 정비해 나가는 정책방안들이 검토되어야 한다.

4.4.6. 지역 관광산업의 발전전략

관광의 발전에서 교통은 가장 중요한 요소이다. 교통은 관광의 출발지와 목적지를 연계하여 관광목적의 이동을 가능하게 한다. 관광객의 채험에서 교통은 가장 중요한 역할을 수행하고 광범위한 경제활동과 관광산업의 발전에 기여한다[31]. 고속철도는 관광교통수단으로서 고속성, 안전성, 정시성, 대량수송성, 고품질 서비스 및 저공해성 등의 특성

31) 문경원(2004), pp.18-31.

을 가지고 있다[32]. 호남고속철도는 주5일 근무제의 확산과 접근성의 획기적 개선으로 광주·전남지역의 관광에 미치는 영향이 클 것이다. 일본 신칸센의 경우에 전체 이용승객중 평일에는 19.6%, 주말에는 30% 이상이 관광·여가의 목적으로 고속철도를 이용하였다.

광주·전남은 예향, 의향 및 미향의 예술문화자원과 다도해, 해안선, 국립공원 등 자연적 관광자원이 풍부한 지역이다. 그러나 대규모 관광 수요시장의 접근성 열악, 관광수용태세의 미비, 재정상태의 빈약 등이 제약요인으로 작용하고 있다. 이러한 요인으로 해양과 문화관광의 핵심 지역임에도 불구하고 타지역에 비해 관광을 지역이미지로 부각하기 곤란하며 민간자본의 투자도 저조하다. 고속철도 운행에도 불구하고 관광 홍보활동이 강화되어도 아직도 미비한 부분이 많다. 풍부한 문화 및 자연자원의 양적인 분포가 우수하여도 적극적인 자원관리의 육성과 상품화가 열악한 실정이다. 그래서 관광지 테마의 획일성과 체류형 관광행태는 여전한 현상이다. 고속도로망의 확충과 고속철도의 운행으로 관광객 수요가 증대되므로 관광객을 수용하는 광주·전남지역의 제반대책은 미흡한 실정이다. 그러나 광주·전남지역은 국토의 신공간으로서 양호한 해양과 천혜의 자연자원, 인심과 남도음식, 역사문화에 대한 기대감은 증대되어 있다. 고속철도시대에 광주·전남은 잘 보전된 지역으로서 관광에 대한 개발잠재력과 경쟁력이 오히려 강점이 되는 실정이다. 호남고속철도 시대에 관광개발의 입장에서 광주·전남지역의 관광을 활성화하는 종합적인 정책방향들을 제시할 수 있다[33].

① 광주전남을 방문하는 관광객을 위하여 지역관광을 활성화하기 위한 지역관광여건을 정비하고 개선한다. 지역에서 관광이동이 편리하고 즐거운 관광이 되도록 생활자체를 관광화시킨다. 이를 위하여 지역가꾸기 운동, 고장알기 운동 및 근린·여가시설의 정비로 지역참여형 관광정책을 추진한다. ② 지역 간 및 관광자원 간 네트워크화가 요구된다.

32) 김주석·양위주(2004), pp.162-164.

33) 곽행구·송태갑(2003), pp.42-43; 곽행구(2008), pp.16-18.

지역 간 역할 및 기능을 분담하고 관광사업의 위계를 설정하여 공간네트워크와 사업네트워크 간 연계속에서 관광 상품의 개발효과가 유기적으로 나타나도록 유도한다. 이를 테면, 광역행정단위와 기초 행정단위 간에 관광사업이 중복되고 단위사업 간에 충돌이 있어서는 안 된다. 관광객의 이동과 쾌적성을 확보하기 위하여 관광자원 간의 연계성을 강화하고 볼거리, 놀거리, 즐길거리 및 쉴거리 등이 선적으로 연계되어 관광객이 최선으로 관광상품을 선택하도록 재정비한다. ③ 휴식탈출형 관광에서 탈피하여 관광객의 요구에 맞는 특별 관심형의 관광상품을 개발하여 확충한다. 광주·전남에서 경쟁력있는 문화예술 및 해안자원을 세계적으로 경쟁력과 가치가 있는 특별 관심형 관광상품으로 개발하여 활용한다.

④ 매력적인 내륙지역의 관광상품을 개발하는 전략이 필요하다. 전남지역에서 연안지역의 관광객은 증가하나 내륙지역의 관광은 활성화되어 있지 못하다. 순천, 담양, 구례, 화순, 장성 등의 산림자원, 휴양 및 역사문화자원 등을 이용한 차별화되고 매력적인 내륙관광지를 개발한다. 특히 광주근교권에서 광주아시아 문화중심도시와 연계한 관광테마 개발이 요구되고 있다. ⑤ 광주·전남지역에서 관광비수기인 동절기에 동계훈련지로서 활용하고 온화한 기후의 골프관광객을 유치하는 적극적인 홍보활동이 중요하다. 기업의 연수원 및 청소년의 문화예술캠프를 유치하여 동절기 관광객을 유치하는 것이 중요하다. ⑥ 전남지역에서 경쟁력있는 섬, 연안, 습지 및 갯벌 등을 활용한 환경친화적인 생태관광상품을 개발한다. 해안여가 관광수요의 증가에 대비하여 해양여가·스포츠 활동을 위한 관광기반시설을 확충해야 한다. ⑦ 열악한 관광숙박시설을 개선하고 전남지역에서 진행하는 관광관련 도시 및 단지개발과 연관하여 웰빙형 휴양단지를 조성한다. ⑧ 지역의 관광개발에 주민참여를 활성화시킨다. 지역주민의 참여를 촉진하기 위한 여건을 조성하고 계획정보를 공개하며 산·학·관·민의 협동체계를 구축한다. 그리고 지역의 관광리더를 양성하기 위하여 지속적인 세미나와 워크샵을

〈표 4.20〉 광주 · 전남지역 관광부문의 발전전략

발전특성	세부내용	
지역관광 여건의 정비 · 개선	■ 관광홍보 강화와 가족여행의 권장 ■ 관광지역 공공시설의 개방 ■ 근린 여가 · 공원 · 광장시설의 정비	■ 상점가 및 가로환경시설의 개선 ■ 특별한 관광지 가꾸기운동의 전개
지역 간 · 관광자원 간 네트워크화	■ 광주 · 전남 통합 관광네트워크의 조성 ■ 남해안 관광자원의 공동활용 ■ 해상 · 항공 교통망 프로그램의 확충	■ 공동 관광상품 · 축제 개발 및 U-관광운영 ■ 관광자원과 관광시설의 연계 · 네트워크화
특별 관심형의 관광상품 개발	■ 모험 · 체험 · 해안스포츠 · 문화 상품 개발 ■ 문화 및 해안자원의 관광상품 개발 ■ 남해안 체험관광 장기계획의 수립	■ 자연 체험 관광상품의 공동개발과 홍보 ■ 다양한 여행테마상품의 개발과 운영
매력적인 내륙관광 상품의 전략적 육성	■ 광주근교권 아시아문화도시 연계 관광기능 ■ 광주근교권 관광기능 활성화 ■ 광주근교권 연계교통망의 개선	■ 대도시 주변근교의 관광복합단지화 조성 ■ 대도시 근교 자연환경과 지역관광의 차별화
관광비수기 관광자원의 개발	■ 스포츠 동계 전진훈련기지의 확충 ■ 양호한 숙박시설 확충과 시설개선 ■ 동절기 해양레저 · 여행 · 스포츠 관광상품의 개발	■ 동계 골프관광 활성화 및 골프대회의 유치 ■ 남도 문화예술 체험캠프의 개발과 운영 확대
해양관광 자원의 확충	■ 해양 · 생태 · 습지관광의 개발 ■ 친환경적 도서 · 해양여가관광 활성화	■ 해양스포츠 관광시설의 확충 ■ 해양여가 프로그램의 개발운영
관광거점 숙박 및 휴양 단지의 개선	■ 관광 숙박시설과 교통서비스 개선 ■ 외국인 전통관광기념품 확충	■ 대규모 리조트 · 숙박시설 확충 ■ 친환경적 웰빙 휴양단지 조성
주민참여형 관광정책추진	■ 주민 · 주민참여 관광개발계획 수립 ■ 주민참여 여건의 조성과 홍보활동	■ 관광정보의 공개 및 전달확대 ■ 지역 관광세미나, 토론회 지속
관광통계와 정보체계구축	■ 정확한 관광통계자료의 수집, 분석 ■ 관광안내정보센터의 기능 활성화	■ 관광안내정보의 현지화, 신속화 ■ 관광안내자료의 발간과 배포확다

자료: 곽행구 · 송태갑(2003); 곽행구(2008)

개설하고 토론문화를 장려해서 주민의식을 향상시킨다. ⑨ 종합관광정보센터를 구축하여 체계적이고 정확한 관광정보를 제공하며 관광통계자료를 구축한다. 특히 호텔, 공항, 터미널 등의 관광정보와 통계를 잘 수집·분석하여 관광정보를 지속적으로 갱신한다. 각종 교통수단에 대한 종합정보를 안내하여 관광객의 편리성과 효율성을 도모한다. 이것을 단순한 관광안내센터의 기능을 뛰어넘는 고객관계형 종합관광서비스를 제공하는 수준으로 발전시킨다.

요 약

1. 고속철도는 열차가 주요구간을 시속 200km 이상으로 주행하는 철도로서 국토해양부 장관이 그 노선을 지정·고시하고 있다. 고속철도는 기존 공로교통수단에 비하여 첨단 교통정보시스템에 의해서 고속으로 운행되어 기존 교통체계 및 국토공간구조 등에 다양한 변화를 수반할 것이다.

2. 한국에서 2004년 4월에 개통된 고속철도는 교통 및 물류분야의 혁명으로 지칭되고 있다. 고속철도건설의 주목적은 통행시간·물류비용을 절감하여 국가 경쟁력을 확보하고, 동북아·유라시아 대륙과의 물류연계망을 구축하는 데 있다.

3. 한반도의 서남부에 위치한 광주·전남지역은 동북아 경제권의 발달, 서해안시대의 전개, 및 동북아 물류중심 국가의 발전구상에 따라 개발의 잠재력과 발전의 기회가 주어져 있다.

4. 호남선에 2004년 4월부터 고속철도가 운행되어, 서울-광주 구간(352km)은 2시간 38분, 서울-목포 구간(411km)은 2시간 58분이 소요되어 새마을호와 비교하면 각각 74분, 104분의 운행시간 단축효과가 발생한다. 고속철도의 운행은 광주·전남지역의 인구이동, 지역교통체계, 지역경제·개발 및 관광·문화산업에도 많은 영향을 미치고 있다.

5. 인구이동의 측면에서는 광주시와 목포시의 1일 교류가능인구의 비율 및 인구의 증대효과가 발생하나 전남-군지역의 인구는 감소가 예상된다. 지역교통체계 부문에서는 고속철도의 승객 증가, 일반열차의 운행감소, 광주공항과 고속버스 승객의 감소 및 무안공항의 여객증가 둔화 등이 발생할 것이다.
6. 지역경제・개발측면의 영향을 조망하면, 숙박업체의 매출감소, 음식업의 매출증대, 정차 도시의 지가상승, 난개발, 지역의 세수입증대, 도시의 이미지 제고효과 등이 발생할 수 있다. 또한 역세권의 정비, 연계교통체계의 구축, 정차역의 환승체계 형성, 및 도시시설의 정비 등을 통한 도시개발사업이 활성화될 것이다. 고속철도의 운행은 가족단위 방문형 및 외국인 관광객의 지역유입을 증대시켜 서비스산업이 증가할 것이며, 학술문화공연도 확대될 수 있다.

중요개념

한국고속철도(KTX)	신칸센, TGV, ICE	고속철도 운행특성
고속철도역	통합국가교통체계	국토균형발전
고속철도 운행영향	통행시간 단축효과	지역경제발전
수도권 인구분산효과	대용량 고속교통수단	고속철도 역세권
공간격차의 해소	도시・지역 공간구조	접근교통시간 변화
도시기능의 불균형	1일 교류가능인구	지역인구의 변화
교통체계 영향효과	인구성장 영향	연계교통시설 정비
학술문화교류 증진	지역발전 목표	연계교통망
환승교통체계・센터	중추관리기능	도시정비사업
지역특화산업	도시경쟁력 강화	혁신 클러스터 조성

연습문제

1. 고속철도가 추진된 경과를 파악한 다음에, 현재 운행되고 있는 고속철도의 운행특성과 현황에 대하여 말하라.

2. 현재 경부고속철도의 운행실태를 살펴보고, 이를 토대로 공사하고 있는 호남고속철도사업의 노선, 비용, 구간, 기간 및 건설효과 등에 대하여 개략적으로 설명하라.

3. 고속철도의 운행에 따른 영향을 분석하는 기존 국내·외 연구내용을 문헌적으로 고찰하고, 선진국인 일본, 독일과 프랑스에서는 고속철도 운행에 따라 무슨 영향이 발생하였는가?

4. 고속철도 운행에 따라 수도권 및 지역인구의 이동, 집중 및 분산효과에 미치는 영향은 무엇인가?

5. 고속철도의 운행은 국가 교통체계 전반에 영향을 미친다. 특히 일반철도, 국내항공, 고속버스와 도시교통 부문에 미치는 고속철도의 운행영향을 설명하라.

6. 고속철도의 운행은 접근성의 향상과 통행시간의 단축을 가져온다. 호남고속철도가 운행됨으로써 관광, 여가활동 및 학술·문화교류의 측면에서 호남권의 사회·문화에 미치는 효과를 전망하라.

7. 호남고속철도가 운행하게 되면 다각적으로 호남권의 각 부문에 영향을 미친다. 이에 대비한 호남권의 발전목표와 발전방향을 정성적으로 설정하라.

8. 호남고속철도의 운행에 따른 고속철도 정차역의 환승센터와 연계교통체계를 형성하기 위한 전략을 설명하라.

9. 호남고속철도가 운행됨에 따라 정차도시의 경쟁력을 강화하기 위한 전략들을 도시기능 및 도시·산업개발의 입장에서 강구하라.

10. 호남고속철도의 개통은 호남권에 많은 관광객을 유인할 수 있는 중요한 기회이다. 호남권에 많은 관광객을 유치하고 문화활동을 활성화시키기 위한 방안들을 말하라.

News

호남고속철도의 성공조건 3가지

국회 기획재정위원회 소속 강운태 의원은 지난 4일 (금) 호남고속철도 건설사업 기공식에 긴급 보도자료를 내고, 호남고속철도 사업이 호남지역의 실질적 발전과 국가균형발전의 계기가 되기 위해서는 조기완공, 무안국제공항 경우, 그리고 국가적 차원의 예산투입 등이 3대 성공조건이 선결되어야 한다고 주장했다.

첫째, 호남고속철도사업은 이명박 대통령의 공약과 같이 2012까지 완공되어야 한다. 이명박 대통령은 후보시절 대통령이 된다면 임기중에 호남고속철도를 완공하겠다고 공약하였을 뿐만 아니라 대통령이 된 후에도 공약의 유효성을 밝혀왔다. 그러나 정부는 2009년 4월 호남고속철도의 오송-광주 구간을 2014년까지 완공하겠다고 밝힌바 있는데, 최소한 오송-광주 구간만이라도 완공시점을 2012년으로 수정하여야 한다.

둘째, 아직까지 노선조차 확정되지 않은 광주-목포 구간의 경우는 반드시 무안국제공항을 경유하도록 설계되고 2014년까지는 완공할 수 있도록 해야 한다. 광주공항과 무안국제공항의 문제는 경쟁의 논리가 아니라 상생의 논리로 해결하여야 하고, 그 중심에 호남고속철도가 존재한다. 호남고속철도가 무안국제공항을 경유하여야만 무안공항도 살고 광주·전남이 상생할 수 있을 뿐만 아니라, 호남고속철도 이용객도 늘어나기 때문에 정부는 광주-목포 구간의 노선을 결정하는 연구용역과정에 무안국제공항을 경유토록 하여야 한다.

셋째, 호남고속철도사업은 호남경제권사업이 아닌 별도의 국가적 사업으로 선정하여 국가재원을 집중 투입해야 한다. 현재 호남고속철도 사업은 5+2 광역경제권사업중 호남권 사업으로 편성되어 예산 배정에 불이익을 받고 있으나, 호남고속철도는 호남권 사업이자 충청권 사업이며, 전국적인 국가적 사업이다. 따라서 경부고속철도처럼 광역경제권 사업에서 분리하여 별도의 국책사업으로 선정하여 정부예산을 중점 투입하여 조기에 마무리하도록 하여야 한다.

【자료】 대한뉴스, 2009년 12월 5일

참고문헌

1. 강성식, 고속철도 개통 파급효과 분석과 효과 극대화 방안, 월간 교통 제71호, 교통개발연구원, 2004. 1, pp.30-37.
2. 곽행구 · 송태갑, 광주 · 전남의 관광진흥을 위한 정책추진방향, 광주 · 전남 비전 21, 제37호, 광주 · 전남발전연구원, 2003. 3, pp.21-43.
3. 곽행구, 광주 · 전남 관광정책의 패러다임 변환, 리전인포 제89호, 광주 · 전남발전연구원, 2004. 3.
4. 곽행구, 전남 관광행태 변화분석과 대응전략, 전남비전 21, 통권 제54호, 전남발전연구원, 2008. 8, pp.2-18.
5. 광주광역시, 시정백서, 2003.
6. 광주광역시, 고속철도 개통 파급효과 극대화 방안, 교통기획과, 2004. 2.
7. 건설교통부a, 고속철도 개통관련 회의자료, 2004. 1.
8. 건설교통부b, 고속철도 개통초기 운행상황 및 이용불편 개선대책, 2004. 4. 6.
9. 김경철, 도시철도론, 노민출판사, 2001.
10. 김사영 · 송재일, 고속교통망 구축에 대응한 경북북부지역 관광산업 활성화 방안, 연구보고서 3, 대구경북연구원, 2004.
11. 김제철 · 김민정, 고속철도 개통 이후 항공부문의 변화와 전망, 월간 교통, 통권 제98호, 한국교통연구원, 2006. 4, pp.42-50.
12. 김주석 · 양위주, 관광레저교통론, 도서출판 대명, 2004.
13. 국토연구원 · 교통개발연구원, 고속철도 영향 연구결과, 참고자료, 2004. 1.
14. 모창환, 시외고속버스 노선운영체계 개편방안 연구 : 경부고속철도 개통대비, 정책연구 2003-09, 교통개발연구원.
15. 문경원, 경부고속철도 개통이 대전에 미치는 영향 및 대응방안, 대전발전연구원 정책세미나, 대전광역시청 회의실, 대전발전연구원, 2001. 12. 12.

16. 문경원, 고속철도 시대의 지방도시 발전방안: 광주시를 사례로, 월간국토 통권 268호, 국토연구원, 2004. 2, pp.18-31.
17. 문채, 고속철도 역세권개발과 도시정비 방향, 월간국토 통권 268호, 국토연구원, 2004. 2, pp.38-49.
18. 배경화, 고속철도 역세권 중심의 혁신클라스터 조성방안 연구, 교통정책연구, 제12권 제2호, 한국교통연구원, 2005. 12, pp.69-96.
19. 삼성경제연구소, 전국이 3시간, 고속철도 시대의 개막, CEO Information 제442호, 2004. 3.
20. 서선덕, 고속철도 개통에 따른 교통산업 및 교통체계의 변화, 월간 교통 제71호, 교통개발연구원, 2004. 1, pp.6-12.
21. 서선덕, 국가교통체계에서 고속철도의 역할과 비전, 월간 교통, 통권 제98호, 한국교통연구원, 2006. 4, pp.6-17.
22. 이성우, 고속철도 시대의 지역개발 방향, 월간국토 통권 268호, 국토연구원, 2004. 2, pp.18-31.
23. 이용우외 3인, 고속철도와 국토공간구조의 변화(II), 국토연 2006-19, 국토연구원, 2006, 12.
24. 이장호 · 장수은, 고속철도 개통 2년의 평가와 이용증대 방안, 월간 교통, 통권 제98호, 한국교통연구원, 2006. 4, pp.30-41.
25. 이진선, 고속철도의 연계교통서비스 제고방안, 월간국토 통권 268호, 국토연구원, 2004. 2, pp.32-37.
26. 이창운 · 서광석, 고속철도 교통시대를 위한 국가교통체계 연구(1단계), 연구총서 2003-2, 교통개발연구원, 2003. 12.
27. 임병호, 고속철도 개통과 대전시 공간구조 변화, 기본연구보고서 2008-10, 대전발전연구원, 2008.
28. 전라남도, 전남통계연보, 2003.
29. 정봉현, 호남고속철도와 호남지역발전의 구상, 호남고속철도와 호남지역발전에 관한 학술토론회, 대한국토도시계획학회 논문집, 서울 건설회관회의실, 1996. 6.
30. 정봉현, 호남고속전철의 개통에 따른 광주 · 전남지역의 영향과 발전방

향, 새로운 철도교통시대 광주・전남지역 발전방향 세미나 논문집, 광주・전남발전연구원, 2004. 3. 19.
31. 조남건a, 고속철도가 국민생활 및 국토공간에 미치는 영향, 월간 교통 제71호, 교통개발연구원, 2004. 1, pp.22-29.
32. 조남건b, 고속철도 개통이 교통체계에 미치는 영향과 대응방안, 월간국토 통권 268호, 국토연구원, 2004. 2, pp.6-17.
33. 조남건 외 9인, 고속철도 개통에 따른 국토공간구조의 변화전망 및 대응방안 연구, 2003년 경제사회연구회 소관연구기관 협동연구시리즈, 국토연 2003-40, 국토연구원, 2003.
34. 조남건, 고속철도 개통 후 국가공간구조의 변화와 전망, 월간 교통, 통권 제98호, 한국교통연구원, 2006. 4, pp.18-29.
35. 철도청, 광주권 철도역 운영효율화 방안, 최종보고서, 2001. 12.
36. 한국개발연구원, 경부고속철도 건설사업의 국민경제적 효과연구, 1992. 12.
37. 허 종, 무안국제공항 활성화 및 주변지역 개발방안, 무안국제공항 활성화 세미나, 무안군・한국항공정책연구소, 국회도서관, 2003. 11. 4.
38. 홍석진, 고속철도가 국민생활 및 국토공간에 미치는 영향, 월간 교통 제71호, 교통개발연구원, 2004. 1, pp.22-29.
39. Sasaki, k. Ohashi, T. and Ando, A, High-speed rail transit impact on regional systems: does the Shinkansen contribute to dispersion?, The Annals of Regional Science, Vol 31, No. 1, 1997, pp.21-38.
40. Vickerman, R., High-speed rail in Europe: experience and issues for future development, The Annals of Regional Science, Vol 31, No. 1, 1997, pp. 21-38.

호남고속철도역의 운영 및 역세권 개발방향

고속철도역은 교통네트워크가 시작 및 집중되는 결절점이다. 이 장에서는 호남고속철도역의 운영과 역세권 개발방향에 초점을 둔다. 그 속철도역과 정차도시의 관계, 고속철도역세권의 개발과 유형이 우선 설명된다. 이에 따라 호남권 고속철도계획과 광주권에서 고속철도역의 운영대안을 준비하여 평가한다. 마지막으로 광주권 고속철도역의 역세권 개발방향을 도입기능, 환승체계 구축 및 개발사업 추진방안을 중심으로 이야기한다.

제5장 호남고속철도역의 운영 및 역세권 개발방향

5.1. 고속철도 개통과 역세권의 기본이론

5.1.1. 고속철도 개통과 정차도시의 과제

1) 고속철도 개통과 정차도시의 영향

교통체계 측면에서 고속철도는 정차역의 통행인구를 증가시키며 역세권 개발 및 도시정비사업을 촉진시킨다[1]. 정차역 주변은 교통혼잡이 가중되고, 이에 대비한 연계교통체계의 구축과 지역교통체계의 개선이 필요하다. 지역경제를 보면, 물류비 절감으로 지역산업구조의 변모 및 지역특화산업의 발전에 영향을 미친다. 수도권과 정차역 간에 접근성이 향상되어 수도권 기업의 지방이전에도 영향을 미친다.

지역개발의 시각에서 수도권 인구의 지방분산 효과가 발생한다. 정차도시의 접근성과 결절기능이 강화되어 역세권 개발 및 도시정비사업을 더욱 활성화시킨다. 정차역을 중심으로 지방인구가 정착되면, 광역생활권 및 세력권이 확대될 전망이다. 정차역이 관광기능의 거점역할을 수행하며, 수도권과의 접근성이 강화되어 학술행사 및 문화공연의 참여를 점차 확대시킨다.

1) 문경원(2001), pp.53-55; 정봉현(2005), pp.438-448.

〈표 5.1〉 고속철도 개통과 정차도시의 영향

부 문	세부적 영향의 내용	영향강도	기 간
교통체계	■ 고속철도역 통행수요의 증대 ■ 역세권 개발과 도시정비사업의 활성화 ■ 정차역 주변 교통혼잡의 가중 ■ 지역교통체계 개선사업의 진행	악영향 순영향 악영향 순영향	단기 중기, 장기 단기, 중기 단기, 중기
지역경제	■ 물류비용 절감과 지역산업구조의 개편 ■ 지역특화산업의 발전, 기업유치의 증진 ■ 수도권의 집중도 점차 강화	순영향 순영향 악영향	단기, 중기 중기 중기, 장기
지역개발	■ 수도권 인구분산의 촉진 ■ 토지이용의 고도화 및 역세권의 개발 ■ 정차도시 생활권·세력권의 확대	순영향 순영향 순영향	중기, 장기 중기, 장기 중기
관광문화	■ 정차역 중심의 관광권역 조성 ■ 학술행사·문화공연의 참여·확대	순영향 순영향	단기, 중기 단기

자료: 문경원(2001); 정봉현(2005)

2) 고속철도 개통과 정차도시의 발전과제

고속철도가 국토공간상에 접근성을 향상시켜 해당 도시의 토지이용 변화를 초래한다. 이 변화는 지역도시의 인구규모, 토지이용 형태 및 통행인구에 영향을 미쳐 해당 도시에 다양한 물리·시설적 변화를 수반한다. 이에 대비한 정차도시의 발전과제는 크게 역세권의 개발, 지역교통체계의 구축 및 지역개발효과의 극대화 등으로 제시되고 있다[2). ① 도시의 고속철도역을 중심으로 역세권 개발계획을 수립하고 도시정비 및 도시개발사업을 도모한다. ② 고속철도역을 중심으로 내부 동선체계와 주변 연계교통체계를 포함하는 지역교통 체계망을 확립해야 한다. ③ 고속철도의 개통에 따라 도시의 지역개발효과를 극대화하기 위한 전략을 마련하는 것이 중요하다.

2) 박병호(2004), pp.25-29; 이성우(2004), pp.29-31.

〈표 5.2〉 고속철도 개통과 정차도시의 발전과제

주요과제	과제별 세부사항
역세권의 개발	▪ 기존역 중심개발 - 지역특성 반영과 내부 도시경쟁력 강화 ▪ 기존 도심과 상생적 발전, 주민참여형 역세권 개발
교통망체계 확립	▪ 내부 동선체계와 주변 연계교통체계 ▪ 역세권 보행교통망 구축, 환승센터의 설치, 주변 연계교통망의 형성
지역개발효과 극대화	▪ 도시철도 정차도시 - 도시성장효과의 강화, 인구유입 효과 ▪ 정차역과 유리지역 - 성장저하 및 인구유출 효과, 지역도시 발전노력

자료: 박병호(2004); 이성우(2004); 정봉현(2005)

5.1.2. 고속철도 역세권의 개념, 범위와 개발유형

1) 고속철도역의 개념과 역할

고속철도역은 교통네트워크가 시작, 집중되는 결절점으로 도시의 물리적 공간이다. 고속철도역은 열차의 도착방식에 따라 종착역, 환승역, 통과역, 개발범위를 기준으로 통합역사와 복합역사 등으로 구분한다. 오늘날 고속철도역은 도시의 중요 공공기반시설이며 지역의 산업·문화·교류의 장소로서 인식된다. 이에 따라 고속철도역의 역할을 이용자, 운영자, 지역사회 및 정부의 측면에서 사회경제적 변화를 반영하여 재정립할 필요가 있다[3]. 고속철도역은 철도운송의 지원, 도시활동의 지원과 종합교통센터의 역할을 가지고 있다.

고속철도역의 역할은 결국 통과하는 정차도시의 특성에 부합되는 전략을 수립하여 추진하면 제고된다. 고속철도역은 정차도시의 중심적 토지이용에 부응하는 광역교통기능의 체계화가 요구되는 지역에 입지한다. 이를 통하여 도시 중심부의 단순 교통기능은 물론 도시문화의 거점이며 지역발전의 촉진제 역할을 수행한다. 이러므로 고속철도 역사 및 역세권은 지역의 산업·문화·교류의 장소이며, 정차도시의 도시정비와

3) 김현웅·문대섭(2004), pp.380-385.

〈표 5.3〉 고속철도역의 역할

주요역할	세부 종류	이용자	운영자	지역사회	정부
철도운송 지원	■ 수송기능 역할 ■ 열차운행기능	통행의 편리 · 안전성	수송의 원할성 증대	효율적 열차운영	효율적 수송체계
도시활동 지원	■ 도시상징성과 복합기능 ■ 내외부 체재공간 제공 ■ 교통터미널의 접근성	통행의 편리성 증대	수익 증대와 시설개선	도시활동의 촉진	국제교통 연결기능
종합교통 센터	■ 종합교통센터화 ■ 도시관문의 역할 ■ 교통약자 접근성 확보	환승의 편리성 및 접근성 향상	이용객 증가와 서비스 개선	교통처리의 효율 · 원할화	교통처리의 효율 · 원할화

자료: 문대섭(2002); 정봉현(2007)

경제성장에 크게 기여한다.

2) 고속철도역 역세권의 범위

역세권은 역사가 위치하여 형성되는 세력권 또는 역의 지배력이 미치는 물리적인 거리이다[4]. 역세권은 이용 세력권, 물리적 거리, 접근성, 토지이용 등의 측면에서 일정한 공간범위를 형성한다. 현행 철도관련법에서는 개념적 규정으로 역세권의 범위를 설정한다. 이것은 단순히 역세권 개발계획의 승인과 관련된 공간적 범위를 개념적으로 설명한 것이다. 역세권의 범위는 철도부지, 직접역세권과 간접역세권으로 구분할 수 있다[5]. 철도 부지는 기존 역사를 중심으로 한 철도시설 부지이며 공간반경은 200m이다. 직접역세권의 공간반경은 1km로 역과 인접한 보행으로 10분 이내 접근이 가능한 지역이다. 간접역세권은 역 중심으로 도보기준 10분 이상 소요되거나, 1차 교통수단을 이용하여 접근가

4) 정봉현(2007), pp.82-83.
5) 광산구(2005), p.70.

능한 범위로서 공간반경은 5km미만이다.

3) 고속철도역 역세권의 개발유형

역세권의 개발유형은 철도정비, 입지 및 역사규모 등에 따라 다양하다[6]. 과거 철도정비는 소관부처의 주도 하에 역사 및 부대시설 위주로 시행되었다. 최근에는 고속철도의 개통에 따라 역사건설, 시사지 정비계획 및 대도시권 도시기능의 다핵화 차원에서 역세권이 개발되고 있다. 개발사업의 입지는 도심지, 점이지역, 부도심 또는 지구 중심에서 다양하게 발생한다. 역세권 개발은 역사규모에 의해서 도심역사 재활형, 도심역사 확대강화형 및 신역사 개발형 등으로 구분한다.

〈표 5.4〉 고속철도역 역세권의 개발유형

기준	기준별 세부유형	주요 특성
철도 정비	기존철도형/ 철도선행형	■ 철도정비사업의 우선, 시가지 기능고려 철도의 정비
	시가지 정비형	■ 철도정비와 주변시가지, 도시정비사업의 병행
	병행형	■ 철도중심의 신시가지, 신도시 및 다기능 복합역사 개발
역사 입지	도심지역	■ 업무·판매기능의 집적, 지하시설의 배치, 대형상가 개발
	점이지역	■ 환승센타 및 공영주차장 건설, 주변지역 보행체계 개선
	부도심지	■ 혼합기능의 중심지, 지역기능 특성 고려의 연계개발
	지구중심	■ 판매·서비스 기능강화, 배후권역의 중심지, 연계교통의 요충
개발 형태	도심역사 재활형	■ 철도 위 지상·하 공간개발, 역사기능과 조화된 소규모개발
	도심역사 확대 강화형	■ 역세권 연계의 재개발, 역사의 도시성장거점화, 중규모 개발
	신역사 개발형	■ 신역사 복합개발, 지역특성 연계개발, 신기능중심 중소규모

자료: 부산광역시(2004); 광주광역시 광산구(2005)

6) 광산구(2005), pp.74-76.

5.2. 호남고속철도 계획과 광주권 고속철도역의 운영방안

5.2.1. 호남고속철도사업과 광주권 고속철도역 계획

1) 호남고속철도사업의 개요

호남고속철도는 호남지역의 발전을 유도하고 국가균형발전의 차원에서 추진되는 국가 기간교통사업이다. 이것은 서남권에서 신교통수요의 창출, 지역개발의 활성화 및 지역경제의 성장에 기여할 것이다[7]. 호남고속철도 건설사업은 충북 오송에서 목포까지 230.9㎞를 고속철도로 연결하는 사업으로, 1단계 오송-광주(182.3㎞), 2단계 광주-목포구간(48.6㎞)으로 나뉘며 총사업비만 11조 3,382억원이 소요된다. 1단계 공사는 2014년 말 완공예정이고 2단계는 무안국제공항과 나주역 경유 등 지역현안사항을 고려해 2017년 완공할 계획이다. 호남고속철도가 완공되면 서울 용산에서 광주까지 소요시간이 1시간33분으로 66분 단축 되고, 2단계 광주~목포구간 공사가 끝나면 서울~목포 간 소요시간도 1

〈표 5.5〉 호남고속철도사업의 개요

구 분	주요 사업내용
전체구간	▪ 오송-목포 230.9km, 1단계:오송-광주(182.3km), 2단계:광주-목포(48.6km)
사업비용	▪ 113,382억원 (국고출현 50%), 차량비 7,536억원 포함
주요역사	▪ 오송역, 공주역, 익산역, 정읍역, 광주송정역, 목포 임성리역
공사기간	▪ 2006-2017년, 1단계: 2006년 착공 2014년 완공, 2단계: 2017년 완공
운행시간	▪ 서울 용산-광주송정: 1시간 33분, 서울 용산-목포: 1시간 47분
교통수요	▪ 2015년: 446백명/1일, 2017년: 567백명/1일 전망
열차운행	▪ 총350량(1편성 10량, 43회/일), 속도: 300km/h ▪ 오송-광주 총330량, 광주-목포 총20량 투입

자료: 국토해양부 http://www.mltm.go.kr/

7) 조남건(2005), pp.2-5.

시간47분으로 단축되어 호남축 수송능력의 증대와 물류비용 해소에 기여할 것이다. 사업기간내 지역경제 파급효과는 생산유발 20조7000억원, 임금유발 4조2000억원, 고용유발 17만2000명으로 예상하고 있다[8].

자료: 국토해양부 http://www.mltm.go.kr/

〈그림 5.1〉 호남고속철도 노선도

---

8) 세계일보(2009.12.4)

호남고속철도사업과 연관되어 해결해야할 과제도 많다[9]. 전라남도가 요구하는 호남고속철도 무안공항 경유는 물론, 광주-목포 구간 노선도 확정되지 않았다. 이에 따라 국토해양부는 무안국제공항과 나주역 경유 등 지자체 의견을 반영한 새로운 노선선정을 위해 타당성 조사용역을 벌이고 있다. 호남고속철도 관련 예산도 관건이다. 호남고속철도 연차별 투자계획에는 정부와 한국철도시설공단이 총9,450억원을 투자하도록 돼 있으며 이중 정부는 50.8%인 4,801억원의 예산을 투입하도록 돼 있다.

2) 광주권 고속철도역의 선정과 계획검토

호남고속철도 광주권 정차역은 도시공간구조와 지자체의 정차역 입지의견을 반영하여 기존 송정역, 하남역, 상무대역의 3개 입지를 다시 검토하였다. 분석 결과, 광주권 정차역은 광주송정역이 적합한 것으로 제시되었다[10]. 최근 국토해양부와 한국철도공사는 광주송정역을 호남고속철도의 주정차역으로 결정하였다[11]. 다만 광주역을 이용하는 시민의 통행불편을 완화하기 위하여 광주역과 광주송정역 구간에 무료 셔틀전동열차의 운행을 검토할 예정이다.

광주권 고속철도역으로 광주송정역 1원체계는 교통수요, 철도역운영, 철도운행, 재원조달, 도시개발 및 교통체계 측면에서 많은 문제점을 갖고 있다[12]. 이 결정은 광주시의 통행특성, 교통체계 및 도시개발특성을 크게 검토하지 못한 정책적 판단이다. 광주송정역의 1원 편성체계는 중장기적으로 철도승객과 철도운임의 감소, 역사입지의 협소, 도시의 불균형 발전, 시민의 접근성 저하, 교통혼잡의 악화 등의 측면에서 문제점이 예상된다. 따라서 광주권 고속철도역은 광주역과 광주송정역으로 이원화하여 역세권을 개발하는 것이 바람직하다. 광주역은 장차 거점·

9) 광남일보(2009.12.4)
10) 국토연구원(2005), p.18.
11) 광주일보(2009.12.4)
12) 한국철도공사(2007), p.93; 최동호(2008), pp.75-77; 최완석(2009), pp.27-29.

〈표 5.6〉 광주권 고속철도역의 장래 이용규모

구 분		2016년			2025년			2045년			비고/증가율
		호남	일반	합계	호남	일반	합계	호남	일반	합계	
출발선(하행)	열차회수	25	25	50	29	29	59	33	31	64	0.9%
	소요선수	1	2	3	1	2	3	1	2	3	
도착선(상행)	열차회수	25	25	50	29	29	59	33	31	64	0.9%
	소요선수	1	1	2	1	1	2	1	1	2	
1일 이용 인원	철도역	승차	하차	합계	승차	하차	합계	승차	하차	합계	
	광주역	3,312	3,134	6,446	3,446	3,265	6,711	4,258	4,117	8,375	0.9%
	광주송정역	4,348	4,437	8,765	4,539	4,629	9,178	5,865	5,932	14,240	1.7%
	소계	7,660	7,571	15,231	7,985	7,894	15,879	10,123	10,049	20,172	1.0%

자료: 건설교통부(2006); 정봉현(2008)

종착역으로서 광주-대구 및 광주-부산 간 고속철도 건설 혹은 경전선 전철화를 위하여 호남선의 여유용량을 확보하는 효과가 있다. 도시철도 1호선과 광주송정역, 도시철도 2호선과 광주역 간 환승체계를 고려하여 종합적인 역세권 개발방안을 준비하는 것이 좋다. 2014년 호남고속철도 오송-광주 구간이 완공되면, 열차 상·하행선 운행횟수는 각각 2016년 50회에서 2045년에는 64회로 연평균 0.9% 증가할 전망이다. 동기간에 고속철도 광주역과 광주송정역의 1일 이용인원은 각각 연평균 0.9% 및 1.9%로 증가할 것이다.

5.2.2. 광주권 고속철도역의 현황 및 이용실태

1) 광주권 철도노선망

철도는 호남선이 남측 광주송정역을 통과하며, 송정역은 경전선의 기점으로서 비교적 용이하게 대도시와 연결되고 있다. 경전선은 시가지 외곽으로 이설하여 도시내부 통과교통과 마찰을 최소화한다. 광주역까

〈표 5.7〉 광주권 철도노선의 현황

노 선	구 간	노선연장 (Km)	선로형태	1일 운행회수	
				여 객	화 물
호남선	익산 ~ 광주송정	97.8	복선	20회	5회
	광주송정 ~ 목포	70.6	복선	16회	4회
경전선	광주송정 ~ 순천	135.3	단선	6회	13회
	순천 ~ 광양	9.2	단선	11회	18회

자료: 광주광역시(2004)

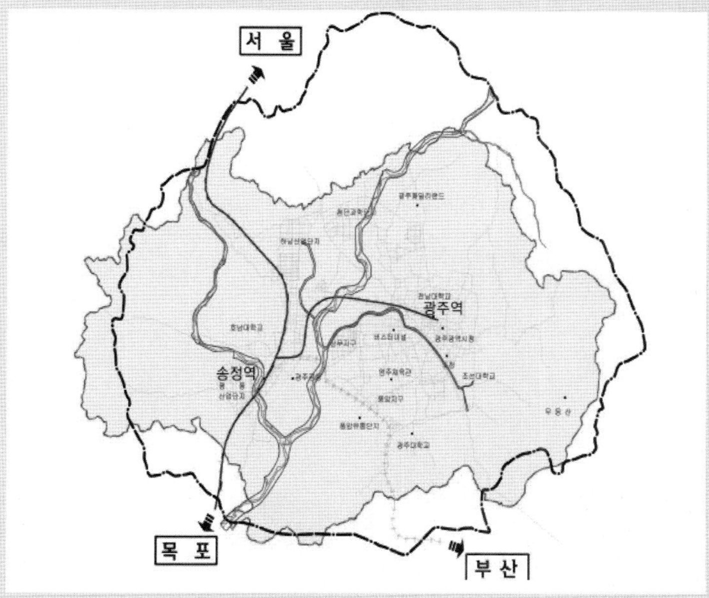

〈그림 5.2〉 광주권 철도망 노선도

지 호남선철도의 연결지점이 불합리하게 곡선 구간으로 운행되어 이용객 감소의 원인으로 작용하고 있다. 현행 고속도로망이 많이 구축되기 전에는 철도교통이 대량화물과 여객을 운송하여 광역교통의 주축을 이루고 도시발전에 기여하였다. 그러나 지금은 지역 간 통행시간이 비교우위에 있지 못하여 철도이용객이 감소하고 있다.

2) 광주역의 입지현황과 문제점[13)]

광주역은 북구 중흥동에 위치하며 2004년 4월 KTX 운행과 더불어

〈표 5.8〉 광주역의 문제점, 요구기능과 주변전경

구 분	세부적 내용	
문제점	■ 역사의 도시중심기능 미약 ■ 역사 남북간 도로망의 단절성 ■ 역사 남북간 보행체계 취약	■ 대중 교통환승센터 기능의 미약 ■ 역사 자전거도로망 체계의 미비
요구기능	■ 도심 · 도시균형발전의 중심기능 ■ 역사주변 녹지 · 휴식문화 기능	■ 대중교통 환승센터의 기능 ■ 역사주변 보행 · 자전거의 동선체계
개선방향	■ 광주역 남북간 보행동선체계 개선 ■ 역사 남북연결 지상 · 지하차도 건설	■ 복합다기능 철도역사의 개발 ■ 역사주변 녹지 · 휴식공간의 확충

자료: 철도청(2001); 한국철도공사(2007); 네이버지도 http://www.naver.com

13) 광주광역시 건축주택과(2009), pp.2-14; 박준필(2009), pp.69-72.

광주권 KTX 종착역과 거점역으로 기능하고 있다. 광주역 북서측은 중외공원, 서측에 무등경기장과 종합버스터미널, 남측에 국립아시아문화전당, 금남로와 충장로가 위치한다. 광주역의 반경 1km 영향권에는 용봉·중흥 초교, 북성중 및 전남대 등 다수교육시설과 홈플러스, 현대백화점 및 씨너스 등 상업시설도 입지하고 있다. 광주역 반경 1km 영향권의 인구는 계림1동과 용봉동을 제외하고 2000-2008년 동안에 다소 감소하였다. 광주역 주변의 토지이용을 보면, 중흥1동과 중앙동 일대는 일반상업지역, 신안동 및 중흥2·3동 지역은 일반주거지역이 대부분이다. 광주역의 남측 전면은 5종 미관지구가, 일반상업지역 전체에는 고르게 1·2종 미관·방화지구가 지정되어 있다. 광주역을 경계로 동·서측과 남·북측에 15-17층 층고제한의 최고 고도지구가 지정되어 있다.

가로망 체계를 보면, 광주역의 남측은 교통광장 1호를 기준으로 고통광장 436호가 전형적인 방사형으로 가로망을 형성하여 광주역의 접근성은 양호하다. 그러나 광주역 전면부 교통광장을 중심으로 5개 도로망이 연결되어 교통혼잡이 심하고 광주역의 남북간 연결망은 단절되어 있다. 광주역의 북측은 역과 인접하여 동서간 도로 대로가 12호 교통광장과 직각으로 교차하는 격자형 가로망을 형성하고 있다.

3) 광주송정역의 입지현황과 문제점[14)]

광주송정역은 경전선의 종착역이며, 호남고속철도의 환승역으로 광산구 송정2동에 위치하고 있다. 광주송정역의 서측에는 평동공단, 북측에 어등산과 광주여대, 동측에 극락강이 입지하고 있다. 2008년 4월 광주도시철도 1호선의 완공으로 광주송정역의 접근성이 향상되었다. 광주송정역 영향권의 인구는 2000-2008년 동안에 약간 증가하였다. 토지이용을 보면, 송정역의 전면부 일반상업지역에 분포되어 지역중심을 형성하며, 5종 미관·방화지구가 지정되어 있다. 광주송정역의 남동방향은 일반주거지역, 북서방향은 공업지역이 지정되어 있다. 도시계획시설은 대

14) 박준필(2009), pp.68-70.

부분 교통시설과 도시공간시설로 구성되고 도시계획도로는 소로가 대부분이다. 가로망 체계를 보면, 광주송정역 전면부 교통광장 44호를 중심으로 광로3-1호선과 도시철도 1호선이 병행하여 광주도심지와 연결하는 주간선도로망을 형성한다. 기존 송정생활권내에는 대로급 격자형 가로망체계를 구성하여 교통소통이 원활한 상황이다.

〈표 5.9〉 광주송정역의 문제점, 요구기능과 주변전경

구 분	세부적 내용	
문제점	▪ 역사부지의 협소와 확장한계 ▪ 생활권 부도심 기능의 취약	▪ 교통환승센터 기능의 미약 ▪ 보행 · 녹지 · 자전거통행 공간의 미비
요구기능	▪ 부도심의 중심지 기능 ▪ 상업 · 업무 · 주거 · 숙박 기능 필요	▪ 역세권 개발의 중심지 기능
개선방향	▪ 부도심 생활권 중심기능 ▪ 철도역사의 확장성 판단	▪ 복합다기능 철도역사의 개발 ▪ 역사주변 녹지 · 휴식공간의 확충

자료: 철도청(2001); 한국철도공사(2007); 네이버지도 http://www.naver.com

4) 광주역 및 광주송정역의 이용실태

광주역은 2008년 1일 왕복 46회, KTX 20회, 광주송정역은 왕복 50회 및 KTX 18회가 운행되고 있다. 2004년 고속열차 운행 이후로 광주역과 광주송정역의 철도여객은 2004년 3,098천명에서 2007년에는 3,554천명으로 연평균 4.7%의 증가세를 기록하였다. 광주역과 광주송정역의 여객 구성비는 2004년 63.8% 대 36.2%, 2007년에는 65.6% 대 34.4%를 보여 광주역의 비중이 다소 높아지고 있다.

〈표 5.10〉 광주권 고속철도역의 이용실적

구 분			광주역	광주송정역
위 치			북구 중흥동	광산구 송정동
부지면적			205,760㎡	93,854㎡
운행횟수			왕복 46회(KTX 18회)	왕복 50회(KTX 18회)
철도 여객 (천명)	2004	3,098	1,975(63.8%)	1,123(36.2%)
	2005	3,591	2,311(64.4%)	1,280(35.6%)
	2006	3,702	2,430(65.6%)	1,272(34.4%)
	2007	3,554	2,333(65.6%)	1,221(34.4%)
	증가율	3.5%	4.3%	2.1%

자료: 정하욱(2009); 박준필(2009)

5.2.3. 광주권 고속철도역의 운영방안

1) 기존 관련연구의 검토

근년에 광주시는 경전선 도심철도 이설사업, 송정-목포 간 복선화사업, 호남선 고속전철화 등으로 광주권 철도노선의 운영환경이 크게 변화하였다. 2014년 호남고속철도의 개통에 대비하여 광주역의 역할과 정비방향에 대하여 다양한 논의가 전개되어 왔다. 광주역-광주송정역 간 철도노선이 광주 남북 간 도로건설의 곤란, 도시발전의 저해 등을 이유로 광주역의 이전 및 광주송정역과의 통합을 요구하는 자치구도 있었다. 이에 반대하여 도심 공동화의 가속, 철도이용객의 감소 및 도시발전 효과 측면에서 광주역의 존치·개발을 주장하는 자치구도 존재하였다. 2014년 호남고속철도의 개통에 따라 광주권 고속철도역의 기능과 방향을 결정하는 것은 광주광역시 및 한국철도공사의 중요한 정책과제가 되고 있다.

건설교통부의 보고서(2006)는 광주송정역을 호남고속철도의 광주권 주정차역으로 설정하고 있다. 그러나 철도청(2001) 및 한국철도공사(2007)에서 발간한 광주권 철도역의 운영방안은 광주역과 광주송정역의 2원 편성체계를 제시하였다. 광주시 도시기본계획(2004) 및 도시교통정비기본계획(2007) 등의 도시법정계획에서는 광주역과 광주송정역의 상호 발전방안과 2원화 운영방안을 제안하였다. 이러한 상황 속에 최근 국토해양부에서 광주송정역을 고속철도의 주정차역으로 결정한 것은 광주시의 교통성격과 도시개발특성을 고려하지 않고 기존의 연구·도시법정계획의 내용을 변경하는 논란을 제공하고 있다. 또한 중앙정부의 결정에도 사전에 과학적인 조사와 합리적인 정책적 대응을 하지 못한 광주광역시의 교통정책에도 문제가 있다.

〈표 5.11〉 광주권 철도역 운영방안관련 기존 연구내용

수행기관	연구제목	제안사항
철도청(2001)	광주권 철도역운영효율화	광주역, 광주송정역 2원화 운영
광주광역시(2004)	광주도시기본계획	광주역, 광주송정역 2원화 운영
건설교통부(2006)	호남고속철도 기본계획조사연구 보완	광주권 광주고속철도역 송정역
한국철도공사(2007)	광주권 고속철도 정차역의 운영 방안	광주역, 광주송정역 2원화 운영
광주광역시(2007)	도시교통정비기본계획	광주역, 광주송정역 2원화 운영

자료: 각 보고서

2) 대안의 종류와 평가방법

광주권 고속철도역은 장래 도시공간변화의 적합성, 도시공간상 접근성, 철도운영의 효율성, 철도교통수요, 철도부지의 확장성, 도시균형발전 등을 고려하여 대안을 설정해야 한다. 대안의 종류는 광주송정역 통합운영(대안1) 및 광주역-광주송정역 분리운영(대안2) 등으로 설정할 수 있다. 이들 2개 대안을 대상으로 평가기준을 설정하여 종합적인 자료조사 및 정성적·정량적 분석을 토대로 대안평가와 최적대안의 선정이 필요하다. 그러나 학술연구의 성격상 비용, 시간 등의 한계가 있어, 종합분석 및 평가가 선행된 기존 연구계획의 결과를[15] 정성적·정책적 입장에서 판단하여도 보편타당성이 있다고 인식된다.

3) 광주권 고속철도역의 운영방안[16]

고속철도의 1일 수송수요는 2015년에 대안1(광주송정역 통합운영)이 대안2(광주역-광주송정역 분리운영)보다 적어 1일 기준 15%의 승객이 감소할 것이다. 철도의 운영측면을 보면, 철도의 운영비용은 대안1, 철도의 운영수익은 대안2가 양호한 것으로 전망된다. 철도운행·재원을 보면, 대안1은 철도부지의 확장가능성, 열차운행의 관리, 광주시 통합 관련 재정부담, 철도승객의 감소 등의 입장에서 한계점들이 존재한다. 반면에 대안2는 선로용량의 여유, 열차운행관리의 효율화, 하남-광주간 전철화비용 재정부담 등의 기준으로 보면 유리하다. 도시개발 특성에서 보면, 대안2은 대안1보다는 도심지 개발추세와 연결성이 강한 것으로 사료된다. 역세권의 개발여건은 부지의 확장과 규제측면에서 대안2가 대안1보다 양호하다. 도시의 균형발전 효과 및 시민의 공간상 접근성 기준에서도 대안2가 대안1보다 편익이 높은 것으로 예측되고 있

15) 철도청(2001); 광주광역시(2004); 한국철도공사(2007); 광주광역시(2007) 등의 연구결과 내용.

16) 철도청(2001), pp.157-178; 한국철도공사(2007), pp.63-80; 최동호(2008), pp.75-77.

다. 특히 광주시민이 철도역에 접근하는 총통행시간과 비용은 대안2가 대안1보다 유리한 것으로 분석되고 있다.

따라서 광주권의 고속철도 역사체계를 광주역과 광주송정역으로 이원화하여 정비·개발하는 것이 타당하다. 광주역은 광주철도역의 중심지로써 여객중심의 도심종착역 기능강화로 접근성을 개선하며, 광주역 화물기능의 축소 및 복합역사의 개발이 요구된다. 광주역은 거점역으로

〈표 5.12〉 광주권 고속철도역 운영대안의 비교

평가기준 / 운영대안		대안1- 광주송정역 통합	대안2- 광주역 · 광주송정역 분리
운영	1일 철도승객수요	▽	△
	철도의 운영비용	△	▽
	철도운영의 수익성	▽	△
운행	열차운행의 통제관리	▽	△
	철도선로의 여유용량	▽	△
행정	광주시의 재정부담	▽	△
	시민의 수용성	▽	△
	기존연구 · 계획의 내용	▽	△
	중앙정부의 결정	△	▽
도시	도심지역의 개발특성	▽	△
	도시균형개발의 효과	▽	△
교통	철도교통사고 발생	△	▽
	시민의 통행접근성	▽	△
개발	개발행위의 규제	▽	△
	역사부지의 확장성	▽	△
종합적 판단		▽	△

비고: △ - 유리, ▽ - 불리를 의미함. 의미.
자료: 철도청(2001); 광주광역시(2004); 한국철도공사(2007); 광주광역시(2007)

서 장차 광주-대구선, 광주-부산선 고속열차의 신설건설/경전선의 전철화를 위하여 호남선의 여유용량을 확보하는 효과도 있다. 광주송정역은 호남선과 고속철도 등의 환승역으로 이용하며, 장차 승객수요의 증가에 대비하여 접근성을 개선한다. 특히 주변 공업단지와 지역간 통행을 연계한 화물중심의 물류역으로 역할을 강화하며, 호남고속철도의 개통시에 환승센터의 역할을 수행한다. 도시철도 1호선과 광주송정역, 도시철도 2호선과 광주역의 환승체계를 고려한 종합적인 역세권 개발방안을 마련하는 것이 시급하다.

5.3. 광주권 고속철도역의 역세권 개발방향

5.3.1. 정부의 고속철도(KTX)경제권 및 역세권 개발방향

1) KTX 경제권 개발계획과 전략

국토해양부는 2009년 5월 'KTX 경제권 개발 추진계획'에서 고속철도(KTX) 역세권을 지역경제발전의 기폭제로 삼겠다는 정책을 발표하였다. KTX 역세권이 지역산업 전략과 연계되어 지역별 특성화와 고밀도 복합개발을 통하여 전국을 "단일도시권"으로 형성하는 핵심적인 거점역할을 수행할 전망이다. 전략의 기본방향은 "지역특화발전, 도시문제 해결 및 녹색교통의 활성화"를 기본방향으로 설정하고 있다. 이에 검토할 주요 정책과제들은 KTX 연계 지역별 특성화 발전전략의 준비, KTX 역세권의 고밀도 복합개발, KTX 경제권 도시발전전략의 수립 및 KTX 연계 교통체계의 구성 등으로 제시되어 있다[17]. KTX 역사 주변은 역사부지, 1차역세권, 2차역세권 등 3개 구역으로 개발된다. 역세권의 입지 등에 따라 대전, 동대구, 부산, 광주 등은 기존도시형, 광명·오송·김천역 등은 신시가지형으로 구분하여 차별화 개발전략과 기법이 적용

17) 국토해양부(2009), pp.5-9.

된다. 2010년 상반기에 'KTX 역세권 종합발전계획'을 수립하고 가칭 'KTX 역세권 개발촉진특별법'의 제정도 검토할 수 있다.

〈표 5.13〉 전국 KTX 역세권개발의 추진방향

역사명	개발방향	광역권별 선도산업
동대구역	■ 대구경북경제자유구역 조성 연계 ■ 국가산업단지, 국제교육밸리 연계	
광주역 광주송정역	■ 환황해권 생산·문화거점 ■ 광산업, 신재생에너지 생산 거점	
대전역	■ 철도산업의 메카 조성 ■ 상업·업무·주거·문화·의료 복합단지	
울산역	■ 물류유통 거점, 첨단산업 단지 ■ 선사·역사문화관광권과 연계	
광명역	■ 주거·상업·업무복합단지 ■ 복합환승시설 사업추진	
충북 오송역	■ 친환경 첨단생명과학·의료 거점	
전북 익산역	■ 새만금배후도시개발	
전북 정읍역	■ 방사성 융합기술클러스터 거점	
김천 구미역	■ 정보기술산업클러스터 거점	
신경주역	■ 국가연구개발(R&D)단지 조성	

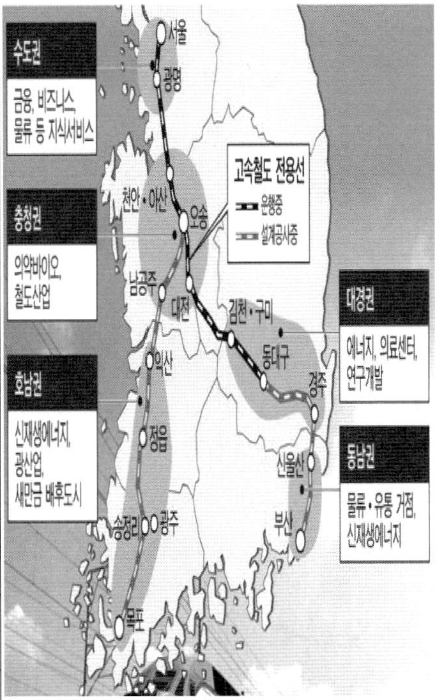

자료: 서울경제(2009.11.9); 매일경제(2009.11.9)

최근 국토해양부는 전국 16개 KTX역세권을 지역의 광역경제권별 특성화 발전전략 등과 연계해 개발하기로 함에 따라 KTX 역사주변이 지방도시의 신성장거점으로 등장하게 된다[18]. 16개 역세권은 업무·교육·의료·관광·쇼핑 등의 기능을 갖춘 복합 거점지역으로 만들어진다.

2) 광주권 KTX 역세권개발의 SWOT 분석

SWOT 분석은 기업·사업의 환경분석을 통해 기업·사업의 강점(strength)과 약점(weakness), 기회(opportunity)와 위협(threat) 요인을 규정하고 이를 토대로 마케팅 전략을 수립하는 기법이다. 이를 통하여 강점 및 기회의 요인을 최대한 활용하고 약점 및 위협요인을 최소화하는 광주권 KTX 역세권 개발전략이 수립되어야 한다.

〈표 5.14〉 광주권 KTX 역세권개발의 SWOT 분석

강점(Strength)	약점(Weaknesses)
■ 광역경제권발전 연계 광주권 KTX역세권 개발의 우호적 환경조성 ■ 고속교통 기반형 신동력·아시아문화중심도시 조성 등 국책사업의 추진 ■ 광주권 위상강화 및 국내·외 도시교류의 증대	■ 산업·생산기반 취약과 수출증가 및 민간참여 개발여건의 미흡 ■ KTX역 중심 지역도시 간 연계철도망 미흡 ■ 기존 역사부지의 부족과 개발용이성 저하 ■ 철도역세권의 접근기능과 기반시설의 취약
기회(Opportunities)	**위협(Threats)**
■ 경제·교통통합 거점화 및 미래형 도시공간구조의 개편·발전 ■ 도심지개발 및 도시재생사업의 활성화 ■ KTX역사 중심의 경제권 비지니스 모델 창조 ■ 대중교통지향형 교통환승체계의 조성	■ 수도권집중화 및 KTX역세권 개발지체, 역기능 발생우려 ■ 역세권 개발업자와 경제권사업자 간 조화곤란 ■ 역세권 개발제도 및 제반지원대책의 미비 ■ 역세권 개발지연시 도시시설의 입지 분산우려

자료: 정하욱(2009); 노경수(2009)

18) 조선일보(2009.11.10)

3) 광주권 KTX 역세권 개발의 방향과 전략

광주 KTX 역세권 개발의 특성화 비전은 호남광역경제권의 발전비전과 광주의 미래도시 목표를 감안하여 4가지 기본방향을 제시할 수 있다[19]; ① 역세권 특성화개발은 도시위상과 기능에 적합하게 역사중심으로 입지와 시설을 배치하고 사회경제·공간적 특성을 감안하여 도입기능을 검토한다. ② KTX 역세권은 광주역, 광주송정역을 중심으로 장래 광역경제권의 특성, 도시공간구조와 토지이용체계의 변화를 전망하여 고속철도시대에 적합한 도시발전의 차원에서 접근한다. ③ 호남광역

〈표 5.15〉 광주 KTX 역세권 특성화 기능과 개발전략

구분	반경범위	기능과 개발전략	역세권 개발모형
역사 부지	역사	■ 입체복합역사, 복합환승센터, 대중교통연계	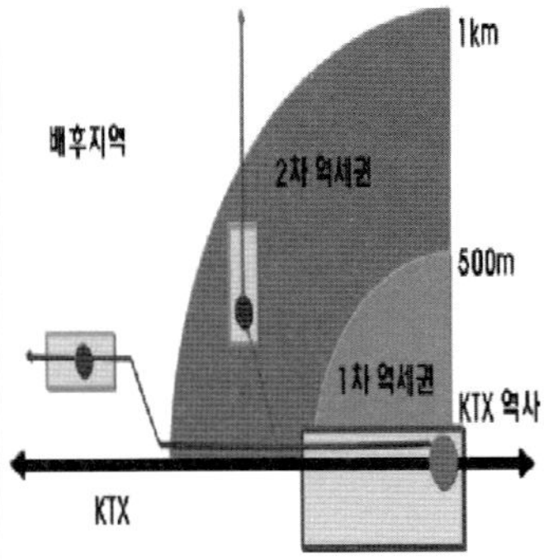
1차 역세권	500m 이내 도보 5분	■ 고밀도 복합개발 ■ 업무·판매·호텔·면세점·주상 복합시설 ■ 문화예술·관광·문화정보산업·문화마케팅 시설	
2차 역세권	1km 이내 도보 10분	■ 중고밀 복합개발 ■ 도심·부도심 입지 첨단녹색산업지원, 문화산업시설 및 지원기능	
배후 지역	2-5km 대중교통 5-10분	■ 중저밀 복합개말 ■ 신재생에너지지원, 신성장동력산업 연계 지원시설 ■ 문화·스포츠 복합 및 연계시설	

자료: 한국교통연구원(2009); 정하욱(2009)

19) 정하욱(2009a), pp.46-48.

경제권의 중추 성장거점도시, 아시아문화중심도시를 지향한 국제교류 도시로서 역세권을 미래지향적 도시의 관문·교통거점 및 지역경제의 핵심거점지구로 육성한다. ④ 특성화된 역세권개발을 위하여 역세권내 주거·상업·유통기능 외에 지역의 특화·선도산업 연관기능을 도입하고 역세권 간 경제적 네트워크를 구축한다. 이상의 방향하에 KTX 역세권의 특성화 개발전략은 역사부지, 1차역세권, 2차역세권, 배후지역으로 구분하여 역세권의 도입기능과 개발전략을 설정한다. 이를 테면, 호남광역경제권의 선도산업, 신성장 동력산업, 지역특화산업, 문화·예술기능을 역세권의 개발모형에 적용하여 역세권별로 제시할 수 있다[20].

5.3.2. KTX 역세권 도입기능의 선정

1) 도입기능의 검토방향[21]

역세권의 도입기능을 선정하려면 광주권 KTX 역세권의 위상을 확인하는 것이 필요하다. 광주역 역세권 및 광주송정역 역세권의 특화기능을 선정하며, 이를 위하여 국내외 역세권의 사례분석을 통한 벤치마킹을 고려한다. 이의 보완책으로 주민 및 전문가 의견을 반영하는 기능선정도 좋다. 도입기능 선정에 필요한 기본방향을 설정한 후에 방향을 정립하는 것이 중요하다. 우선적으로 역사부지를 중심으로 역세권 도입기능을 파악하는 것이 효과적이다. 도입기능은 도시공간구조상 역세권의 위상, 고속·도시철도망의 연계성, 역세권 개발사례의 벤치마킹 및 도시의 발전미래상 측면에서 검토한다[22]. 도입기능은 토지이용의 특성별로 상업, 업무, 연구·생산, 관광 및 여가·문화 등 제분야에서 종합적으로 선정하는 것이 타당하다.

---

20) 정하욱(2009b), pp.1-15.

21) 정봉현(2007), pp.95-96.

22) 광주광역시 건축주택과(2009), pp.29-32.

2) 광주권 KTX 역세권의 도입기능[23)]

광주역과 광주송정역사의 부지는 고밀도 개발을 통해 중심상업·업무기능을 담당하는 랜드마크 복합단지로 조성한다. 구체적으로 광주역사는 복합테마 유통시설, 복합환승·역무시설, 단체·협회 회의시설, 지식기반산업, 호텔, 관광지원시설, 전시관, 문화홍보관, 교양센터 및 테마광장 등의 기능을 도입한다. 광주송정역사는 대형할인점 및 전문상

〈표 5.16〉 광주 KTX 역세권별 도입기능의 방향

용도/역세권	역사부지		1차 역세권		2차 역세권	
	광주역	광 주 송정역	광주역	광주송정역	광주역	광 주 송정역
상업·여가	복합테마유통시설	대형할인점 전문상가	백화점, 아울렛몰	물류유통시설	비지니스파크	전문상가 물류유통단지
교통	복합환승·역무시설	복합환승·역무시설	-	-		
업무	단체·협회 회의시설 공공시설	단체·협회·외국지사 회의실	금융, 증권	병의원	오피스텔, 사무실	오피스텔 종합병원
연구·생산	지식기반산업	벤처기업시설	기존기능 확대	특화연구단지	-	특화연구단지
관광	호텔, 관광지원시설	비즈니스호텔 관광지원시설	레지던스		레지던스	-
문화	전시관, 문화홍보관, 교양센터, 테마광장	전시관, 문화홍보관, 교양센터, 테마광장	박물관, 복합스포츠센터, 연주홀	기념관 음악홀	-	영화관
주거	-	-			공동주택	공동주택

자료: 정봉현(2007); 광주시 건축주택과(2009); 박준필(2009)

23) 광주광역시 건축주택과(2009), pp.29-32; 박준필(2009), pp.81-87.

가, 복합환승·역무시설, 단체·협회·외국지사의 회의실, 벤처기업시설, 비즈니스호텔, 관광지원시설, 전시관, 문화홍보관, 교양센터 및 테마광장 등을 구비한 복합용도 건물로 건축한다. KTX역 도보5분, 반경 500m 이내 1차역세권에는 고밀도 복합개발을 추진한다. 광주역 1차역세권에는 백화점, 아울렛몰, 금융·증권, 레지던스, 박물관, 복합스포츠센터, 연주홀 등의 기능도입과 기존기능을 확대한다. 광주송정역사 1차역세권에는 물류·유통시설, 병의원, 특화연구단지, 기념관 및 음악홀 시설을 배치한다. 2차 역세권은 중고밀 복합방식으로 개발한다. 광주역 2차역세권에는 비즈니스파크, 오피스텔, 사무실, 레지던스 및 공동주택 등의 시설을 입지시킨다. 광주송정역 2차역세권에는 전문상가, 물류·유통단지, 오피스텔, 종합병원, 특화연구단지, 영화관 및 공동주택 등의 시설을 유치한다.

5.3.3. 광주권 KTX 역세권별 환승체계의 구축

1) 광주역 환승체계의 구축방안

북측광장을 개설하고 환승주차장을 건설하며, 대중교통수단 간 환승을 촉진하기 위하여 광주역-도심지 도시철도역·버스터미널 간 연계버스 노선을 개편한다. 1호광장 전면부 보행자신호체계를 개선하고 자전거 보관소·대여소를 건설한다. 장기적으로 지상 입체도로망의 건설, 지상·지하 간 환승체계 구축 및 대로 1-35호 연결도로망을 건설한다. 하남역-극락 간 구간을 복선화하고 광주역 부지에 시외버스터미널 기능을 부여하며 도시철도 2호선역을 광주역사 부지에 설치한다. 광주역 5거리에 지하보도를 개설하고 광주역에 교통·관광안내센터를 운영한다. 광주역사는 복합기능을 구비한 신축역사로 건축하며, 교통·관광안내센터를 설치하여 이용자에게 종합정보를 제공한다.

〈표 5.17〉 광주역 환승체계의 구축방안

수단/기간	단기	중장기
승용차	■ 북측광장의 개설 ■ 환승주차장 건설	■ 지상 · 지하 교통수단환승체계 ■ 지상 입체도로망 건설 ■ 대로 1-35호 연결도로망
대중교통	■ 도심철도역 연계버스노선 ■ 버스터미널 연계버스노선	■ 하남-극락강 구간 복선화 ■ 역사부지 시외버스터미널 기능 ■ 도시철도2호선과 환승체계 구축
보행, 자전거	■ 1호광장 전면부 횡단보도신호개선 ■ 자전거보관소 · 대여소 설치	■ 광주역 5거리 지하보도화
기타	■ 관광 · 교통정보센터 설치	■ 복합기능 신축역사 건설 ■ 도심지 활성화 기여

자료: 철도청(2001); 한국철도공사(2007)

2) 광주송정역 환승체계의 구축방안

광주송정역이 협소하므로 금호타이어 부지를 철도용지로 확보하여 주차시설과 교통시설을 확충하고, 대로 3-6호선으로 광주공항 연결도로망을 구축한다. 도시철도 1호선 및 버스운행에 대한 종합교통정보를 제공하고 도심지 연결 버스노선을 보강한다. 승객의 통행접근성을 향상하기 위하여 도시철도역-철도역 간 지하통로를 개설하고 역사에 자전거보관소·대여소를 확충한다. 장기적으로 하남산단 연계도로인 대로 1-8호선 및 대로 1-35호선과 연결도로망을 구축하고 역사 전면부에 지상 입체도로망을 건설한다. 통행자를 위한 환승주차시설을 확대하고 지하·지상 보행 및 자전거 동선체계를 확보한다. 광주송정역사는 복합기능을 구비한 신축역사로 건설하며, 역사 전면부는 지구단위계획을 활용하여 역세권 개발사업을 시행한다.

〈표 5.18〉 광주송정역 환승체계 구축방안

구 분	단 기	중장기
승용차	■ 주차시설의 확충 ■ 대로3-6호선 공항연결도로	■ 하남산단 연계도로 대로1-8호선 연결 ■ 지상 입체도로망 건설 ■ 대로 1-35호 연결도로망
대중교통	■ 도심연결 버스노선의 개편 ■ 도시철도 · 버스 환승정보제공	■ 환승주차장 확충
보행 자전거	■ 도시철도역-철도역 지하통로 ■ 자전거보관소 · 대여소 설치	■ 철도역 보행 · 자전거 동선체계 확보
기타	■ 관광 · 교통정보센터 설치	■ 복합기능 신축역사 건설 ■ 역사전면부 지구단위계획 시행

자료: 철도청(2001); 한국철도공사(2007); 최동호(2008)

5.3.4. 광주권 KTX 역세권 개발사업의 추진방안

1) 접근방법과 개발방안

광주역 및 광주송정역 역세권사업을 시행하기 위하여 계획차원에서 정비 및 개발사업을 고려할 수 있다. 관리계획의 차원에서는 공공시설 정비 및 시가지 환경정비를 위한 지구단위계획을 수립하고 개별사업으로 추진한다[24]. 정비사업에는 크게 도시환경정비사업, 주거환경 개선사업과 주택재개발사업이 가능하고 개발사업은 도시개발사업으로 시행가능하다. 광주역 역세권은 도시환경정비사업을 활용하고 광주송정 역세권개발은 기존 시가지가 대부분이어서 도시정비차원의 접근전략이 요구된다. 공장부지의 이전 시 대규모 신시가지 조성이 가능하여 도시개발법의 적용을 검토할 수 있다.

광주역 및 광주송정역 역세권의 공간적 입지규모와 계획여건을 검토하면 주거환경개선사업, 주택재개발사업, 도시환경정비사업 및 도시개

24) 문경원 · 김홍태(2005), pp.123-126.

발사업의 적용이 가능하다[25]. 도시관리 차원에서 광주송정역 역세권에 제1종 지구단위계획을 수립하여 토지이용의 합리화, 기반시설의 정비 및 도시서비스 능력의 향상으로 도시관리의 계획화를 도모하는 것도 좋다.

2) 참여주체의 역할과 협력방안

광주역 및 광주송정역 역세권 개발의 사업주체는 공공개발, 민간개발 및 제3섹터 방식으로 구분할 수 있다. 공공개발은 적극적인 지원자의 기능이 강하며, 정부투자기관 및 공사 측면에서는 민간과 공공 간 연계를 강화하는 기능도 필요하다. 민간기업은 공적기능 수행, 주민은 사업추진관련 조력자로서 역할이 강조된다. 참여주체의 역할은 광주역 및 광주송정역의 역세권을 효율적으로 개발하기 위하여 명확히 설정하는 것이 중요하다. 그리고 참여주체의 협력유형은 공공과 정부투자기관·

〈표 5.19〉 역세권 개발 참여주체의 역할

<table>
<tr><th>참여주체</th><th>참여기관</th><th>주요역할</th><th>참여유형</th></tr>
<tr><td>공공부문</td><td>광주시청
자치구청</td><td>■ 사업 시행자, 중재자 역할
■ 사업의 협력자, 사업추진기획과 지원</td><td rowspan="4">① 공공·정부투자기관·지방공사형
② 공공·민간기업형-민간제안지원, 민간의 공공기능
③ 공공·주민형-주민의사반영과 의견개진</td></tr>
<tr><td>정부투자기관, 지방공사</td><td>한국철도공사
광주도시공사</td><td>■ 사업 시행자와 대행자 가능
■ 우선적 공공사업 시행, 민간과 협력</td></tr>
<tr><td colspan="2">민간기업</td><td>■ 사업의 대행자-사업제안과 실질시행
■ 시공사 및 자본대여자, 공적기능</td></tr>
<tr><td colspan="2">주 민</td><td>■ 사업추진 최대이해관계인- 토지제공
■ 사업추진 조력자</td></tr>
</table>

자료: 광산구(2005); 정봉현(2007)

25) 광산구(2005), pp.139-140.

공사형, 공공과 민간기업형, 공공과 주민형으로 구분할 수 있다. 역세권 개발사업이 계획적·효율적으로 추진되기 위해서는 참여주체별 상호신뢰를 바탕으로 주체 간의 협력강화가 요청된다.

3) 역세권 관련제도의 정비방안

철도의 역세권은 도시철도법, 철도건설법, 한국철도시설공단법 및 도시재정비촉진 특별법 등에 의하여 개발할 수 있다. 이러한 역세권 개발은 철도이용의 편의, 도시기능의 회복 차원에서 주로 상업·업무기능 등을 도입하고 있다. 이것은 고속철도 역세권개발과 광역경제권을 연계하는 역세권 및 도시개발을 추진하기에는 제도적으로 미비된 점들이 있다. 이러므로 KTX역세권 중심의 고밀복합개발전략을 추진하려면 가칭 "KTX 역세권 도시개발 및 산업단지건설 특별법"을 제정해야 한다[26]. 이 법에 의하여 중앙부처 지식경제부와 국토해양부, 시행주체인 철도공사, 철도시설공단 및 지방자치단체 간 제도적인 조정, 협력 및 추진이 수월하게 진행된다. KTX 역세권 개발은 고속철도의 건설과 도시개발이 일체화되어 진행하는 통합적 추진방안을 강구하는 것이 중요하다. KTX 역세권 개발을 촉진하기 위해서는 개발주체가 토지수용권, 토지선매권을 확보하는 제도적 개선이 필요하다. 이를 테면, 일본의 일체형 토지구획정리사업 또는 프랑스의 협의정비구역제도(ZAC) 등을 고려할 수 있다. KTX 역세권 개발을 활성화하기 위하여 행·재정적 인센티브와 개발절차의 간소화 혜택을 제공해야 한다. KTX 역세권 종합개발계획을 수립하도록 관련 조항을 개선한다.

---

26) 성현곤(2009), pp.16-17.

요 약

1. 고속철도의 운행은 정차도시에 교통체계, 지역경제, 지역개발 및 관광문화 등의 부문에서 영향을 미치고, 도시에 토지이용·시설적 변화를 수반한다. 고속철도역의 정차도시는 역세권의 개발, 교통망체계의 확립 및 지역개발효과의 극대화 등의 발전과제를 가진다.

2. 도시의 주요 기반시설인 고속철도(KTX)역은 철도운송 및 도시활동의 지원과 종합교통센터의 역할을 수행한다. 고속철도 역세권은 역사, 제1역세권, 제2역세권 및 배후지역으로 구분하며 철도정비, 역사입지 및 규모에 따라 다양한 유형으로 개발된다.

3. 호남고속철도는 총11조 3,382억원이 투입되는 대형국책사업으로 충북 오송에서 공주, 익산, 정읍, 광주 및 목포에 이르는 230.9km 구간에서 건설된다. 충북 오송-광주 송정간 182.3km의 제1단계 구간은 2014년, 광주송정-목포(48.6km)를 연결하는 제2단계 구간은 2017년말 완공할 계획이다.

4. 호남고속철도 광주권 정차역은 기본계획에서 광주송정역이 가장 적합한 것으로 제시되었다. 그러나 광주송정역의 1원체계는 교통수요, 철도역운영, 철도운행, 재원조달, 도시개발 및 교통체계 측면에서 많은 문제점이 있다. 광주권에는 경전선과 호남선이 있으며 광주역은 호남선의 종착역과 거점역, 광주송정역은 호남선의 환승역과 경전선의 종착역으로 기능한다.

5. 북구에 위치한 광주역은 도시중심기능의 미약, 역사 남북간 도로·보행동선의 단절 및 교통환승체계 미약 등의 문제점을 가지고 있다. 광주송정역은 광산구에 입지하고 역사부지의 협소, 부도심 기능의 취약과 환승센터기능의 미약 등 취약점을 갖고 있다. 광주역과 광주송정역의 여객수는 대략 6.5대 3.5의 구성비를 보여준다.

6. 기존 대부분의 연구 및 광주법

정계획에서 광주권 철도역의 운영방안은 광주역과 광주송정역의 2원 편성체계를 제시하였다. 2014년 호남고속철도의 개통에 따른 광주송정역의 1원 편성운영은 광주시의 교통 및 도시개발특성을 고려하지 못한 것이다.

7. 대안1(광주송정역 통합운영)과 대안2(광주역-광주송정역 분리운영)를 설정하여 운영, 운행, 행정, 도시, 교통, 및 개발의 측면에서 정성적으로 기존연구를 토대로 비교·분석하였다. 전반적으로 대안2가 대안1보다 유리한 것으로 판단되었다. 광주권 고속철도역은 광주역과 광주송정역으로 이원화하여 역세권을 개발하는 것이 더욱 바람직하다.

8. 최근 국토해양부는 전국 16개 KTX역세권을 지역의 광역경제권별 특성화 발전전략 등과 연계하여 개발하기로 계획하였다. 광주 KTX 역세권 개발의 특성화 비전은 호남광역경제권의 발전비전과 광주의 미래도시 목표를 감안하여 4가지 기본방향을 제시한다. KTX 역세권의 개발전략은 역사부지, 1차역세권, 2차역세권, 배후지역으로 구분하여 토지이용 특성별로 상업, 업무, 연구·생산, 관광 및 여가·문화 등 분야에서 종합적으로 도입기능을 선정하고 개발전략을 강구한다.

9. 광주역 역세권에는 역사부지에 복합테마유통시설과 지식기반산업, 1차역세권에 백화점·아울렛몰 및 기존기능의 확대, 2차역세권에 비즈니스파크와 레지던스 등의 기능을 도입한다. 광주송정역 역세권을 보면 역사부지에 대형할인점·전문상가와 벤처기업시설, 1차역세권에 물류·유통시설과 특화연구단지, 2차역세권에 전문상가와 물류유통단지 등의 기능을 배치한다.

10. 광주역의 역세권 개발사업은 도시환경정비사업을 활용하고 광주송정역의 역세권 개발사업은 도시정비차원의 접근전략 등이 요구된다. 참여주체는 공공부문의 개발방식을 우선적으로 고려한다. 역세권개발을 효율적으로 추진하기 위해서는 관련제도의 정비가 필요하다. 이에는 역세권관련 특별법의 제정, 역

세권·도시개발의 일체화 추진, 행·재정적 인센티브 제공 등이 포함되고 있다.

중요개념

- 고속철도 정차도시
- 지역개발의 효과
- 역세권의 범위
- 도심역사 재활형
- 고속철도역 환승체계
- 미관·방화지구
- KTX 경제권개발계획
- SWOT 분석
- 고밀도 복합개발
- 도시환경정비사업
- 협의정비구역제도(ZAC)
- 정차도시의 과제
- 고속철도역
- 역세권 개발유형
- 호남고속철도사업
- 대중교통환승센터
- 도시계획시설
- 단일도시권
- 도시공간구조
- 역세권의 도입기능
- 도시개발법
- 중저밀 복합개발전략
- 연계교통체계
- 고속철도역의 역할
- 시가지 정비형
- 광주권 고속철도역
- 자전거 도로망
- 도시기본계획
- 지역특화발전
- 복합환승센터
- 역세권 환승주차장
- 일체형 토지구획정리
- 보행자 교통체계

연습문제

1. 고속철도의 개통이 정차도시에 미치는 영향에 대하여 부문별로 자세히 설명하라. 이에 따른 고속철도 정차도시가 갖게 되는 중요한 발전과제에는 무엇이 있는가?

2. 고속철도역은 도시의 중요한 교통기반시설이며 지역에서 산업·문화·교류의 장소가 된다. 이러한 고속철도역의 주요 역할을 이용자, 운영자, 지역사회 및 정부의 측면에서 나열하라.

3. 통상적으로 고속철도역의 역세권 범위는 어떻게 구분되는가? 이러한 역세권을 개발하기 위한 유형은 철도정비, 입지 및 역사규모에 따라서 얼마나 다양하고 어떤 특성을 갖고 있는가?

4. 호남고속철도사업의 내용을 개략적으로 설명하고, 광주권에서 호남고속철도 정차역의 선정기준과 내용을 파악하라.

5. 광주권의 철도노선을 파악한 후에 광주역과 광주송정역의 입지 현황과 실태를 전체적으로 분석하고, 이에 따른 교통과 입지면의 문제점은 무엇인지 언급하라.

6. 광주권에는 광주역과 광주송정역이 있는 데, 철도역의 운영방안 결정은 지역사회에서 정책적인 이슈로 부각되어 있다. 기존의 연구에서는 광주권 고속철도역 운영방안에 무슨 연구가 진행되었는가?

7. 광주권 고속철도역의 합리적인 대안을 도출하기 위해서 운영대안을 마련하고, 대안별로 다양한 평가기준을 토대로 정성적·정책적으로 비교·평가하여 바람직한 대안을 제시하라.

8. 정부에서 말하는 KTX 경제권 개발계획과 전략을 개략적으로 설명하고, 이를 기반으로 광주권 KTX 역세권을 개발하기 위하여 SWOT분석을 실시한다면 그 결과와 내용은?

9. 광주역 및 광주송정역의 역세권에 도입하는 특화기능의 선정방향은 무엇이며, 이로 인하여 역세권 범위별로 무슨 기능이 선정되었는가?

10. 교통수단과 기간을 고려하여 광주역 및 광주송정역에 환승체계를 구축하기 위한 전체적인 세부방안을 설명하라.

11. 광주권에서 KTX 역세권 개발사업을 효율적으로 시행하기 위해서는 합리적인 추진체계가 필요하다. 사업의 접근방법, 참여즈체의 역할 및 역세권 관련제드를 중심으로 개발사업의 전체적인 추진방안을 세부적으로 살펴보고 제시하라.

News

올해말 광주KTX 역세권 개발 밑그림

민자유치 활성화대책 시급, 광주시, 16일 토론회서 기반시설 지원 등 건의 - 오는 2014년 호남고속철 오송-광주 구간 개통을 앞두고 올해 말께 광주 KTX 역세권 개발의 '밑그림'이 나올 것으로 전망되는 가운데 대규모 '민자 유치'를 위한 대책 마련이 시급하다는 지적이다. 7일 광주시에 따르면 최근 정부의 'KTX 역세권 권역별 개발 정책'에 따라 광주발전연구원과 공동으로 KTX 광주 역세권 개발을 위한 기본구상(초안)을 마련중이다. 현재까지 알려진 초안은 광소재와 신재생 에너지를 바탕으로 문화콘텐츠와 접목시키고, 광주역과 송정역을 연계하는 방식으로 추진한다는 것이다. 시는 국토해양부의 최종 방침과 지원책이 나오는 데로 자체 용역을 추진, 개발방안을 구체화할 방침이다. 시는 오는 12월말 기본안을 마련한 뒤 내년 상반기 최종안을 확정지을 계획이다.

문제는 KTX 역세권 활성화를 위해서는 대규모 민자유치가 요구된다는 것이다. 시는 지난 2004년부터 역세권 개발에 나서고 있지만 경기불황 등의 여파로 어려움을 겪고 있으며 대구 등 다른 지자체도 '민자 유치' 골머리를 앓고 있다. 이에 따라 시는 오는 16일 익산에서 열리는 'KTX 역세권 특성화 호남권 지역정책토론회'에서 기본구상을 발표한 뒤 ▲ 도로, 공원 등 기반시설 국비 지원 ▲ 용적률 상향 조정 ▲ 철도 부지 무상 지원 등 민자 유치 활성화를 위한 지원책을 건의할 예정이다. 이와 관련, 한국교통연구원 오재학 박사는 "역세권 개발은 협의 보상에 따른 사업비 증가로 경제성이 떨어지고 대규모 투자사업비 회수에 따른 위험부담으로 사업성이 부족하다"며 "교통시설 등에 대한 국고 지원과 함께 갈등 해소를 위한 제도적 장치 마련 등이 요구된다"고 지적했다. 한편 국토부는 지난 5월 초 지역경제 활성화와 국가경쟁력 제고를 위해 각 지역별로 역세권을 특성있고 차별적으로 개발하는 'KTX 경제권 개발 세부과제 및 추진계획'을 발표했었다.

【자료】 무등일보, 2009년 7월 8일

참고문헌

1. 광산구, 송정 역세권 개발 타당성 조사, 광주광역시, 2005. 12.
2. 광주광역시 건축주택과, KTX 역세권 개발방안, T/F팀 2차 회의자료, 2009. 11.
3. 건설교통부, 호남고속철도 기본계획 조사연구 보완용역, 국토연구원, 2006. 4.
4. 권창기, 경부고속철도 울산역 유치에 따른 도시발전방안, 고속철도 역세권 개발과 지역발전에 관한 심포지엄 자료, 울산광역시, 울산발전연구원, 2005. 6, pp.141-159.
5. 국토연구원, 호남고속철도 기본계획 조사연구 보완용역 공청회 자료, 2005.12.
6. 국토해양부, KTX 경제권개발 추진계획, 2009. 5.
7. 김대웅·유영근·최한규, 지하철 도보역세권 설정방법과 적용에 관한 연구, 국토계획 제37권 제5호, 대한국토도시계획학회, 2002.
8. 김경철, 고속철도와 수도권의 역세권 개발, 도시문제 제31권 334호, 대한지방행정공제회, 1996, pp.9-23.
9. 김경철, 도시철도론, 노해출판사, 2001.
10. 김종남, 천안·아산역세권 개발사례, 고속철도 역세권개발과 지역발전, 경부고속철도 울산역 역세권개발관련 심포지움 자료, 울산발전연구원, 2005. 6. pp.55-72.
11. 김현, 일본의 신칸센 역세권 개발현황과 및 효과, 월간 교통 제136권, 한국교통연구원, 2009. 6, pp.20-27.
12. 김홍관, 고속철도와 부산광역시의 역세권 개발, 도시문제 제31권 334호, 대한지방행정공제회, 1996, pp.65-76.
13. 곽노상, 고속철도 개통과 도시전망 및 과제: 고속철도 역세권 전망과 개발방안, 도시문제 39권 426호, 대한지방행정공제회, 2004, pp.41-57.
14. 권장기, 울산의 역세권 개발사례, 고속철도 역세권개발과 지역발전, 경부고속철도 울산역 역세권개발관련 심포지움 자료, 울산발전연구원,

2005. 6. pp.141-159.
15. 노경수, 광주송정 역세권의 개발방향, 광주연구, 통권 제6호, 광주발전연구원, 2009년 가을호, pp.51-66.
16. 문경원, 경부고속철도 개통이 대전에 미치는 영향 및 대응방안, 대전발전연구원 정책세미나, 대전시청 회의실, 대전발전연구원, 2001. 12.12.
17. 문경원, 대전역세권 개발사례, 고속철도 역세권개발과 지역발전, 경부고속철도 울산역 역세권개발관련 심포지움 자료, 울산발전연구원, 2005. 6. pp.75-126.
18. 문 채, 특집: 고속철도 시대의 이슈와 대응방안 4: 고속철도 역세권 개발과 도시정비 방향, 월간 국토 268권, 국토연구원, 2004, pp.38-49.
19. 박병호, 고속철도 개통과 지방도시 전망 및 과제, 도시문제 2004년 5월호, 대한지방행정공제회, 2004. 5, pp.21-29.
20. 박준필, 역세권 개발을 위한 신축역사의 도입기능에 관한 연구, 광주연구 통권 제6호, 광주발전연구원, 2009년 가을호, pp.67-88.
21. 배경화, 고속철도 역세권 중심의 혁신클러스터 조성방안 연구, 교통정책연구 제12권 2호, 교통연구원, 2005. 12, pp.69-98.
22. 부산광역시, 사상 역세권개발 기본계획, 2004. 12.
23. 서울시정개발연구원, 역세권에 대한 도시계획차원의 대응방향, 시정연 97-R-06, 1997.
24. 성현곤, KTX 역세권 고밀 복합개발 및 관련제도 정비방안, 월간 교통 제136권, 한국교통연구원, 2009. 6, pp.12-19.
25. 신종서, 철도정거장 역세권을 효율적으로 개발하는 방향, 학술발표회 논문집 4권, 대한토목학회, 대한토목학회, pp.401-403.
26. 수도권 교통조합, 환승시설 업무편람, 2005. 12.
27. 오덕성, 고속철도 대전역의 역세권 개발방향과 주요과제, 도시문제 제31권 334호, 대한지방행정공제회, 1996, pp.34-49.
28. 이영근・오덕성, 도시철도 역세권의 개발방향에 관한 연구: 대전광역시 도시철도 역세권을 중심으로, 지역개발논총 제7권, 충남대 지역개발연구소, 1995, pp.197-212.
29. 이정인, 고속철도와 대구광역시의 역세권 개발, 도시문제 제31권 334

호, 대한지방행정공제회, 1996, pp.50-64.
30. 오재학, KTX 역세권 개발전략, 월간 교통 제136권, 한국교통연구원, 2009. 6, pp.6-11.
31. 이창운, 21세기 국가 교통체계와 지역성장을 위한 고속철도의 역할, 고속철도 역세권 개발과 지역발전에 관한 심포지엄 자료, 울산광역시, 울산발전연구원, 2005. 6. pp.31-49.
32. 이현주, 프랑스 수도권의 다핵구조화: TGV 역세권 개발과의 관계를 중심으로, 월간국토 272권, 국토연구원, 2004, pp.52-63.
33. 전명진, 역세권 개발의 도시공간구조 파급효과: 고속전철의 대구 역세권을 중심으로, 국토계획 제32권 3호, 대한국토도시계획학회지, 1997, pp.51-66.
34. 정봉현, 호남고속전철의 개통에 따른 광주·전남지역의 영향과 발전방향, 새로운 철도교통시대 광주·전남지역 발전방향 세미나 논문집, 광주·전남발전연구원, 2004. 3.19.
35. 정봉현, 호남고속철도 정차역의 역세권 개발방향 -광주시 송정리역을 중심으로-, 지역개발연구 제39권 제1호, 전남대학교 지역개발연구소, 2007. 6, pp.79-104.
36. 정봉현, 고속철도역의 역세권 개발실태와 발전방향, 광주연구, 통권 제6호, 광주발전연구원, 2009년 가을호, pp.1-18.
37. 정봉현, 호남고속철도 개통에 대비한 광주권 고속철도역의 운영 및 역세권 개발방향, 제41권 제2호, 지역개발연구, 전남대학교 지역개발연구소, 2009. 12, pp.123-144.
38. 정석회, 고속철도 역세권의 개발방향, 도시문제 제31권 334호, 대한지방행정공제회, 1996, pp.24-33.
39. 정석희·신동진, 철도역세권 개발제도의 도입방안에 관한 연구, 공청회자료, 국토연구원, 2003. 6.
40. 정준호·허문구·변창욱, 고속철도시대의 균형발전 정책방향, 산업연구원, 2005. 3.
41. 정하욱, 광주 KTX 역세권 특성화 개발전략과 현안과제, 광주연구, 통권 제6호, 광주발전연구원, 2009년 가을호, pp.38-50.

42. 조남건, 고속철도가 국민생활 및 국토공간에 미치는 영향, 월간 교통 제71호, 교통개발연구원, 2004. 1.
43. 조남건, 고속철도시대의 국토 및 지역균형 발전, 고속철도와 국가균형 발전 부산·울산·경남지역 정책토론회, 국토연구원·부산발전연구원, 부산광역시, 2004. 6.
44. 조남건, 고속철도의 지역 파급효과와 고속철도 역세권 개발방향, 고속철도 역세권 개발과 지역발전에 관한 심포지엄 자료, 울산광역시, 울산발전연구원, 2005. 6, pp.2-27.
45. 조남건·진시현, 일본의 고속철도 역세권 개발사례, 월간 국토 287권, 국토연구원, 2005, pp.114-123.
46. 최도석, 고속철도를 활용한 지역발전 및 역세권 개발방안, 고속철도와 국가균형발전 부산·울산·경남지역 정책토론회, 국토연구원·부산발전연구원, 부산광역시, 2004. 6.
47. 최동호, 광주권 철도역의 조정과 역간 환승체계 구축방안, 전남대 지역개발연구소, 교통학회 호남제주지회 춘계학술세미나 논문집, 2008 3, pp.63-85.
48. 최완석, 도시철도와 KTX의 효과적인 연계방안, 광주연구, 통권 제6호, 광주발전연구원, 2009년 가을호, pp.19-37.
49. 최자령, 일본의 역세권 개발사례, 고속철도 역세권개발과 지역발전, 경부고속철도 울산역 역세권개발관련 심포지움 자료, 울산발전연구원, 2005. 6. pp.127-137.
50. 한국교통연구원, 교통으로 여는 녹색미래, 2009.
51. 홍석진, 프랑스 TVG 역 중심 개발유형과 사례, 월간 교통 제136권, 한국교통연구원, 2009. 6, pp.6-33.
52. Pol. P.M.J., The economic impact of the high-speed train on urban regions, Paper presented to the 43rd ERSA Congress, Jayvakyla Finland, August 27-30, 2003.
53. Schutz, E., Urban development by high-speed train, Herft 6, 1998, pp.369-383.

제 6 장

호남권 공항의 기능설정과 발전대안 종류

공항은 비행장이 항공운송을 위한 기본시설을 구비하고 공공용도로 사용되는 공간이다. 여기에서 공항 기능과 지역발전과의 관계를 알아보고 전국 공항의 종류와 운영성과를 분석한다. 이어서 호남권 광주 및 무안공항의 시설현황과 이용실적을 파악한 후에 양 공항의 기능을 설정하고 공항운영에 대한 쟁점내용을 자세히 검토한다. 이를 토대로 광주 및 무안공항의 환경을 분석하고 나서 광주 및 무안공항의 기능분담과 발전대안을 다각도로 제시하고자 한다.

제6장 호남권 공항의 기능설정과 발전대안 종류

6.1. 공항의 개념, 기능과 지역발전

6.1.1. 공항의 개념과 기능

1) 공항의 개념과 기능

공항은 항공기, 항공노선과 더불어 항공수송의 3대 기본요소이며, 항공기가 이·착륙하는 장소가 비행장 또는 공항이다. 비행장은 항공기가 이·착륙하기 위하여 사용되는 육지 또는 수면을 말한다[1]. 비행장이란 항공기가 이·착륙하는 장소이며, 공항은 비행장에 민간항공기가 여객 및 화물을 운송하는 데 필요한 다양한 시설을 갖추는 경우이다. 따라서 공항은 비행장이 항공운송을 위한 기본시설을 구비하고 공공용도로 사용되는 것이다.

공항은 항공교통의 거점으로서 항공수송의 원활화 기능, 다른 교통수단과의 교환기능, 지상·항공 교통수단 간 연결기능을 갖고 있다. 공항은 항공 기본시설과 보안시설, 공항터미널을 갖추고 다양한 편의를 제공하며 항공수송을 원활하게 만든다. 공항은 항공로, 항공관제능력, 공항주변 토지이용규제 및 공항지역의 지정, 공항접근로 등의 균형있는 발전으로 타교통수단과의 교환지점기능을 수행한다. 또한 여객, 화물,

---

1) 항공법 제2조

우편물 등 지상교통수단과 항공수송기관 간에 원활한 연결기능을 담당한다.

2) 공항의 구성시설

공항은 기본시설과 공항터미널 시설로 구성된다. 공항의 기본시설은 항공기의 이·착륙에 직·간접적으로 필요한 시설이다. 기본시설은 활주로, 유도로, 주기장 및 항공보안시설로 형성된다. 활주로는 항공기가 이·착륙할 때 가속·감속하기 위하여 필요한 지상 활주용 노면으로 항공수요를 고려하여 결정한다. 유도로는 항공기가 활주로와 주기장 및 정비지역을 왕복하는 데 이용되는 통로이다. 주기장은 공항에서 여객의 탑승 및 하기, 화물의 적재·하역, 연료보급 및 정비 등을 위하여 항공기가 주기하는 장소이다. 항공보안시설은 항공기의 안전 및 질서운행을 위한 지휘 및 비행·착륙과정에서 유도해 주는 시설로서 관제시설, 항공보안 무선시설 및 항공등화 등이 해당된다. 공항터미널 시설은 여객취급시설, 화물취급시설, 항공기 정비시설 및 항공기 급유시설로 구성된다. 여객 취급시설은 여객터미널 빌딩과 지상교통기관으로 형성한다.

〈표 6.1〉 공항의 구성시설

구분	시설종류	세부구성
기본시설	활주로	지상활주용 노면
	유도로	활주로-주기장·정비지역 통로
	주기장	탑승주기장, 정비주기장, 야간주기장
	항공보안시설	관제시설, 항공보안 무선시설, 항공등화
터미널시설	여객취급시설	여객터미널 빌딩, 지상교통기관
	화물취급시설	항공화물 집산·보관시설, 세관시설, 검역시설
	항공기 정비시설	격납고
	항공기 급유시설	간이급유방식, 리퓰러 급유방식, 하이드란트 방식

자료: 허국강·서명원(2000)

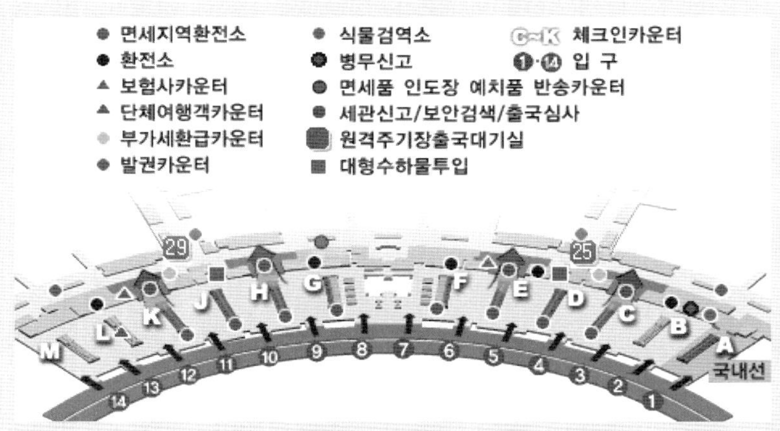

〈그림 6.1〉 탑승수속시설 안내사례: 인천공항

6.1.2. 공항시스템과 지역발전

과거에 항공교통은 안전성, 수용능력 및 경제성 등이 고려대상이었다. 21세기 항공교통은 신속성, 쾌적성, 편의성 및 간편성 등이 강조되면서 공항과 지역발전의 관계가 새로 정립되어 있다. 공항은 이용자에게 최고의 서비스를 제공하기 위하여 물리적·서비스적 조건을 구비하고 24시간 운영된다. 공항은 기술적·물리적 능력을 확보하는 고도기술의 집약체이며, 타 교통시스템과 연계 및 배후단지 개발을 통한 복합적인 기능을 갖춘다. 이러한 공항에는 환경친화적이며 수익창출을 위한 전략개발이 매우 중요하다.

공항은 지역발전과 상호 유기적·발전적 관계를 형성하고 있다[2]. 단기적으로 공항개발은 사람·화물의 통행과 유통구조의 변화를 수반한다. 또한 지역산업의 규모경제를 통해 사회·경제적 변화를 유발한다. 장기적으로 공항은 지역의 접근성을 향상시켜 지역내 산업·주거입지의 패턴을 변화시킨다. 공항개발을 통하여 지역발전에 미치는 파급효

2) 목포시(2002), pp.81-86.

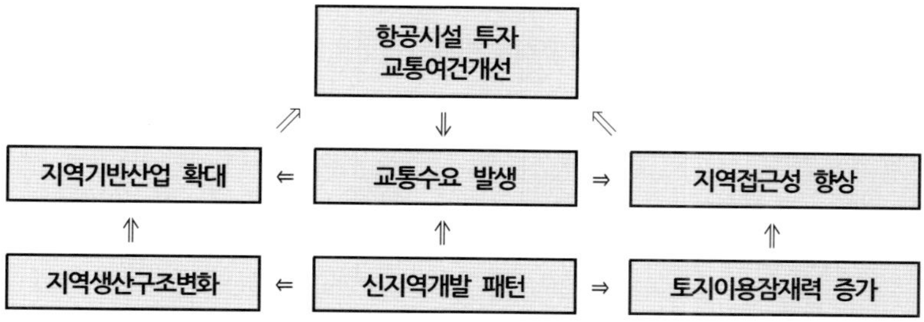

〈그림 6.2〉 공항개발과 지역발전의 관계성

과는 주변지역 개발과 토지이용의 변화, 공장입지 확대와 지역경제의 활성화, 유통구조의 변화, 관광지 개발과 주민교류확대 및 사회의식 변화 등을 들 수 있다.

6.2. 호남권 공항운영과 실태분석

6.2.1. 전국 공항의 구분과 운영

1) 전국 공항의 구분과 운영

국내에는 15개의 공항이 존재하며, 기능별로 국제공항 7개, 국내공항

〈표 6.2〉 공항의 기능별, 소유주체별 구분

구 분		공 항 명
기능 (15)	국제 (7)	인천, 김포, 김해, 제주, 대구, 청주, 양양, 무안
	국내 (8)	광주, 군산, 사천, 목포, 여수, 원주, 포항, 울산 (김제), (울진)
소유주체 (15)	민간 (6)	인천, 김포, 제주, 울산, 여수, 양양, 무안 (김제), (울진)
	민·군 공동(9)	김해, 대구, 광주, 청주, 원주, 군산, 목포, 포항, 사천

* 주 : ( )는 신설중인 지방공항임

자료: 건설교통부(2006).

8개, 3개는 신설 중인 지방공항들이다. 소유주체별로 보면 민간공항 6개, 민·군공동 운영공항이 9개로서 무안공항은 민간공항, 광주공항은 민·군공동으로 운영되는 공항이다. 공항의 운영주체는 공기업이며, 한국공항공사는 인천공항을 제외하고 김포공항을 비롯한 총 14개의 공항을 운영·관리한다. 단지 인천공항은 인천국제공항공사에 의하여 운영·관리되고 있다.

2) 전국공항의 운영성과3)

전국의 공항은 14개로서 국제공항이 7곳, 국내공항이 7곳이며, 국제선은 9개국 46곳, 국내선은 20곳으로 운항한다. 지방공항의 운영적자가 누적되어 갈수록 심각한 실정이다. 예를 들면, 2008년 김포·제주·김해공항을 제외한 11곳은 2008년 운영적자가 512억원에 이르렀다. 여수공항 등 9곳은 지난해 수입이 인건비보다 적었고 김포·제주·청주공항과 신설 무안공항의 소폭 상승을 빼면, 승객도 줄었다. 지방공항의 운영상태를 점검한 감사원은 국토해양부에 전남 무안공항과 광주공항을 통합하고, 강원 양양공항은 활용방안이 마련될 때까지 폐쇄할 것을 지적하였다.

2002년 4월 영동권 관광 거점공항을 목표로 3,567억원이 투입되어 개항한 양양공항은 2002-2008년 동안 누적적자가 598억원에 이른다. 비행기는 뜨지 않아도 공항 유지인력 64명은 그대로 남아 한해 운영비만 30여억원이 소요된다. 2007년 11월 3,017억원을 들여 서남권 거점공항으로 개항한 무안공항은 국내선과 국제선의 항공노선이 폐지 혹은 축소되었다. 무안공항은 2008년 14만차례 이착륙할 수 있는 처리 능력의 1.3% 밖에 안 되는 처리실적을 가졌다. 2007년 12.8억원, 2008년 71.3억원의 운영손실이 발생하였으며 2008년 광주공항의 손실도 12억원을 넘었다. 경북 울진공항은 여객 수요가 과대 책정됐다며 재검토하라는 감사원의 지적에 따라, 2005년 공정률 85% 상태에서 공사가 중단

3) 한국공항공사(2008), 항공통계; 운송신문(2009.6.11.)

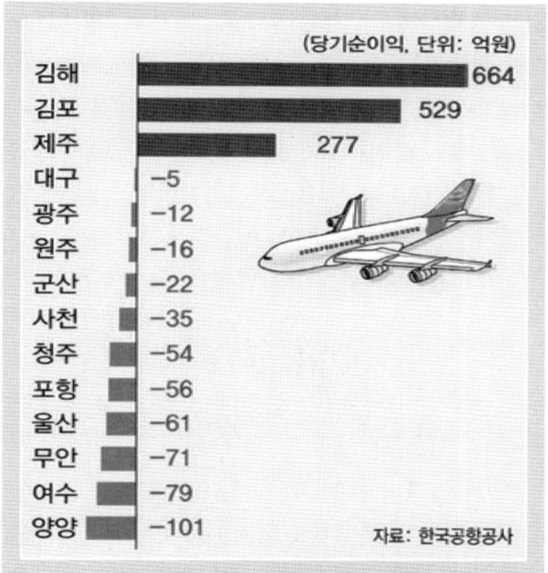

〈그림 6.3〉 전국공항별 운영수익(2008)

되었다. 사업비가 1,147억원이 들어간 울진공항에는 비행교육훈련원 설치가 추진되고 있다. 2004년 5월 공사가 중단된 전북 김제공항도 1999년부터 480억원을 구입한 김제시 백산·공덕면 일대 공항 터 157만㎡는 지금 농작물이 재배되어 매년 1억~2억원의 농지 임대료를 받고 있다. 고속철도(KTX)의 개통으로 육상 교통의 직·간접 영향을 받는 대구·사천·포항공항의 승객도 크게 감소하여 운영적자가 증가하고 있다.

6.2.2. 광주공항의 현황과 이용실적

1) 광주공항의 연혁

광주공항은 광주시 광산구 신촌동에 위치하며 광주시청에서 서쪽으로 11km지점에 있는 서남권의 관문공항이다. 1942년 김포공항의 준공과 더불어 김포-광주-제주 노선이 주2회 운행되었다. 1948년 11월에 상무대에 군용비행장이 건설되었고, 1953년 9월에 서울-광주 항공노선이 신설되었다. 1958년 1월에 대통령령으로 비행장 직제가 공포되어 김포공항은 국제공항, 부산, 광주, 제주 및 강릉공항이 신설되었다. 1949년 2월 민항기(DC-3)가 처음으로 취항하였고, 1964년 1월 현재 위치로 이전하였다.

광주공항은 1971년, 1981년, 1986년에 증·개축을 하였고, 1988년

〈표 6.3〉 광주공항의 주요 연혁

역사일지	주요사항과 내용
1948. 11	교통부 광주비행장 개설
1965. 07	광주비행장 청사 개관
1990. 06	한국공항공단 인수 운영
1994. 11	신 여객청사 개관
1995. 06	국제선 정기노선취항(광주-서울-방콕, 광주-부산-오사카)
1995. 12	화물 터미널 준공(구청사 개량)
1998. 1.2	국제선 정기노선 중단
2001. 07	국제선 직항로 취항(광주 ↔ 상해)
2001. 10	광주 ↔ 부산 정기노선 중단 (2편)
2002. 03	한국공항공사 광주지사 설립
2002. 04	광주 ↔ 상해 CES 정기노선 개설(주 8편)
2002. 05	광주 ↔ 상해 KAL 정기노선 개설(주 8편)
2002. 05	광주 ↔ 방콕 KAL 전세기 개설(주 10편)
2002. 07	광주 ↔ 북경 국제항공 전세기 개설(주 7편)
2003. 12	광주 ↔ 방콕 전세기 취항(주 15편)
2004. 04	광주 ↔ 마닐라 전세기 취항(주 10편)
2004. 12	광주 ↔ 파타야 전세기 취항(주 1편)
2005. 07	광주 ↔ 마닐라, 북경, 심양 등 전세기 취항(주 1편)
2005. 12	광주 ↔ 연대, 광저우, 해남도 전세기 취항(각 3편)
2007. 12	광주공항 국제선의 무안공항 이전

자료: 광주공항홈페이지 http://gwangju.airport.co.kr

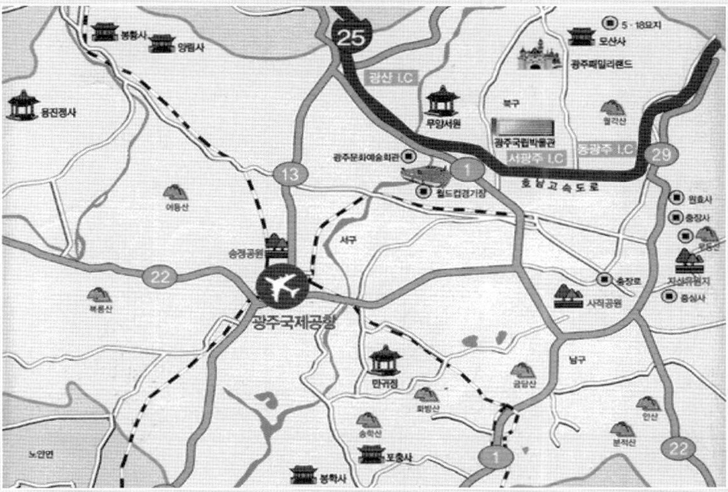

〈그림 6.4〉 광주공항의 위치

서울-광주 간 아시아나 항공기의 취항부터 항공승객이 급증하였다. 정부는 1988년 3월 광주국제공항 건설계획을 발표하였으나 1991년 5월 국내선 확장계획으로 변경되었다. 그 동안 지역의 학계·경제단체에서 광주공항의 개항화를 정부에 수차 건의하였고, 1992년 대통령 선거 시 광주공항의 국제선 개항이 대통령 공약으로 선정되었다. 광주공항은 1990-1995년에 항공수요의 증가에 대처하기 위해서 계류장 등 시설이 확장되었고 2001년 7월 광주-상해 간 부정기 국제선의 취항을 시작으로 서남권의 국제공항으로 성장하였다.

2) 광주공항의 시설현황

광주공항은 1990년 6월 부터 한국공항공사가 인수하여 운영한다. 호남권의 주요 관문으로서 광주공항은 여객청사, 화물청사 등 2개의 터미널과 활주로, 유도로 및 주차장으로 구성되어 있다. 광주공항은 본격적인 여객수송을 위하여 이들 시설을 꾸준히 확장하여 지역 거점공항

〈표 6.4〉 광주공항의 시설현황

구 분	시설규모	수용능력
활 주 로	2,835×45m (2본)	14만회/년
계 류 장	44,300㎡	A300 : 4대 B737 : 3대
여객터미널	10,561㎡	294만명/년
화물터미널	2,765㎡	55.3천톤/년
주 차 장	38,300㎡	945대
항행안전 시 설	활주로04R : CAT-I 활주로22L : 선회접근 활주로04L : 정밀(PAR) 활주로22R : 정밀(PAR)	시정 800m 시정 4,800m 시정 1,200m 시정 1,200m

자료: 한국공항공사 http://www.airport.co.kr

으로서의 면모를 갖추었다.

여객청사는 년 14만회 운항과 294만명을 수송하고, 화물터미널은 연간 55.3천톤을 처리할 수 있다. 중형기 7대가 동시에 주기 할 수 있는 계류장, 945대 차량이 동시 주차하는 주차장 등 현대화 및 확장으로 한반도 서남권의 항공교통의 중추적 역할을 담당하여 왔다. 이러한 광주공항의 운영은 무안공항 개항시 국제선을 이전하며, 국내선은 향후 이용수요 등을 종합 감안하여 검토하도록 되어 있다. 따라서 광주공항의 기능별 축소 및 국제선의 무안공항 이전계획에 광주지역에서 반대 의견이 많은 실정이다. 오히려 광주시와 광주시 사회·경제단체에서는 광주공항의 개항화를 정부에 건의하고 대책을 수립하여 왔다. 2009년 10월에는 광주지역에서 광주공항 국제선의 제취항을 추진하여 광주시와 전라남도 간에 현안과제로 부각되어 있다.

3) 광주공항의 운영실적

광주공항의 항공편수는 2000년 14,788편에서 2009년에는 9,863편이 운행되어 동기간에 2.93%의 비율로 감소하였다. 2004년 호남선 고속철도의 운행으로 김포-광주 간 항공수요가 감소하여 2004-2005년에 27% 감소세를 보였다. 그리고 2007년 국제선의 무안공항 이전으로 운항편수는 11.85%의 비율로 크게 감소하였다. 광주공항의 승객수요를 보면 2000-2009년 동안에 6.89%의 비율로 감소하였다. 이것은 철도교통수단의 발달, 고속간선도로망 확충에 의한 승용차 통행이용 증대, 항공요금 인상으로 인한 항공기이용 기피현상 등에 의한 영향으로 보인다. 특히 호남선 고속철도의 운행은 광주-김포노선의 승객을 2004.4-2005.3 기간에 28%정도 감소시켰다. 2007년 이후 항공승객은 9.77%로 크게 감소하였다. 광주공항의 화물물동량은 2000-2009년 동안에 연평균 7.43%의 감소세를 보여주었다. 특히 광주공항 국제선의 무안공항 이전으로 국제

〈표 6.5〉 광주공항의 수송실적 추이

구분		운항(편수)	여객(천명)	화물(천kg)
2000		12,886	2,382	23,355
2001		12,660	2,235	24,155
2002		14,056	2,130	24,173
2003		16,112	2,081	26,174
2004		15,185	1,880	20,906
2005		13,715	1,642	24,771
2006		13,558	1,630	23,872
2007		12,700	1,539	22,942
2008		11,166	1,380	16,409
2009		9,863	1,253	11,661
증가율(%)	'00-'09	-2.93	-6.89	-7.43
	'03-'09	-7.85	-8.11	-12.61
	'07-'09	-11.87	-9.77	-28.71

비고: 2004.4. 고속철도 운행; 2007.12. 국제선 무안공항 이전

자료: 한국공항공사 항공통계 http://www.airport.co.kr

항공 화물이 없어져서 2007-2009년 동안 항공화물은 28.71%로 매우 크게 감소하였다. 따라서 광주공항은 2004년 호남선 고속철도의 운행 및 2007년 12월 국제선의 무안공항 이전으로 공항의 운송실적은 크게 감소하고 있으며 이로 인한 공항의 운영수익도 악화되어 적자상태로 놓여 있다.

6.2.3. 무안공항의 현황과 이용실적

1) 무안공항의 연혁과 시설현황

서해안 시대의 전개 및 중국의 개방화 정책에 따라 광주·목포지역의 항공수요가 급증하면서 공항시설의 확장 요구가 시작되었다. 정부는 1990년 신국제공항 타당성 조사에 이어 1997년 개발기본계획, 1999년 실시설계와 함께 12월에 본격적인 공사가 착공되었다. 그 이후 2002-2006년 동안에 3차례에 걸쳐서 항공수요측면을 강조한 경제 논리에 밀려 개항시기가 연기되었다. 무안공항은 1990년 건설교통부의 타당성 조사를 계기로 개발 필요성이 대두된 이후 근 18년 만에 개항한 것이다.

2007년 11월에 개항된 무안공항은 전라남도 무안군 망운면 피서리 일대 78만평에 입지한다. 총사업비는 3,056억원이 투자되어 2천800m 길이의 활주로 1개, 연면적 9,000평의 여객터미널, 비행기 9대 수용의 27,000천평의 계류장, 2,095대 동시주차가 가능한 주차장 등이 완공되었다. 공항의 여객·화물터미널에는 연간 519만명과 5만톤의 이용객과 화물을 처리할 것으로 예상한다.

그러나 정부의 서남권 종합발전계획에 따라 대 중국을 겨냥한 물류거점 공항 육성계획에도 불구하고 활주로와 계류장 등이 협소해 점보급 항공기 이착륙이 불가능해 '형식상 국제공항'으로 전락한 형편이다.

2) 무안공항의 운영실적과 전망

무안공항의 운영실적을 보면, 2008-2009년 동안에 운항편수, 여객 및

〈표 6.6〉 무안공항의 시설현황

구 분	개항단계 시설규모	수 용 능 력
활 주 로	2,800×45m	14만회/년
계 류 장	90,692㎡	B747급 : 4대, A300급 : 3대 B737급 : 2대
여객터미널	국내 : 20,000㎡ 국제 : 9,106㎡	국내 : 416만명/년 국제 : 103만명/년
화물터미널	국내 : 2,050㎡ 국제 : 1,062㎡	국내 : 41천톤/년 국제 : 9천톤/년
주 차 장	66,990㎡	2,095대
항행안전시설	활주로36 : CAT-Ⅰ 활주로18 : CAT-Ⅰ	시정 800m 시정 800m

〈그림 6.5〉 무안공항의 위치

화물량은 각각 47.5%, 57.4% 및 62.8%의 감소추세를 보였다. 이에 따라 운영적자도 2008년에 71억원으로 공항운영의 심각성을 나타내며, 인건비가 공항수입액을 상회한다. 운항편수와 여객수는 도착과 출발 각각 50% 정도의 유사한 구성비를 보이나, 화물은 도착부문의 비중이 약간 높다. 이와 같은 결과는 무안공항에 개설된 국제항공노선의 감소 및 폐지에 따라 항공승객이 감소하였기 때문이다. 무안공항의 국제선은 전부 폐지되어 무늬만 국제공항이다. 무안공항의 활성화를 위해서는 항공수요의 창출이 커다란 해결과제가 되고 있다.

〈표 6.7〉 무안국제공항의 운영실적

구 분	운항(편수)	여객(명)	화물(kg)	운영수익(억원)
2007	224	15,223	159,375	-12.5
2008	1,841	130,014	1,172,558	-71
2009	966	55,405	436,076	-72
'08-'09 증가율	-47.5%	-57.4%	-62.8%	적자증가

비고: 2009년 운영수익은 잠정 추정치임.
자료: 한국공항공사 항공통계 http://www.airport.co.kr

〈표 6.8〉 무안공항의 항공수요 전망

구분/연도	연간						첨두시				
	여객(천인)		화물(톤)		운항횟수(회)		여객(인)		운항횟수(회)		
	국내	국제	국내	국제	국내	국제	국내	국제	국내	국제	전체
2008	1,612	137	25,785	1,384	13,657	1,443	983	200	7	2	8
2010	1,766	155	30,025	1,570	14,968	1,598	1,077	200	8	2	9
2015	1,823	197	32,819	2,068	15,452	2,031	1,112	200	8	2	9
2020	2,076	250	39,443	2,747	17,593	2,577	1,246	200	9	2	10
2025	2,377	317	45,169	3,474	20,147	3,268	1,426	200	10	2	11

자료: 건설교통부(2006)

건설교통부(2006)의 계획에 의하면, 무안공항의 항공수요는 2010년도 년간 880만명으로 과다 추정되었다. 기타 보고서에서도 무안공항의 항공수요는 2008년 175만명, 2025년 238만명으로 전망되었다. 2008년 연간 운항횟수도 14만회로 예측하였으나 실제로 처리능력의 1.3%를 보였고, 2009년에는 0.08%로 감소한 실정이다.

3) 무안공항의 해결과제

무안공항의 활성화에는 도로망 등 SOC 미비에 따른 교통불편, 공항 활성화를 위한 관련 물류기업 유치, 무늬만 국제공항인 소형거점공항 등 해결할 과제가 많다. 이미 중추공항 역할을 수행하는 인천공항과 김포·김해·제주 등 대형거점공항에 비해 무안공항은 점보급항공기(B747 등)의 이착륙이 아주 곤란하다.

이 때문에 2,800m의 활주로를 3,200m로 확장하고, 2만7천여평의 계류장은 4만4천여평으로, 9천배럴의 급유탱크는 1만8천배럴로 증대시킬 필요가 있다. 개항 후 활주로 공사가 진행될 경우 이착륙 안전문제와 추가 공사비용에 따른 예산낭비도 초래할 가능성이 높다. 무안공항은 개항 6개월 만에 제주노선을 제외한 모든 노선이 폐쇄당한 청주공항의 전철을 반복하지 말아야 한다. 무안공항은 관광, 물류 및 자유무역을 3개축으로 개발된 두바이국제공항을 모델로 중장기 개발계획을 검토할 필요가 있다.

무안공항이 국제물류공항의 위상을 확보하려면, 활주로와 계류장, 급유탱크의 확충이 시급하고 이에 400억원의 추가비용이 소요될 것이다. 여기에 2017년 완공 예정인 호남고속철도 개통과 무안공항 경유, 광주공항과의 역할분담, 외국 항공사 유치 및 수요 창출을 위한 관광상품 개발, 주변 기업도시 및 관광레저도시와 연계한 개발전략도 중·장기 정책과제로 드러나 있다.

무안공항은 무안-광주 간 고속도로의 개통보다 먼저 2007년 11월에 개항하였다. 이 공항은 서남권의 국내선 간선노선과 중·단거리 국제선의 수요 처리에 중점을 두고 있다. 그래서 서남권 및 서남해안권 개발과 연계하여 서남권의 거점공항으로 성장하는 방안을 강구해야 한다.

6.3. 광주·무안공항의 기능설정과 쟁점

6.3.1. 광주공항과 무안공항의 관계검토4)

무안공항은 광주·목포생활권의 항공수요를 대상으로 하여 기존 광주공항의 역할에 따라 그 기능이 달라진다. 무안공항의 기능정립은 기존 광주공항과의 관계를 검토하는 것과 연관되어 있다. 『제3차 공항개발중장기 종합계획』에서는 광주공항은 무안공항 개항 시 광주공항에서의 민항기능 이전을 계획하고 있다. 기존 광주 및 목포공항의 활용방안은 무안공항의 기능정립에 상당한 영향을 미친다.

실제로 무안공항과 목포 간 거리는 37km로 접근시간이 30분 미만으로 목포생활권의 항공수요를 무안공항에 흡수한다. 그러나 광주공항의 경우에는 몇 가지 대안을 고려할 수 있다. 왜냐하면, 첫째로 광주와 무안공항 간의 거리는 58km로 공항접근 시간은 대략 1시간 정도 예상된다. 둘째 기존의 광주공항 시설로 현재의 국내선 항공수요를 처리할 수 있다. 이로서 무안공항은 광주공항을 계속적으로 사용한다면 양공항은 경쟁관계에 있게 된다.

보통 단일의 광역생활권에 복수의 공항이 존재하면, 공항의 이용도는 항공사와 공항이용자의 선택도에 따라 달라진다. 항공사는 운항기의 이·착륙 가능성, 터미널의 확보가능성, 운행노선 항공기의 좌석 확보율 및 타 노선과의 연계성을 고려하여 결정한다. 공항이용자는 공항접근성, 노선 운항빈도와 서비스 수준 등을 감안하여 공항을 선택한다. 공항은 접근성이 좋고 노선운항 빈도가 많으면 공항이용자를 확보하기에 용이하다. 단지 항공사의 공항선택권은 정부규제에 의하여 제약을

4) 홍갑선(1997), pp.46-49.

받으므로 상대적으로 적다. 따라서 하나의 광역생활권에 복수의 공항이 있을 경우에 각 공항의 수송수요 배분은 공항이용자의 선택에 의하여 크게 영향을 받는다.

광주공항과 무안공항을 보면, 항공승객의 주요 수송시장인 광주시와 접근성이 좋은 광주공항이 더 큰 항공수요의 창출에 유리하다. 그러므로 기존 광주공항을 계속 활용한다면 광주공항의 수송수요를 먼저 채우고, 잔여 항공수요는 무안공항에 흡수될 것이다. 따라서 무안공항의 활용도는 광주공항에서 처리하는 수송용량에 따라 크게 의존하게 된다.

6.3.2. 외국 광역생활권의 복수공항 사례

선진국에서 하나의 광역생활권에 복수공항이 있을 경우에 거점공항은 배후도시와 근접성도 중요하지만 공항과의 고속교통수단 연결성에 의하여 크게 영향을 받는다. 일본의 나리타 공항, 미국 대도시의 공항들도 1시간 이상 소요되는 경우가 있다. 거점공항은 제2공항에 비하여 도시 근교에 인접해야 하는 것은 아니다. 공항이용자에게는 중심도시와의 근접성 보다는 공항과의 실제 접근시간이 더 중요한 변수로 작용한다. 이와 더불어 항공노선이 다양하고 운항빈도가 높아 연계성이 좋으면 공항이용자수는 증가한다.

그러므로 복수공항이 존재하는 경우에 어느 공항을 거점공항으로 활용하느냐 하는 것은 공항의 접근시간, 운항노선의 다양성, 운항빈도, 활주로 크기 등을 고려하는 것이 중요하다. 그리고 제2공항은 운항노선의 다양성보다는 접근성과 운항빈도 등이 더 중요한 요소로 작용한다. 그러므로 광주공항은 운항빈도가 높은 국내선 전용공항으로 활용되고 있다. 무안공항은 운항노선을 다양화하여 서남권의 거점공항으로 육성하면 서남권에서 복수공항을 유지할 수 있다.

단일 광역생활권에 복수공항의 사례를 검토하면, 도시에 근접한 공항의 초과 수송수요 또는 장거리 국제 수송수요를 처리하기 위하여 제2공항을 건설하는 경우가 대부분이다. 제2공항의 수송수요는 평균적으로 제1공항 수송실적의 54% 수준이다. 제1공항과 제2공항의 관계는 경쟁 상태에서 항공사의 선택에 따라 기능이 결정되지만, 대개 정부가 공항의 기능을 설정하여 형성된다.

예를 들면, 도쿄, 워싱톤·볼티모어, 오사카, 몬트리올 공항의 경우에 정부가 국제선 기능을 도시 원거리 공항에 운항하도록 규제하여 국제공항이 주기능으로 되어 있다. 제2공항은 단거리, 국내선 공항, 또는

〈표 6.9〉 외국 대도시의 복수공항의 기능분담

도시	공항명	운영	면적 (ha)	도심 (km)	기능	선택
뉴욕	J.F.K	뉴욕·뉴저지공단	2,052	동방 24	국제·국내선 혼용	항공사 자율결정
	Newark	뉴욕·뉴저지공단	930	남방 26	국내선 중심 국제선 일부	
	LaGuardia	뉴욕·뉴저지공단	263	동방 13	국내선 중심 국제선 일부	
워싱톤	Dulles	워싱톤 공항공단	4,047	서방 42	국내선 중심 국제선 일부	법률 규제
	National	워싱톤 공항공단	275	남방 5	국제선 전용	
오사카	Osaka	운수성	317	서북 17	국내선 전용	노선별 분리
	Kansai	(주)관서국제공항	511	남서 50	국제·국내선 혼용	
런던	Heathrow	영국공항공단	1,194	서방 24	국제정기선 중심 국내선 일부	항공사 자율결정
	Gatwick	영국공항공단	760	남방 43	국제전세선 중심 국내선 일부	
파리	CDG	파리공항공단	3,104	북방 25	국제선 중심 국내선 일부	노선별 분리
	Orly	파리공항공단	1,534	남방 14	국내선 중심 국제선 일부	

자료: 한국항공진흥협회(1994); 홍갑선(1997)

특정항공사의 거점공항으로 이용되는 경우가 많다. 따라서 기존 광주공항을 활용하는 경우에 정부가 광주공항과 무안공항의 기능을 명확히 부여하면, 복수공항체계를 유지할 수 있다. 그러나 무안공항의 개항 초기에 수송수요가 많지 않아 광주공항의 수송수요를 감안하면, 수요부족으로 공항운영의 수익성 확보에는 어려움이 크다.

외국의 주요 대도시에서 복수의 공항체계가 있는 경우에 배후도시 도심지와의 거리는 최소 5km - 최대 50km에 복수공항이 위치하고 있었다. 도시근교 공항의 초과수요 또는 장거리 국제수송수요를 처리하기 위하여 경제적 관점에서 제2공항을 건설하였다. 항공사의 공항선택은 뉴욕 및 런던의 경우는 공항시설의 용량이 허용하는 범위 내에서 항공사의 자율결정에 의존한다. 워싱톤시는 법규로 규제하여 항공사가 공항을 선택하며, 오사카와 파리의 공항들은 국제선과 국내선을 노선별로 분리하여 항공사가 공항을 선택한다.

6.3.3. 광주 및 무안공항 간 운영과 쟁점내용

1) 쟁점의 전개상황

전남 무안공항의 2007년 11월 개항을 앞두고 광주공항의 국제선 기능존치 여부를 놓고 찬반논쟁이 뜨거웠다. 무안공항의 활성화를 위해서는 현재 광주공항 국제선 기능의 무안공항으로 흡수 의견과 항공수요에 따라 창출되는 국제선 기능을 정부가 임의적으로 결정해서는 안 된다는 입장이 팽팽히 맞섰다. 이 같은 논쟁은 건설교통부의 2006년 '제3차 공항개발 중장기종합계획' 발표에서 발단되었다. 건교부는 당시 "무안공항 개항과 함께 광주공항 국제선 및 목포공항 기능을 이전하며 광주공항 국내선 기능 이전에 대해 향후 이용수요 등을 종합적으로 검토, 이전시기를 결정하겠다고" 하였다.

이에 대하여 그동안 국제선 확대를 위해 '개항공항'을 추진해 온 광주광역시가 반대입장을 표명하였다. 광주시의회, 광주시 관광협회, 광주·전남 경영자총협의회 등도 지역경제 침체, 시민불편을 이유로 국제선 기능 이전을 강하게 반대하였다. 반면 전남도청이 소재하고 있는 무안군과 목포시, J프로젝트를 추진 중인 해남군 등 서남해안 지역과 전라남도는 국제선 기능의 무안공항 이전을 환영하였다. 광주공항 국제선 기능 이전을 놓고 지역 또는 광역자치단체 간 갈등이 번지었다.

2) 쟁점의 내용

광주시, 지역경제계, 관광업계, 시의회 및 광주지역에서는 광주공항 국제선 기능의 무안공항 이전에 대하여 반대하였다. 즉 지역의 공항기능 및 규모는 시장수요 논리에 의하여 결정되고, 광주공항의 국내선은 운영상 흑자를 보였다. 광주공항은 광주시에 대규모적인 국제회의 유치 및 명실상부한 문화수도사업의 진행에도 국제선 기능이 더욱 절실한 실정하였다. 광주공항의 국제선 폐지는 광주지역 여행업계에 막대한 경제적 손실을 유발하였다. 광주권을 방문하는 항공수요는 지속적인 증가추세에 있었다. 입지적 조건이 불리한 무안공항을 이용하려면 공항이용자의 통행시간이 증대하고 교통비용의 부담액이 크게 증가한다. 무안공항의 입지적 접근성이 좋지 않아 광주권 및 인근지역에서 무안공항에 근접하는 데 불편하다. 특히 무안-광주 간 고속도로가 늦게 개통되고, 목포-무안 간 연계교통망도 완비되지 않아 공항이용객의 상당한 불편이 있었다. 그리고 공항개발을 경제적인 시각보다는 정치적 논리에 의하여 개발하고 운영효율성이 높은 광주공항의 기능을 축소하여 무안공항에 전이시키는 것은 부당하다는 것이었다. 그래서 광주시는 광주공항의 개항화 대책에 더욱 노력을 경주하였다.

다른 한편, 전남지역의 입장에서는 무안공항의 개항은 서남권 거점공항을 지향하는 것으로 긍정적이다. 무안공항으로 서남권의 대형 개발사업이 탄력을 받게 되고, 서남권 경제 및 관광의 활성화에도 기여할 것으로 전망하였다. 무안공항은 중국권 및 동남아권 관광객의 서남권 유치에도 기여할 것으로 보았다. 서남권에서 운영되는 2개의 공항운영비를 절감하고 무안공항의 활성화를 위해서는 광주공항의 국제선 기능이 무안공항에 통합되어야 한다고 주장하였다. 건설교통부와 전라남도 등을 포함한 서남권 자치단체들은 '무안공항 건립 당시부터 광주공항 기능 흡수는 예정된 일이었다' 면서 공항 건립의 당위성을 내세웠다. 광주공항의 기능폐지는 무안공항 개항의 전제조건이 되고 있다는 점이었다. 전라남도는 무안공항의 효율적인 운영을 목표로 항공노선의 확보, 여행수요의 창출 및 조기 활성화사업에 무안공항활성화 지원협의체를

〈표 6.10〉 광주 · 무안공항 간 쟁점의 논의내용

항목	광주지역	전남지역
쟁점 발단	▪ 무안공항의 2007년 11월 개항 ▪ 1단계 : 광주공항 국제선 폐지와 무안공항으로 국제선 이전 ▪ 2단계 : 무안공항의 국제선 · 국내선 운영과 서남권 거점공항육성	
주요 쟁점	▪ 공항기능 시장수요 근거 결정 ▪ 광주공항 국내선의 운영흑자 ▪ 국제회의 · 문화수도사업 대비 ▪ 광주여행업계의 경제적 손실 ▪ 광주지역 항공수요의 증가 ▪ 이용자의 시간 · 비용부담 증대 ▪ 무안공항의 입지적 접근저하 ▪ 공항개발의 정치적 논리부당	▪ 서남권 개발사업의 탄력추진 ▪ 서남권 경제 · 관광의 활성화 ▪ 중국 · 동남권 관광객의 유치 ▪ 공항운영비 절감과 흑자운영 ▪ 공항건설 당위성과 방향준수 ▪ 무안공항 개항의 전제조건
발전 과제	▪ 광주공항의 개항화 추진 ▪ 광주공항 국제선 기능지속 ▪ 광주공항 국제선시설 확충	▪ 활주로 · 계류장 · 급유시설 확충 ▪ 광주-무안고속도로 개통 ▪ 공항의 연계교통체계 미흡 ▪ 국제 · 국내 항공편 유치전략 ▪ 공항운영의 민영화, 민자유치
해당 지자체	▪ 광주공항의 국제화 노력지속	▪ 무안공항의 조기활성화 사업
해결 전략	▪ 광주공항 및 무안공항의 동시 승격과 시장논리적 운영 ▪ 광주시와 전라남도 상생적 협의 및 국토해양부의 정책조정	

자료: 각종 국내신문 보도종합(2005-2007)

구성하여 각종 대책마련에 적극적이었다.

그러므로 이러한 논쟁을 조정·해결하기 위해서는 광주공항 및 무안공항을 동시에 거점공항으로 동시에 승격하고 시장논리에 입각하여 공항을 운영할 필요가 있었다. 광주시와 전라남도는 상생적 협력방안을 도출하기 위하여 계속 협의하는 노력이 병행되어야 한다. 국토해양부의 복수 공항 간의 기능분담에 관한 정책적 결정과 조정이 요구되었다.

6.4. 광주·무안공항의 환경분석과 발전대안 종류

6.4.1. 국내외 공항환경의 변화[5)]

세계화에 따라 국·내외 공항의 환경변화를 보면, 항공수요계층의 변화, 경쟁교통수단의 등장 및 저가항공의 출현을 볼 수 있다. 경제적 수요의 양분화에 따라 항공수요 계층이 비행시간, 운항빈도 및 비용 등으로 다양화되고 있다. 신교통수단인 고속철도의 운행, 간선고속도로망에 의한 승용차이용 증대로 항공기와 경쟁하는 육상 교통수단노선이 증가한다. 경쟁교통수단에 대한 경쟁우위를 확보하기 위한 저비용 항공사로의 전환이 중요하다. 이상의 환경변화는 향후 항공시장에서 저비용 항공사의 점유율이 20-30% 증가할 것으로 예상된다.

항공운송시장의 추이를 보면, 항공교통수단의 경쟁력 약화로 인하여 대형기에 의한 저빈도 서비스전략에 무효노선이 발생할 것이다. 단거리 여행시에 공항의 접근시간이 항공여객시간 보다 높아질 수 있다. 일부 근거리 도시의 항공수요는 증가하나 공급의 불균형이 발생하게 된다. 그래서 대안 항공수단을 요구하게 되며, 이것은 육상교통망과 연계할 필요가 있다. 대안항공은 소형기에 의한 운항빈도가 높은 저운임의 항공서비스를 제공하는 항공교통수단이며, 지방의 국제공항을 활성화시키는 계기가 된다.

---

5) 원광희(2007), pp.6-12.

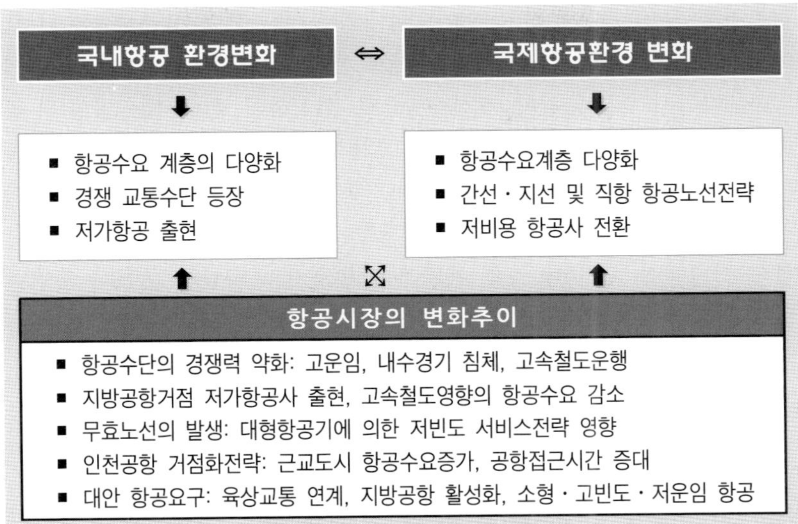

〈그림 6.6〉 국내외 공항의 환경변화

국제적인 항공환경에도 다양한 변화가 발생한다. 항공수요 계층이 매우 다양하여 항공사도 간선 및 지선 항공노선을 운행하는 항공사와 공항 간 직접연결 노선으로 구분될 것이다. 낮은 가격서비스를 선호하는 소비자 수요에 대처하기 위하여 대형항공사가 저비용항공사로 전환하는 경우도 발생한다. 국내 항공시장의 추이를 보면 고속철도의 개통과 간선 고속도로망의 확충으로 국내 항공교통수단의 경쟁력은 지속적으로 악화될 것이며, 지방공항을 거점으로 소형 저가항공사를 육성할 필요가 있다.

6.4.2. 무안공항의 서남권 거점공항화 분석

고속철도의 개통, 고속간선도로망의 확충 등 육상교통체계의 강화 및 항공요금의 고인상 등으로 제주노선을 제외한 국내 항공수요는 급감하고 있다. 무안공항은 접근성 및 연계교통의 측면에서 유리한 지리적 입지조건을 구비하지 못하고 있다. 국내외 화물·여객 항공수요의 창출이 불확실한 상황에서 항공사는 항공노선의 개설에 비용부담을 느끼게 된다. 따라서 무안공항이 거점공항으로 성장하기 위해서는 공항의 접근성 및 환승의 편리성을 확보하고 가격경쟁력 측면에서 비교우위를 확보하는 것이 요망된다. 또한 무안공항을 이용하는 화물·여객수요의 창출이 무안공항의 장래 운영에 결정적인 영향을 미칠 것이다. 무안공항이 서남권의 거점공항으로 성장하기 위해서는 필요한 조건이 성립되고, 이를 실천하기 위한 실행전략이 강구되어야 한다. 이러한 전략들은 공항시설의 충분성과 공항이용·환승의 편리성, 항공정책의 개방화, 공항이용절차의 편이성, 공항이용비용의 저렴성, 항공사 서비스의 제공수준 등이다.

6.4.3. 광주 및 무안공항 간 기능설정 요인과 대안

1) 복수공항 기능설정에 대한 시장기능과 공공개입

단일 광역생활권에 복수공항이 있는 경우에 항공사가 가격원리에 입각하여 공항을 이용하는 것이 기본적으로 경제원칙에 부합된다. 이것은 공항 간 대체성이 미약하므로 시장기능에 의한 최적의 복수공항 운영대안을 마련하기 위해서는 많은 비용과 시간이 소비된다. 자유방임에 의한 복수공항의 이용은 미국에서 주로 사용되고 있다. 하지만 이 방식으로 항공사가 공항을 선택·이용하게 되면 기존의 주공항에 집중되는 경향이 나타난다. 이것을 서남권의 공항에 적용한다면 광주공항의 시설이용은 증가하고, 무안공항으로 이전하는 타 항공사는 불리한 입장에 놓인다. 외국항공사는 광주공항을 계속 이용하고, 국적항공사가 무안공항으로 이전하면 국적항공사의 경쟁력은 약화한다. 시장기능의 역할을 통하여 공항 간 역할 분담이 어렵다면, 공항이용의 차별화를 실시할 수 있다.

통상적으로 항공사는 비용최소화를 최대의 경영목표로 삼기 때문에 대도시권의 신 공항보다는 기존공항의 항공사는 신공항 이용을 주저한다. 신공항은 시설이용이 불편하고, 접근성 및 환승이 불편한 경우가 많다. 항공승객도 도시에 가까운 기존 공항의 이용을 선호한다. 항공사도 기존 공항에 인력과 시설이 배치되어 일부 신공항의 이전에는 자본 및 인력의 손실이 발생한다. 대도시권에서 복수공항을 이용하는 항공사도 인력·장비의 중복배치, 항공기·승무원 투입의 애로 등 비효율적인 경영요인이 생기므로 복수공항의 운영을 주저하게 된다.

따라서 시장기능에 의한 광주공항과 무안공항 간 원할한 역할분담은 현실적으로 어렵다. 서남권 거점공항으로 발전하려는 무안공항의 목표를 달성하려면 서남권 양공항의 기능분담이 필요한 것이다. 서남권 공항운영의 효율성을 확보하기 위해서도 서남권 양공항의 역할설정과 분담에 대한 정부의 정책적인 개입이 필요하다.

2) 지역정치인의 광주·무안공항의 해법대안

P 시장과 J2 전 장관, Y2 전 광역의원 등은 광주공항을 존치해야 한다는 입장을 보였다. 반면 다른 정치인들은 2014년 KTX 개통이후 광주공항 국내선까지 이전 또는 군사공항과 국내선 동시이전 등의 방안을 제시하였다[6]. P 시장은 “광주공항 국내선 문제는 향후 항공수요 등 철저히 시장원리에 따라 판단해야 한다”며 존치의 불가피성을 설명했다. J2 전 장관은 “광주경제의 활성화를 위해 광주공항은 존치되고, 광주공항의 이전 시 군공항, 탄약고와 함께 이전해야 한다”는 입장을 보였다. Y2 전 광역의원은 “인구 150만 규모의 대도시에 공항은 필수적인 교통시설이다. 그런 면에서 광주공항은 존치돼야 한다”고 주장하였다.

반면 K 국회의원은 세가지 조건을 전제로 광주공항을 무안공항으로 이전·통합해야 한다는 입장이다. 그가 제시한 전제조건은 군사공항 이전, 광주시민의 접근성 확보, 무안공항 명칭을 광주·무안 국제공항으

6) 광주매일(2010.1.1)

〈표 6.11〉 지역정치인의 광주공항·무안공항 해법의견

인사명	세부적 의견
P 현 시장	광주공항의 존치 · 발전, 광주공항의 국내선 시장원리 근거 판단
K 현 국회의원	광주무안공항 통합조건; 군공항 이전, 공항명칭변경, 시민접근성 확보대책
Y1 전 국회의원	KTX 개통후 광주공항 무안이전, 광주 · 전남의 무안공항 활성화 공동노력
Y2 전 광역의원	광주공항의 존치 · 발전, 광주공항 대도시의 필수기반시설
L 현 국회의원	KTX 개통후 광주공항 무안이전, 광주 · 전남의 무안공항 활성화 공동노력
J1 현 구청장	광주군사공항의 우선이전과 시민생존권 보장
J2 전 장관	광주공항의 존치 · 발전, 광주공항이전의 군탄약고와 군공항 동시 이전 검토
J3 전 수석비서관	KTX 개통 전 광주군공항 · 탄약고의 동시이전 결정
J4 현 국회의원	KTX 개통 후 광주공항 무안이전, 광주 · 전남의 무안공항활성화 공동노력

자료: 광주매일(2010.1.1)

로 바꾸는 것 등이다. Y1 전 국회의원, J4 현 국회의원과 L 현 국회의원 등은 "2014년 KTX 개통과 함께 광주공항의 모든 기능을 무안공항으로 옮겨야 하며, 광주 · 전남이 함께 무안공항의 활성화를 위해 노력해야 한다"고 밝혔다. J1 현 구청장은 "국내선 문제보다 광주시민의 생존권 차원에서 공군비행장 이전 문제를 우선 논의해야 한다"고 주장하였다. J3 전 수석비서관은 "군공항과 광주공항, 탄약고를 동시에 이전하고, 그 논의는 2014년 KTX개통 이전에 종결해야 한다"고 말하였다.

3) 광주 · 무안공항의 기능설정 대안종류

광주공항 및 무안공항의 기능분담과 연관하여 항공노선의 시각에서 6가지 대안을 구상할 수 있다. 제1대안은 광주공항을 국내선 위주 단

〈표 6.12〉 광주·무안공항의 기능설정 대안별 비교

대안	기능분담	장점	단점	비고
1	■ 광주: 국내선 위주, 단거리 국제선 ■ 무안: 국제선 위주, 국제선연계 국내선	■ 단거리 국제승객의 광주공항 유휴시설 이용 ■ 광주공항 효율적 이용과 무안공항의 규모·시기 조정 가능	■ 노선 분리로 항공기 이용효율 저하 ■ 노선분리로 시설·인력의 중복 배치와 손실발생 ■ 양공항 운영손실 발생 ■ 무안공항 거점화전략의 지장	광주시
2	■ 광주: 국내선 전용 ■ 무안: 국제선 전용	■ 국제선 연계용이, 항공정비와 인력이용의 효율 ■ 국제승객의 공항 간 이동의 불필요 ■ 무안공항 거점화전략에 부합	■ 국제·국내선 분리운영과 효율성 저하 ■ 광주공항 유휴시설 발생	
3	■ 광주: 항공사 자율 ■ 무안: 항공사 자율	■ 승객서비스와 항공사 효율성 측면의 최선방안 ■ 무안공항의 향후 최적규모 건설·운영결정의 가능	■ 기존항공사 광주공항의 선호적 이용경향 ■ 무안공항 유휴시설용량의 발생 ■ 무안공항 거점화전략의 차질	광주시 경제계
4	■ 광주: 기존운항편의 전부 수용 ■ 무안: 신규운항편의 전부 수용	■ 형평의 원칙에 적합 ■ 양공항 운영계획 단순과 효율성의 제고 ■ 무안공항의 장래 투자비용 절감	■ 무안공항의 여유시설의 발생 ■ 무안공항 거점화 전략의 수행 차질 ■ 비효율적 항공기이용, 연계교통과 인력배치	
5	■ 광주: 공항폐쇄 ■ 무안: 서남권 운항편 전부 수용	■ 공항운영 및 관리의 효율성 제고 ■ 무안공항 거점화전략 적합	■ 광주공항 이용의 곤란, 비효율화 ■ 무안공항계획의 조정곤란 ■ 광주지역 반발과 사회경제계 악영향	국토해양부 전남도
6	■ 광주: 서남권 거점공항 ■ 무안: 광주군사공항 이전	■ 공항운영, 관리의 효율화 ■ 연계교통, 공항이용의 편리성 ■ 광주공항 거점화 육성에 적합	■ 전남지역 반발과 개발사업의 차질 우려 ■ 정부 기관 간 조정에 장기간 소요 ■ 추가이전비용 발생과 환경문제 재유발	의원 보도

거리 국제선 운영, 무안공항은 국제선 위주, 국제선연계 국내선을 운영하는 것이다. 제2대안은 광주은 국내선 전용, 무안공항은 국제선 전용으로 활용한다. 제3대안은 광주 또한 무안공항의 이용을 시장원리에 입각하여 항공사 자율에 맡기는 것이다. 제4대안은 광주공항은 기존 운항 항공편의 전부 수용, 무안공항은 신규운항편의 전부 수용에 대한 것이다. 제5대안은 광주공항을 폐쇄하고 광주공항의 모든 기능을 무안공항에 이전하는 내용이다. 제6대안은 광주공항을 서남권의 거점공항으로 육성하고, 광주 군사공항을 무안공항으로 이전하는 사항이다. 이상의 대안에 대하여 장·단점을 면밀히 검토하는 것이 중요하다. 이를 토대로 서남권 공항의 기능분담에 대한 정책방향을 설정하는 것이 요구된다. 따라서 각 대안별 종합평가지표와 영향을 계량적으로 분석하고 판단하는 합목적·다판단적인 대안에 종합적인 평가분석이 장차 요구되어 진다.

요 약

1. 공항은 항공기의 이·착륙 장소로서 공공용도로 사용된다. 이러한 공항은 항공수송의 원활화 기능, 다른 교통수단과의 교환기능, 지상·항공교통수단의 연결기능을 갖고, 기본시설과 공항터미널 시설로 구성되어 있다.
2. 공항은 지역발전과 밀접히 연관성을 갖고 상호 유기적인 발전관계를 형성하며, 환경친화적·수익을 도모하는 공항운영이 오늘날 요구되고 있다.
3. 공항개발 중장기계획(2006)에 의하면 전국공항은 중추공항, 거점공항(대형, 소형) 및 일반공항으로 구분한다. 국내에는 15개 공항이 존재하며 이중에서 7개는 국제공항, 8개는 국내공항이다. 호남권의 광주 및 무안공항은 소형 거점공항이다.
4. 한국정부는 공항의 건설과 운영을 주도하며 이것은 공공재적 성격이 강하다. 그러나 공항의 운영성과는 부족하여 2008년 전

국 15개 공항 중 김해, 김포 및 제주공항을 제외한 모든 지방공항의 운영성과가 적자로 드러나고 있다.

5. 광주공항은 서남권의 관문 및 국제공항으로서 역할을 담당하였다. 2004년 고속철도(KTX) 개통 이전에 연간 210만명, 그 이후에는 연간 160만명 이상의 승객이 공항을 이용하였다. 현재 광주공항은 KTX 개통 이후 항공승객이 26% 이상 감소하였고, 2007년 광주공항 국제선의 무안공항의 이전으로 12억원의 운영적자가 발생하였다.

6. 서남권의 무안국제공항은 1997년 개발기본계획이 수립되어 3,056억원이 투자되어 2007년 11월에 개항하였다. 오늘날 무안국제공항은 항공수요의 감소, 운영적자의 증가, 항공노선의 축소 및 종합교통체계의 형성미비 등 많은 문제에 직면하여 무안공항의 활성화가 시급한 실정이다.

7. 선진 외국에서 단일 광역생활권에 있는 복수공항에서 거점공항은 공항과의 고속교통수단에 의해 크게 영향을 받는다. 또한 거점공항은 공항의 접근시간, 운항 노선수 및 운항빈도 등에 의하여 결정되고 있다. 보통 복수공항은 배후도시와 최소 5km - 최대 50km의 거리에 위치하고 있다.

8. 광주지역에서는 광주공항의 국제선을 무안공항으로 이전하는 것을 시장논리 및 시민편의 관점에서 반대하였다. 전남지역에서는 무안공항의 활성화 및 거점공항으로 성장하기 위해서 광주공항의 폐쇠와 광주공항 국제·국내선 노선의 무안공항 이전을 주장하여 왔다. 그러나 광주공항의 운영적자는 누적되고 무안공항의 국제선 노선은 축소 또는 폐지되는 실정에 있다.

9. 오늘날 국·내외 공항의 환경은 급변하고 있으므로 서남권 공항의 기능정립과 장래 발전방향을 정립하는 것이 중요하다. 현실적으로 시장기능에 의한 광주공항과 무안공항 간 원할한 역할분담은 현실적으로 어렵다. 서남권 공항운영의 효율성을 확보하기 위해서도 서남권 양공항의 역할설정과 분담에 대한 정부의 정책적인 개입이 필요하다.

10. 광주공항 및 무안공항의 기능 분담은 항공노선의 시각에서 6가지 대안을 구상한다. 이 대안들에 대하여 장·단점을 면밀히 검토하는 것이 중요하다. 이를 토대로 각 대안별 종합평가지표와 영향을 계량적으로 분석하고 판단하는 합목적·다판단적인 대안에 대한 종합적인 평가분석이 장차 필요하다.

중요개념

비행장, 공항	항공기본시설	공항터미널시설
유도로, 주기장	공항과 지역발전	유통구조의 변화
거점공항, 일반공항	공항개발중장기계획	항행안전시설
항공수요	국제물류공항	복수공항
공항의 기능분담	개항공항	공항활성화대책
공항환경의 변화	거점공항화	공공개입

연습문제

1. 공항의 개념과 기능을 설명하고, 공항개발과 지역발전의 유기적 관계에 대하여 말하라.
2. 전국공항을 위계체계로 구분하고 지방공항의 운영성과에 대하여 개략적으로 설명하라.
3. 호남권에 있는 광주 및 무안공항의 시설현황과 이용실적에 대하여 아는 바를 써라.
4. 호남권의 광주 및 무안공항의 관계를 검토하고, 외국의 복수공항 사례분석에서 드러난 시사점들은 무엇인가?
5. 동일 생활권에서 광주 및 무안공항을 2개 운영하는 데서 드러난 중요한 이슈와 쟁점사항을 파악하라.
6. 국내·외 공항의 환경을 분석하고 광주 및 무안공항의 기능설정 및 발전대안을 비교하여 설명하라.

News

'전면전' 양상 치닫는 광주·무안공항

한 지역 '두 공항'인 광주·무안공항을 둘러싼 논란이 전면전 양상으로 치닫고 있다. 전라남도가 그제 광주공항 국내선의 무안 이전을 촉구하고 나서자 박광태 광주시장이 국내선 이전불가 입장뿐 아니라 국제선 전세기의 취항 추진 방침까지 밝힌 것이다. 이런 마당에 정부의 공식입장을 내놓아야할 국토해양부가 조만간 공항운영에 대한 지역민 여론조사를 실시할 계획까지 전해지면서 두 공항 논란이 자칫 감정싸움으로까지 비화되는 것 아니냐는 우려도 낳고 있다. 박 시장은 어제 기자간담회를 갖고 KTX가 완전 개통되더라도 광주공항 국내선 존치의 필요성을 주장했다. "광주공항 국내선은 산업 측면에서 필요하며 광주공항의 국내선도 무안공항으로 이전하면 망한다"고 말해 이전의사가 없음을 공식화한 것이다. 더구나 "광주공항과 베이징, 상하이를 오가는 전세기가 취항할 수 있도록 인가를 요청할 계획"이라고도 밝혀 일부 관광단체 수준에서 추진 중이던 국제선 재취항 움직임을 공식화하기까지 했다. KTX 완전개통 후 국내선 무안 이전은 종래 광주시의 공식입장이었다. 또 국제선 재취항 움직임 역시 정부 계획과는 배치되는 일이라는 점에서 박 시장의 어제 회견은 큰 논란을 불러일으킬 수밖에 없어 보인다.

광주·무안공항은 정부의 중장기 공항육성계획과는 동떨어지게 운영되면서 두 공항 모두 적자가 눈 덩이처럼 커지고 있다. 이대로 가다가는 공멸하게 될 것이라는 위기의식이 두 공항 문제의 본질인 것이다. 이를 외면한 채 이미 무안으로 이전한 국제선을 재취항시키는 등의 방식으로는 해결점 찾기는 요원하다. 더구나 내년 6월 지방선거가 예정되어 있는 점에서 자칫 정치적 문제로 비화되면 더욱 큰일이다. 따라서 광주시와 전라남도는 한쪽의 입장표명만 하고 있을 일이 아니라 합리적인 운영방안을 찾기 위해 서로 머리를 맞대야 한다. 국토해양부도 결과가 뻔한 여론조사에 나설 일이 아니라 정부 공식입장 천명과 함께 시·도와 논의를 빨리 시작해야 한다.

【자료】 광주매일신문, 2009년 11월 8일

참고문헌

1. 감사원, 공항확충사업 추진실태, 2004. 6.
2. 광주시 관광협회, 광주공항 개항지정 왜 못하는가? 2006. 1.
3. 광주시 관광협회, 광주공항의 개항공항 지정 필요성, 2006. 3.
4. 건설교통부, 제2차 공항개발중장기 기본계획, 2000.
5. 건설교통부, 제3차 공항개발 중장기 종합계획(2006-2010), 2006.
6. 김연명·박진서, 지방공항 운영체계 개선방안연구, 연구총서 2005-06, 한국교통연구원, 2005.
7. 목포시, 무안국제공항 개항에 따른 주변지역 활성화 방안, 2002. 10.
8. 송춘근, 지방공항 활성화방안에 관한 연구: 광주공항을 사례로, 전남대학교 행정대학원 석사논문, 2005. 8.
9. 원광희, 국내 지방공항의 성공사례와 공항활성화 방안, 전북권 공항건설사업 추진방향진단, 전문가 정책토론회 자료집, 전북발전연구원·전라북도·전주시, 2007. 7.
10. 정봉현, 서남권 지역의 공항 간 기능설정과 대안종류: 광주·무안공항 간 쟁점과 대안, 경영자과정 교재, 전남대학교 경영전문대학원, 2007. 8.
11. 허국강·서명원, 항공수송업무론, 도서출판 기문사, 2000.
12. 허종·이명현, 신공항과 김포공항 간 기능분담 방안, 교통개발연구원, 1994.
13. 홍갑선, 무안국제공항의 기능정립과 민간자본의 유치, 교통정책연구 제4권 2호, 한국교통연구원, 1997.
14. 홍석진, 무안공항의 전략적 발전방향, 무안공항 활성화방안에 관한 세미나, 전라남도, 전남도청 회의실, 2004. 6.

제 7 장

서남권 무안국제공항의 활성화 방안

무안공항은 서해안 시대 및 중국의 개방화정책에 대비하여 서남권에 건설된 국제 거점공항이다. 우선 지방공항의 환경변화 내용을 파악하고 지방공항의 위계와 운영상태를 살펴본다. 이와 함께 무안국제공항의 시설현황과 이용실적을 검토하고 공항의 운영실태와 문제점을 종합적으로 분석한다. 그리고 무안국제공항의 거점공항화 가능성을 파악한 다음에 무안국제공항을 활성화시키기 위한 전략들을 행정·제도, 지역경제, 항공수요 및 항공정책의 시각에서 종합적으로 강구하고자 한다.

제7장 서남권 무안국제공항의 활성화 방안

7.1. 지방공항의 환경변화와 운영상태

7.1.1. 지방공항의 환경변화

공항의 환경변화는 항공운송산업, 공항의 역할 및 항공수요의 변화에서 파악할 수 있다[1]. ① 국내 항공운송산업의 변화이다. 국내에서 항공수요는 지속적인 고속도로망의 확충과 고속철도(KTX)의 운행으로 국내 항공수송실적이 변화하였다. 이를 테면 고속철도의 개통으로 김포-대구 구간은 72%, 김포-광주 구간은 21% 정도 항공승객이 감소하였다. 제주, 김해 및 청주 등 지역을 거점으로 LCC(저비용항공사; low cost carrier)가 출현하여 국내 및 한일 간 국제선을 운행할 것이다. 이것은 지방공항의 잠재력을 향상시키고 항공사 간 치열한 경쟁을 유발하게 된다. 국가균형발전계획의 추진으로 지역에 기업도시 및 혁신도시가 개발되어 인근도시 항공수요의 증가가 예상된다.

② 세계화에 따른 공항역할의 증대이다. 세계화의 진전으로 지방의 역할과 기능이 강화되는 상황이며, 이 과정에서 국가의 관문역할을 담당하는 공항의 기능이 더욱 중요하다. 국가는 세계화의 시대에 국가경쟁력을 확보하는 전략적 수단으로 공항을 활용한다. 수도권 중심의 세계화 전략에서 지방중심의 세계화 전략으로 전환하여 지방공항을 활용

1) 충북개발연구원(2007), pp.5-16.

〈표 7.1〉 국내외 공항의 환경변화 내용

분 야	환경변화의 세부내용
항공 운송산업	■ 고속도로망확충과 고속철도 개통에 의한 국내 항공승객의 감소 ■ 지역거점 저비용항공사(LCC)의 출현과 노선의 확대 ■ 국가균형발전정책에 의한 도시개발지역의 항공수요 증가 전망
공항의 역할	■ 세계화 시대에 지방의 역할증대와 지방공항의 기능중시 ■ 세계화 시대에 국가경쟁력의 전략적 확보수단으로 지방공항 활용
항공 수송수요	■ 항공수요계층의 다양화로 항공노선 개편과 저비용 항공사 출현 ■ 육상교통수단과의 경쟁심화, 저가항공사의 비중증대로 지방공항 중요

자료: 충북개발연구원(2007); 원광희(2007)

하며 발전시키고 있다. 지방공항은 지방도시 세계화의 전초기지로 변모하고, 지역경제성장에 지대한 역할을 수행한다. ③ 항공운송산업의 변화에 따른 항공수요의 변화이다. 항공수요 계층이 매우 다양하여 항공사도 간선 및 지선 항공노선을 운행하는 항공사와 공항 간 직접연결노선으로 구분된다. 저가의 항공서비스를 선호하는 소비자 수요에 대처하여 대형 항공사가 저비용 항공사로 전환하는 경우도 있다. 국내 항공시장의 추이를 보면 고속철도의 개통으로 국내 항공교통수단의 경쟁력은 지속적으로 악화되고 있다. 이에 따라 저비용 항공사가 출현하며, 국제적으로 글로벌 항공운송사의 질·양적 성장이 가속화되면서 저가항공사의 비중이 점차 증대할 것이다. 저비용 항공사의 증가는 지방의 국제공항을 활성화시키는 계기가 된다.

7.1.2. 국내공항의 위계와 운영상태

1) 공항의 위계체계

한국에서 공항의 권역은 중부권, 동남권, 서남권 및 제주권 등 4개 권역으로 광역화되어 있다. 이것은 경제·생활권의 광역화, 육상교통망 확충에 따른 접근성의 제고 등에 따라 공항의 세력권이 철도, 버스의

〈표 7.2〉 국내공항의 위계체계

공항위계		공항명칭
중추공항		인천
거점공항	대형	김포, 김해, 제주
	소형	청주, 대구, 양양, 울산, 광주, 여수, 무안
일반공항		사천, 원주, 포항, 목포, 군산, (울진), (김제), 기타공항

자료: 건설교통부(2006)

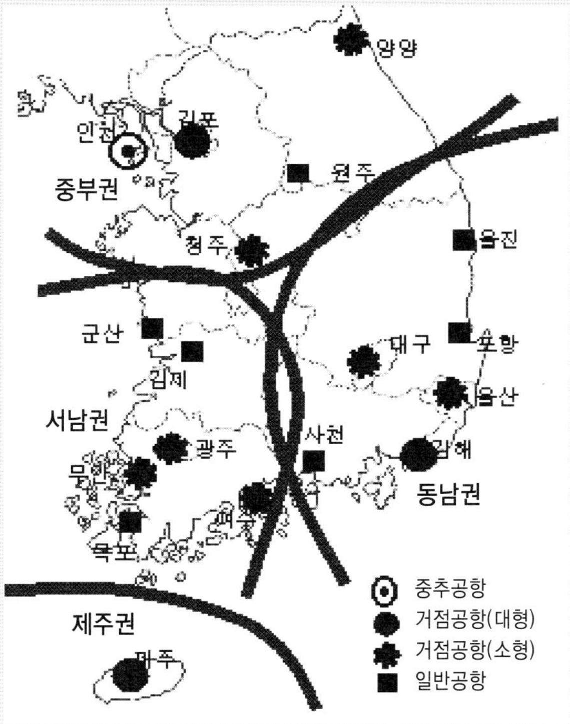

자료: 건설교통부(2006)

〈그림 7.1〉 전국공항 권역구분 현황도

육상 교통수단보다 점차 범위가 넓어진 것이다. 공항체계도 공항의 기능과 역할, 항공수요를 근간으로 개편되어 있다. 2006년 제3기 공항개발중장기 종합계획에 의거하여 중추공항, 거점공항, 일반공항으로 구분한다[2]. 중추공항은 한국을 대표하며 국제적 중추기능의 역할을 담당하는 공항으로 인천국제공항이 해당된다. 대형 거점공항은 국내선 간선망 및 일부 중·단거리 국제선 수요 처리기능과 권역의 거점 역할을 수행하는 공항으로 전국 국내선 여객의 10% 이상을 처리한다. 소형 거점공항은 영향권 범위 및 권역내 교통발생량이 대형 거점공항보다 상대적으로 떨어지는 공항이다. 일반공항은 지역에 일반적인 항공서비스를 제공하는 역할을 수행한다. 무안공항은 서남권의 소형 거점공항으로 위계가 되어 있다.

2) 지방공항의 운영상태

지방공항의 운영적자가 누적되어 갈수록 심각한 실정이다. 2008년 전국의 14개 지방공항 중에서 김포, 김해 및 제주공항을 제외한 11개의 지방공항이 운영적자에 놓여 있다[3]. 전국 14개 공항의 2004년 - 2008년 동안의 공항별 경영실적 현황을 보면, 공항운영적자의 심각성을 드러낸다. 누적적자가 극히 심한 공항은 양양공항과 여수공항이다. 지역에서 여수공항은 동기간에 269억, 무안공항 83억 등 전남지역의 공항은 누적적자가 증가하고 있다. 2004-2007년 동안에 22.5억원의 당기 순이익을 기록한 광주공항도 2008년에는 국제항공노선의 무안공항 이전으로 12억 적자로 돌아간 상태이다. 이로 인하여 전국 지방공항의 구조조정 및 운영효율화의 필요성이 제기되고 있다.

공항의 상주인원이 1일 탑승객보다 많은 공항도 발생하였다. 과거에 양양공항은 1일 항공승객이 76명인데 비해서, 항공사와 협력업체 직원, 경찰 등 상주인원은 180명이나 되었다. 군산공항도 1일 이용객 378명

2) 건설교통부(2006), pp.8-9.

3) 한국공항공사(2008), 항공통계

〈표 7.3〉 전국공항 당기순이익의 추이

(단위: 억원)

공항/년도	2004	2005	2006	2007	2008	소계
김포	340	341	479	574	664	2,398
김해	351	320	326	444	529	1,970
제주	176	194	236	281	277	1,164
대구	-1.2	-1.6	-8	8	-5.0	-7.8
광주	15	4	1	2.9	-12	10.9
울산	-23	-38	-44	-44	-61	-210
청주	-46	-48	-43	-43	-54	-241
양양	-63	-75	-129	-105	-101	-473
여수	-31	-43	-58	-58	-79	-269
사천	-12	-21	-23	-26	-35	-117
포항	-19	-30	-44	-50	-56	-199
군산	-21	-22	-18	-19	-22	-102
원주	-14	-15	-13	-12	-16	-70
무안				-12	-71	-83
합계(적자)	-230	-293	-380	-369	-512	

비고: 무안공항은 2007년 11월 개장.
자료: 한국공항공사(각년도).

에 상주인원이 69명, 원주공항은 하루 이용객 170명에 상주인원은 35명이었다.

3) 지방공항 운영적자의 요인

지방공항의 만성적인 운영적자의 이유는 공항건설이 정확한 항공수요의 추정과 항공여건의 변화·분석에 근거하지 못했기 때문이다[4]. 기존의 공항건설이 공항의 운영성 측면보다는 정치논리, 선거에 민감한

4) CBS (2007. 10. 11)

지역 정치인의 입김 및 지역이기주의에 강행되었다. 고속철도의 건설과 고속도로망의 확충 등 육상교통 정책과 항공정책이 사전 조율되지 않고 지방공항 건설사업이 개별적으로 추진되었다. 지방공항은 신설된 고속도로 또는 2004년 4월 개통된 고속철도와의 수송경쟁에서도 계속 경쟁력을 상실하고 있다.

이를 테면, 고속철도 개통 후 15개월 간의 추이를 보면, 서울과 부산, 대구, 광주, 목포간의. 실적감소가 두드러졌다. 김포-김해 노선은 37%, 김포-대구 노선은 79%, 김포-광주 노선은 28%, 김포-목포 노선은 61%의 감소율을 보였다[5]. 지방자치단체도 공항의 유치경쟁에만 급급하여 막대한 예산이 소요된 지방공항을 건설하고도 지역의 문화·관광사업 등과 연계시켜 제대로 활용하지 못하고 있다. 기본적인 항공수요가 과다하게 예측되어 교통기반시설에 중복투자가 이루어진 것이다. 공항운영의 수익성을 확보하기 어렵고, 운영적자의 해소에 국민 부담만 가중되는 실정이다.

1970~80년대 지어진 강릉공항과 속초공항은 2003년, 예천공항은 2004년에 공항이 폐쇄되었다. 대한항공과 아시아나 등 국적항공사들은 적자노선에서 철수하고 있다. 경북 울진공항은 2009년 개항되지 못하였고, 전북 김제공항은 2002-2005년 동안 390억원으로 부지매입이 끝났으나, 아직 착공하지 못하고 있다. 감사원은 울진 및 김제공항의 감사 이후 각각 개항시기 조정 및 착공시기 연기 조치를 취하였다.

지방공항의 운영을 활성화하기 위한 현실적인 대책을 수립하는 것은 아주 어렵다. 지방공항마다 저비용 항공사를 활성화시켜 유치하거나, 해당 지방자치단체에서 관광 및 레저산업을 활성화시켜 항공승객을 창출하는 것도 현실적인 한계가 많다. 근본적으로 전국 항공수요에 비하여 지방공항의 시설규모와 투자액이 과다하여 유휴시설의 문제 및 운영적자의 누적현상이 발생하는 것이다. 경부고속철도의 운행과 전국고속도로망 체계의 발달로 공항여객수요는 더욱 감소하여 공항운영의 수

---

5) 서선덕(2006), pp.10-11.

〈표 7.4〉 지방공항 운영적자의 요인

측면	세부적 요인내용
계획	▪ 항공수요의 과다 추정, 항공수요 추정의 정확성결여 ▪ 항공여건의 과학적인 변화분석 부족
정책	▪ 육상교통정책과 항공정책의 사전 조율 부족 ▪ 정치논리, 지역정치인 입김 및 지역이기주의적 지방공항추진 강행 ▪ 지방공항 연계 지역관광 · 문화사업의 미비

익성 확보는 현실적으로 힘들다.

7.2. 무안국제공항의 운영실태와 문제점

7.2.1. 무안국제공항의 시설현황과 수요전망

1) 무안공항의 연혁과 시설현황

서해안 시대의 전개 및 중국의 개방화 정책에 따라 광주 · 목포지역의 항공수요가 급증하면서 공항시설의 확장 요구가 시작되었다. 정부는 1990년 신국제공항 타당성 조사에 이어 1997년 개발기본계획, 1999년 실시설계와 함께 12월에 본격적인 공사가 착공되었다. 그 이후 2002-2006년 동안에 3차례에 걸쳐서 항공수요측면을 강조한 경제 논리에 밀려 개항시기가 연기되어 왔다. 2006년 11월 대통령의 공항개발 현장방문에서 차질 없는 사업추진의 지시로 2007년 예산에 370억원의 사업비가 추가되면서 조기개항이 가속화되었다. 무안공항은 1990년 건설교통부의 타당성 조사를 계기로 개발 필요성이 대두된 이후 근 18년 만에 2007년 11월에 개항되었다. 무안공항은 2008년 2월에 자유공항화 지정을 받았고, 2009년 6월에는 무안공항 운영방안에 대한 감사원의 감사결과 발표 및 제안이 있었다. 2009년 10월 무안공항은 국제선의 폐지와 운영적자의 증가로 현실적인 문제에 봉착하여 있다.

〈표 7.5〉 무안 국제공항의 주요연혁

역사일시	주요사항과 내용
1990. 6.	건설교통부 신국제공항 타당성조사 시행
1997. 12.	건설교통부 무안국제공항개발 기본계획의 수립
1999. 6.	무안국제공항 실시설계와 공사착공
2006. 11.	대통령 무안공항현장방문 사업조속추진 지시 제3차 공항개발중장기계획 무안공항 개발방향의 제시
2007. 11.	서남권 무안국제공항의 개항
2007. 12.	전라남도 무안공항 재정지원조례 의결, 광주공항 국제선 무안이전 무안공항 12개 국제선의 개설
2008. 2.	무안공항의 자유공항화 지정
2008. 5.	무안공항 국제선 13편 유지운영, 광주-무안 간 고속도로 개통
2008. 9.	무안공항 국제선 3편, 국내선노선 2편 운영
2008. 11.	무안공항 국제선 7편 유지운영
2009. 2.	광주군공항의 무안공항이전 보도 및 용역결과 논란
2009. 6.	감사원의 지방공항 감사발표와 무안공항운영방안 제시
2009. 8.	KTX노선 무안공항경유 연구용역 착수
2009. 9.	전라남도 무안공항 에어택시사업발표, 관광공사 공항면세점 철수 무안공항 국제선 폐지
2009. 11.	전라남도의 중앙정부 무안공항정책방향의 이행촉구
2009. 12.	전남개발공사의 무안공항면세점 개장

자료: 광주 · 전남 신문보도 내용분석(2000-2009).

무안공항은 전라남도 무안군 망운면 피서리 일대 78만평에 입지하고 있다. 총사업비는 3,056억원이 투자되어 2천800m 길이의 활주로 1개, 연면적 9,000평의 여객터미널, 비행기 9대 수용의 27,000천평의 계류장, 2,095대 동시주차가 가능한 주차장 등이 구비되어 있다. 공항의 여객 · 화물터미널에는 연간 519만명과 5만톤의 이용객과 화물을 처리할 것으로 예상한다. 그러나 정부의 서남권 종합발전계획에 따라 대 중국

〈표 7.6〉 무안공항의 시설현황

시설구분	개항단계 시설규모	수 용 능 력
활 주 로	2,800×45m	14만회/년
계 류 장	90,692㎡	B747급 : 4대, A300급 : 3대 B737급 : 2대
여객터미널	국내 : 20,000㎡ 국제 : 9,106㎡	국내 : 416만명/년 국제 : 103만명/년
화물터미널	국내 : 2,050㎡ 국제 : 1,062㎡	국내 : 41천톤/년 국제 : 9천톤/년
주 차 장	66,990㎡	2,095대
항행안전시설	활주로36 : CAT-Ⅰ 활주로18 : CAT-Ⅰ	각각 시정 800m

자료: 무안공항 홈페이지 http://muan.airport.co.kr/index.jsp

을 겨냥한 물류거점 공항 육성계획에도 불구하고 활주로와 계류장 등이 협소해 점보급 항공기 이착륙이 불가능해 '형식상 국제공항'으로 전락하고 있다.

2) 무안 국제공항의 수요전망

무안공항은 서남권의 거점공항 및 한국의 3대 국제거점공항의 역할을 기대하며 건설되었다. 무안공항의 기능설정은 장차 공항수요의 추정치와 긍정적인 타당성 조사결과에 다소 기인하고 있다. 계획보고서의 추정치를 보면, 무안공항의 년간 이용항공승객은 2008년 1,749천명에서 2025년 2,694천명으로 추정하여 동기간에 2.57%의 증가세를 예상한다[6]. 동기간에 연간 화물물동량은 2008-2025년 동안 33.49%의 신장세를 유지하여 2025년에 48,643톤을 처리할 것으로 추정하고 있다. 이에 따라 연간 항공기 운항횟수도 2008년의 15,100회에서 2025년에는 23,415회로 크게 증가하여 년평균 2.61%로 신장될 것으로 전망하고

6) 건설교통부(2006), p.40.

〈표 7.7〉 무안공항의 항공수요 전망

구분/연도	연간						첨두시				
	여객(천인)		화물(톤)		운항횟수(회)		여객(인)		운항횟수(회)		
	국내	국제	국내	국제	국내	국제	국내	국제	국내	국제	전체
2008	1,612	137	25,785	1,384	13,657	1,443	983	200	7	2	8
2010	1,766	155	30,025	1,570	14,968	1,598	1,077	200	8	2	9
2015	1,823	197	32,819	2,068	15,452	2,031	1,112	200	8	2	9
2020	2,076	250	39,443	2,747	17,593	2,577	1,246	200	9	2	10
2025	2,377	317	45,169	3,474	20,147	3,268	1,426	200	10	2	11
증가율	2.31	5.06	3.35	5.56	2.31	4.93	2.21	0.0	-	-	-

자료: 건설교통부(2006)

있다.

특히 2008-2025년 동안에 무안공항은 년간 항공승객, 항공화물 및 항공기 운항횟수의 연평균 증가율이 각각 5.06%, 5.56% 및 4.93%로 추정되어 국제공항의 기능이 크다. 국내 부문의 항공승객 및 화물량도 동기간에 2.31% 및 3.35%의 증가율을 추정하여 고속철도 운행과 국가고속도로망 구축 등의 장래 여건변화를 수요추정과정에 과학적으로 반영하지 못한 요인이 있다. 동기간에 국내 항공화물의 증가세도 3.35%의 증가율을 반영하여 항공운송의 특성과 배후지역의 장래 산업의 발전동향을 조망하지 못하고 있다.

7.2.2. 무안국제공항의 운영실태

1) 무안공항의 운영실적

통계분석의 성격상 2007년을 제외하고, 무안공항의 운영실적을 보면, 2008-2009년 동안에 운항편수, 여객 및 화물량은 각각 47.5%, 57.4% 및 62.8%의 감소추세를 보였다. 이에 따라 운영적자도 2008년에 71억

〈표 7.8〉 무안국제공항의 운영실적

구 분	운항(편수)	여객(명)	화물(kg)	운영수익(억원)
2007	224	15,223	159,375	-12.5
2008	1,841	130,014	1,172,558	-71
2009	966	55,405	436,076	-72
'08-'09 증가율	-47.5%	-57.4%	-62.8%	적자증가

비고: 2009년 운영수익은 잠정 추정치임.
자료: 한국공항공사 항공통계 http://www.airport.co.kr

으로 공항운영의 심각성을 나타내며, 인건비가 공항수입액을 상회한다. 운항편수와 여객수는 도착과 출발 각각 50% 정도의 유사한 구성비를 보이나, 화물은 도착부문의 비중이 약간 높다. 이러한 결과는 무안공항에 개설된 국제항공노선의 감소 및 폐지에 따라 항공승객이 감소하였기 때문이다. 무안공항의 활성화를 위해서는 항공수요의 창출이 커다란 해결과제가 되고 있다.

2) 항공사의 운항실적

무안공항은 현실적으로 항공사의 운항수익과 공항의 운영수익이 적자로서 증가하고 있다. 2008년 9월에 운항노선은 국제선 3편(주 6회 운행)과 국내선 2편 (주 7회) 등 총 5편이다. 이 중에서 무안-제주노선은 사실상 운항이 중단되어 실제 노선은 4편이다. 2008년 5월의 국제선 13편에 비교하면 운항노선이 10편이 감소하여 국제공항의 기능을 상실하고 개점 휴업한 상태이다. 특히 매일 운항하는 아시아나 항공의 무안-김포 노선은 탑승율이 20% 정도로서 2008년 상반기에 12억 5,100만원의 적자를 기록하였다. 국내노선에 비하여 탑승율이 50%정도 높은 국제선의 부흥항공은 4억 5,300만원, 중국 동방항공(무안-상해)은 1억 5,600만원의 운항손실액을 내었다[7]. 항공노선별 평균손익분기 탑승률

7) 한국일보(2008. 9. 29)

〈표 7.9〉 무안공항 항공사의 운항실적(2008년 상반기)

항 공 사 명	운 항 구 간	평균탑승률(%)	승객수(명)	운항손실액(만원)
아시아나 항공	무안-김포	24.3	13,577	125,100
동방항공(중국)	무안-상해	58.4	27,341	15,600
부흥항공(대만)	무안-타이페이	54.6	8,194	45,300
합 계		45.8		186,000

자료: 한국일보(2008.9.29)

70%와 비교하면 아주 낮아서 항공사의 누적 운항손실액은 갈수록 증대할 것으로 예상된다. 2008년 9월 24일에 있었던 대한항공의 제주-무안노선은 승무원만 탑승하고 운항하였다.

7.2.3. 무안국제공항 운영의 문제점

1) 무안공항 항공수요의 감소와 과대추정

공항의 항공수요를 기본적으로 확보하기 위해서는 공항반경 30-60km 이내에 1천만명 정도의 배후지역 인구가 필요하다. 이러한 입장에서 무안공항 항공수요의 창출은 입지적으로 태생적 한계를 갖고 있다. 항공수요의 창출은 배후지역의 인구규모, 항공노선서비스 상태 및 배후지 산업경제활동과 연관성이 강하다. 무안공항은 광주공항의 국제선 15회 와 무안공항의 국제선 신설 15회 등 30회 국제선의 취항이 계획되었다. 현실적으로 2009년 9월 무안공항의 국제선은 전부 폐지되어 무늬만 국제공항이다.

건설교통부(2006)의 계획에 의하면, 무안공항의 항공수요는 2010년도 년간 880만명으로 과다 추정되었다. 기타 보고서에서도 무안공항의 항공수요는 2008년 175만명, 2025년 238만명으로 전망되었다. 2008년 연간 운항횟수도 14만회로 예측하였으나 실제로 처리능력의 1.3%를 보였고, 2009년에는 0.08%로 감소한 실정이다. 2004년 호남선 고속철도 개통 이후 국내항공승객은 각각 김포-광주 간 28%, 김포-목포 간 61% 감소하였다. 장차 2014년 호남선 KTX 개통 이후에는 무안공항의 국내승객 확보는 더욱 어려울 것이다.

2) 국내・외 항공노선의 축소와 폐지

공항의 활성화는 항공사가 제공하는 국내・외 항공노선수와 운항횟수에 의하여 좌우된다. 무안공항이 국제공항으로 활성화되기 위해서는 최소한 10개 정도의 국제선이 확보되어야 한다. 무안공항의 국제선은 2007년 12월 13개, 2008년 11월의 7개, 2009년 10월 0개 노선으로 점차 축소되었다. 이것은 항공사가 운영에 필요한 적정 항공승객을 확보하지 못한데 기인한다. 2007년 11월 개항 이후 광주공항 국제선의 무안공항 이전은 무안공항의 활성화 및 수익성 증대에 기여할 것으로 기대되었다. 당시 광주공항 국제선의 무안공항 이전은 광주시 및 전라남도 등 지방자치단체 및 지역민 간에 논란이 많았다.

전라남도는 무안공항의 활성화를 위하여 공항시설사용료의 감면과 항공사 손실보전 등 인센티브제를 시행하고 있다. 오늘날 광주공항의 국제선이 무안공항으로 이전하였어도 2009년 9월 무안공항의 국제선이 전부 폐지되었다. 이것은 서남권 항공승객의 불편, 지역민의 해외여행 및 해외관광객의 유치에도 기여하지 못한다. 특히 2008년 4월 23일 무안-타이페이 국제선에 단 1명의 승객이 탑승하여 승무원수가 오히려 많았다. 광주공항 국제선 이전은 오늘날 국제선폐지와 승객의 통행불편을 초래하여 양 지방자치단체 간에 논란거리가 된다. 최근에는 광주공항에 국제선을 다시 유치하려는 지역단체 노력에 대하여 전라남도의 반대의견이 강하다.

3) 무안공항 운영적자의 증가

지방공항은 정부예산으로 건설하여 한국공항공사가 운영한다. 2008년 지방공항 운영실적을 보면, 전국의 14개 지방공항 중에서 김해, 김포 및 제주를 제외한 11개 공항의 운영적자가 512억원에 이른다. 여수공항을 포함한 9개의 지방공항 수입액이 공항의 인건비보다 적었다. 2007년 11월에 개장한 무안공항은 2007년 12.8억원, 2008년 71.3억원의 운영적자를 기록하였다. 이것은 2008년도 광주공항의 운영적자액 12억원보다 많다. 무안공항 운영적자의 증가는 항공노선의 축소·폐지에 따른 공항승객의 감소에 기인하며 공항의 운영부실을 증가시킨다.

4) 무안공항이용 접근성의 불편

공항이 활성화되기 위해서는 배후지역에서 공항의 접근성이 양호해야 한다. 공항의 접근성은 공항의 접근거리 보다는 접근시간이 더욱 중요하다. 공항의 접근성 및 환승의 편리성을 확보하는 것은 공항의 활성화를 위하여 매우 중요하다. 무안공항은 접근성 및 교통체계의 측면에서 유리한 입지적 조건을 갖고 있지 않다. 무안공항은 2007년 11월에 개항되었어도 광주-무안공항 간 고속도로는 2008년 5월에 개통되어 차량통행의 접근성을 확보하지 못하였다. 무안공항은 광주시 및 인근도시, 주변 자치단체의 주요도시와의 버스교통에 의한 공항접근성은 불편하다. 무안공항과 인근시, 광주시 및 주변 주요도시를 정기적으로 운행하는 정기 순환 및 셔틀버스 노선체계가 개선되어 있지 않다. 무안공항은 철도망에 의한 접근망은 없는 실정이다. 무안공항의 접근성을 향상시키기 위한 호남고속철도의 무안공항 경유도 무안공항 활성화 차원에서 해결해야 할 중요한 정책과제이다. 목포-광양 간 고속도로를 비롯하여 무안-순천 연결도로, 국도 77호선에 의한 무안공항 접근도로망도 미흡하다.

5) 광주-무안공항 운영방향의 갈등

무안공항은 서남권의 국제공항으로 개항되어 2년 이상의 운영기간이 지났다. 개항당시 무안공항의 안정화를 위하여 광주공항 국제선의 무안공항 이전에 대하여 광주시 및 전라남도 간에 논란이 많았다. 광주공항 국제선의 이전에도 불구하고 무안공항은 항공노선의 폐지, 항공승객의 감소 및 운영적자의 증대로 심각한 운영난에 직면하고 있다. 이에 전라남도는 국토해양부의 항공정책방향을 강조하며 광주공항 국내선의 무안공항 이전을 계속 주장한다. 2009년 11월에는 광주공항 국제선유치위원회가 발족되어 광주공항에 국제선을 다시 유치하려고 시도한다. 광주시는 2014년 호남권 KTX 개통이전 광주공항 국내노선의 무안공항 이전을 반대하고 있다. 한편 전라남도와 무안지역은 광주공항 국내노선을 무안공항으로 이전하고 국제선을 증설해야 한다고 주장한다. 이에 대하여 광주시 및 전라남도 간, 양 지역민 간에 논란과 갈등이 상존하고 있다.

6) 무안공항시설의 대형항공기 취항 곤란

중추공항 역할을 수행하는 인천공항과 김포・김해・제주 등 대형 거점공항에 비해 무안공항은 점보급항공기(B747 등) 이착륙이 불가능하

〈표 7.10〉 무안공항운영의 문제점

문제점	현실적 문제의 내용
무안공항 항공수요 감소와 과대추정	▪ 공항처리인원: 2008년 계획 - 250-500명/일, 실제 - 70여명/일 ▪ 년간 항공노선: 2008년 계획 - 14만회, 실제 - 1.03%의 이용율
국내외 항공노선의 축소와 폐지	▪ 무안공항 국제선의 폐지, 축소와 신설 한계 ▪ 국제선수: 2007. 12 - 13개, 2008.11 - 7개, 2009.10 - 0개
무안공항 운영 적자의 증가	▪ 무안공항 운영적자의 증대, 공항인건비가 공항운영수익 상회 ▪ 누적적자액: 2007년 12.8억원, 2008년 71.3억원, 2009년 72억원 예상
무안공항이용 접근성의 불편	▪ 무안공항 개항 2007.11, 광주-무안고속도로 2008. 5 개통 ▪ 고속철도 무안공항 미경유, 무안공항 접근도로망과 버스노선망의 미흡
광주-무안공항 운영방향의 갈등	▪ 광주시: 2014년한 광주공항 국내선 존치, 국제선 재유치 의도 ▪ 전라남도: 광주공항 국내선 무안공항 신속이전, 광주 군공항의 무안이전 반대
무항공항의 대형 항공기 취항곤란	▪ 대형거점공항에 적합한 활주로, 계류장 및 급유탱고 시설의 미비 ▪ 점보급항공기의 이착륙 곤란

자료: 전남매일(2009.6.8); 한겨레(2009.7.26); 조선일보(2009.10.27); 광주드림(2009.11.5); 서울신문(2009.11.6)

다. 이 때문에 2,800m의 활주로를 3,200m로 확장하고, 2만7천여평의 계류장은 4만4천여평으로, 9천배럴의 급유탱크는 1만8천배럴로 확충해야 한다. 무안공항이 국제물류공항의 위상을 확보하려면, 활주로와 계류장, 급유탱크 확충이 시급하며, 400억원의 추가비용이 소요된다.

7.2.4. 무안공항의 거점공항화 분석

1) 동경 하네다·나리타공항의 운영교훈

일본 동경에는 과거부터 하네다공항이 있었고, 나리타공항은 1978년에 개항한 신공항이다. 이 공항은 하네다공항의 항공교통이 매우 혼잡하여 새로 건설한 공항이다. 하네다공항은 동경에서 근거리에 위치하여 항공기 소음으로 24시간 운영이 곤란하였다. 일본정부는 하네다공항은 국내선 전용, 나리타공항은 국제선 전용으로 공항기능을 설정하였다. 서울의 김포공항이 국내선, 인천공항이 국제선 기능을 담당하는 것과 비슷하였다. 문제는 하네다공항과 나리타공항 간에 원거리로 1시간 이상의 통행시간이 소요되었다. 그러나 과거 30년 동안 국내선은 하네다, 국제선은 나리타공항으로 분리하여 운영하였다.

그 후에 일본 25개 도시와 연결된 인천공항이 개항하였다. 일본 대도시인 동경, 오사카가 아닌 중소도시에서 해외로 나가려면, 국내선을 타고 하네다공항으로 간다. 다시 90분 이상 리무진 버스 또는 전철로 환승하여 나리타공항으로 이동한다. 그러나 인천공항으로 바로 가면, 나리타공항보다 외국 연결노선이 많은 인천공항에서 편하게 외국을 방문한다. 그래서 일본 승객들이 나리타공항보다 인천공항 이용을 선호하였다. 최근에 국내선 전용의 하네다 공항은 인근 바다를 매립하여 활주로를 확충하고, 공항을 24시간 운영하게 되었다. 하네다 공항은 나리타공항의 국제선을 이전시켜 국내 및 국제노선을 갖춘 일본의 허브공항으로 발전시키고 있다.

나리타공항의 기능이 축소됨에 따라 나리타공항과 주변 지방자치에서 반기를 들고 있다. 일본의 일반 시민들은 하네다공항을 동경 제1공항으로 하자고 주장한다. 왜냐하면 일본의 하네다 공항은 동경시 중심지에서 30분이면 도착되는 이용자의 접근성이 아주 편리하기 때문이다. 공항의 접근성과 항공노선 서비스의 상태가 공항의 활성화에 중요한 요인임을 시사하고 있다[8].

2) 서남권 거점공항화 분석

고속철도의 개통, 고속도로망의 확충 등 육상교통체계의 강화 및 항공요금의 인상 등으로 제주노선을 제외한 국내 항공수요는 감소하고 있다. 무안공항은 접근성 및 연계교통의 측면에서 유리한 지리적 입지조건을 갖고 있지 않다. 국내외 화물 · 여객 항공수요의 창출이 불확실한 상황에서 항공사는 항공노선 개설에 비용부담을 느낀다. 따라서 무안공항이 거점공항으로 성장하기 위해서는 공항의 접근성 및 환승의 편리성을 확보하고 가격경쟁력 측면에서 비교우위를 확보해야 한다. 공항을 이용하는 화물 · 여객수요의 창출이 무안공항의 활성화에 결정적

〈표 7.11〉 거점공항화의 필요조건과 정책

필요조건	정책의 세부내용
시설 충분성, 환승 편리성	▪ 공항시설용량의 충분성, 공항이용 및 환승의 편리성 확보 상태
항공정책의 개방성	▪ 항공사자율의 노선개설, 운항횟수 확대, 좌석공급의 조절 여건 조성 ▪ 국내항공사의 경쟁력 확보 상태
공항이용절차의 편이성	• 출입국관리, 관세 및 통관절차의 신속화 • 공항이용자의 공항시설이용의 편의 제공
공항이용비의 저렴성	• 공항시설 사용료 수준의 저렴과 경쟁력 확보
항공사 서비스의 제공수준	• 항공사 요구 기내식준비, 정비 및 급유서비스 • 공항의 마케팅 전략수립과 홍보

8) 제주의 소리(2009.12.3) http://www.jesusori.net

인 영향을 미친다. 무안공항이 서남권의 거점공항으로 성장하기 위해서는 필요한 조건이 성립되고 실천전략이 강구되어야 한다. 그 전략들은 공항시설의 충분성과 공항이용·환승의 편리성, 항공정책의 개방화, 공항이용절차의 편리성, 공항이용비용의 저렴성, 항공사 서비스의 제공수준 등이다.

7.3. 서남권 무안국제공항의 활성화 방안

7.3.1. 기본방향의 설정

무안공항의 활성화방향은 무안공항의 기능과 역할을 고려해서 설정해야 한다. 무안공항은 서남권의 소형 거점공항으로서 기능과 위계가 정립되어 있다. 무안공항은 수도권 남부지역에서 인천국제공항에 비하여 시간·비용 면에서 비교우위를 두는 차별화·특성화 전략을 토대로 발전시킬 필요가 있다. 현실적으로 무안공항은 항공수요의 부족 → 항공사의 운항기피 → 신규노선 취항의 제한 → 공항이용률의 저조와 적자지속 등의 악순환 구조를 단기적으로 보여준다. 그래서 제한적인 항공기 공급규모와 운항지역을 탈피하는 새로운 방안이 강구되어야 한다.

이것은 국적항공사에 의한 항공수요의 발생가능 지역에 정기노선을 개설하여 항공서비스 공급영역을 확대함으로써 가능하다. 정기노선에 의한 항공수요의 창출은 안정적이며 항공서비스를 지속적으로 제공하는 효과가 있다. 그러나 공항에서 전세편 부정기운송의 증가는 항공서비스의 공급제공과 지속적인 영업활동에 장애가 된다. 한편 정기편 공급에 의한 항공서비스의 공급확대에 따른 항공사 운항손실의 지원방안도 강구해야 한다. 무안공항의 운항지역은 지리적 장점과 주변 여건을 고려해서 일본, 대만 및 중국 서부지역에 까지 확대하고, 다양한 운항서비스를 제공해야 한다. 무안공항에 필요한 최소한의 시설투자를 계획하고 공항운영방식의 변화를 모색해야 한다. 따라서 대규모 투자 없이 기존 무안공항의 시설을 최대한 활용하면서 양호한 항공서비스를 제공하여 공항이용자의 서비스 욕구를 충족시키는 전략이 절실하다[9]. 이러한 무안공항의 활성화방안을 행정·제도, 지역경제, 수요창출, 및 항공정책의 입장에서 강구할 수 있다.

7.3.2. 행정·제도면의 무안공항 활성화 방안

1) 공항활성화 전담 행정조직의 설립

지속적인 정기 항공노선의 개설과 공항활성화 계획의 추진을 위해서는 책임과 권한을 가진 전담 행정조직이 설립되어야 한다. 현재 무안공항은 전라남도, 국토해양부, 무안군 및 한국공항공사가 공항활성화를 위하여 공동노력을 하고 있다. 그러나 추진주체가 불분명하고 사업추진의 일관성과 조직적인 접근이 미흡하여 사업효과가 저조하다. 따라서 무안공항의 활성화를 위해서는 전라남도, 무안군 및 목포시간 역할 분담이 명확하고 체계적인 시책추진이 요구된다.

특히 정기노선에 의한 항공사 지원, 관세자유구역의 지정 및 주변지역의 종합개발을 위해서는 책임있는 행정조직의 사업추진이 매우 중요하다. 그러므로 전담 행정조직으로 "무안공항 발전기획단"을 전라남도에 설치하여 전라남도가 주관하고, 전라남도, 광주광역시, 무안군 및 목포시가 라인체제로 조직에 참여한다[10]. 외곽 지원조직으로 "무안공항 운영위원회"를 유력인사, 공항·물류전문가, 공항공사, 관련 시민단체 및 공항·물류회사로 구성하는 것이 요청된다. 이 조직은 무안공항의 활성화 사업을 추진하는 경우에 기초 및 광역자치단체, 중앙부처의 지원세력으로 활용한다.

2) 공항마케팅 및 비즈니스 모델의 개발

신설된 무안공항의 인지도는 국내·외적으로 경쟁공항과 비교해도

9) 김제철(2001), pp.121-122.
10) 김제철(2001), pp.121-122.

낮고, 그 가치도 적다. 무안공항의 서비스를 향상시키고 브랜드 가치를 높이는 것은 공항활성화에 기여한다. 이를 위해서는 공항서비스의 질을 향상시키는 지속적인 대책의 시행이 필요하며, 적극적인 공항 마케팅활동을 시행해야 한다[11]. 무안공항의 세일즈 활동은 사전에 항공승객에게 공항의 브랜드를 인식시키는 효과가 있다. 현재 무안공항을 이용하지 않아도 장차 무안공항을 이용할 수 있는 인지도·선호도가 형성되어 잠재적인 매출시장의 확장효과를 수반한다. 무안공항의 브랜드 마케팅은 동북아 소형 거점공항으로서 무안공항을 성장시키는 데 기여한다. 이미지 마케팅은 전사적·체계적인 마케팅으로 전환하여 고객관리차원에서 입체적·적극적인 전략으로 시행하는 것이 중요하다. 이것은 무안공항에 운송·물류·항공기업의 입주의사를 유도하는 비즈니스 모델을 바탕으로 실효성있는 마케팅 전략이 요구된다.

3) 공항명칭의 변경

무안공항 활성화대책추진위원회는 2009년 4월 무안지역의 주민·공직자 등 1,167명을 대상으로 무안공항활성화를 위한 여론조사를 실시하였다. 조사 대상자의 75.3%는 공항이 활성화 되지 않는 이유에 대해서 '다양한 항공노선의 부족'을 들었고, 가장 시급한 해결과제는 광주공항 국내선의 무안공항으로 이전을 나타내었다. 응답자의 60%는 무안공항의 활성화를 위해서는 공항명칭을 변경해도 괜찮다는 의견을 보였다[12]. 따라서 무안공항을 '광주목포공항'으로 명칭을 변경하는 것도 고려할 수 있다. 이것은 무안 국제공항의 인지도 향상, 브랜드가치의 상승, 지역경제와의 친밀도 증대 및 공항활성화를 위한 시·도 간의 협력 증진에 기여할 것이다.

11) 임성수(2006), pp.144-145.

12) http://kr.blog.yahoo.com/지역별 뉴스(2009.5.13)

7.3.3. 지역경제면의 무안공항 활성화 방안

1) 배후산업육성 전략계획의 수립

전라남도는 무안공항 주변에 각종 개발사업과 기업도시의 조성, 산업단지 개발 등의 제반노력을 경주하고 있다. 그러나 무안공항과 경제자유구역을 활용하는 산업육성전략과 지원체계가 미흡하며, 계획사업의 추진주체가 명확하지 못하다. 무안공항, 경제자유구역 및 배후지역의 산업육성을 위한 추진주체와 역할분담의 조정이 요구된다. 주변지역의 전략산업은 조선, 문화·관광, 신재생에너지, 및 전기산업 등이 적합하므로 이와 더불어 무안공항 주변 비즈니스의 모델이 개발되어야 한다. 배후지역의 산업을 육성하기 위한 시장특성, 유통구조의 파악, 관련단체의 의견수렴을 통한 비즈니스 모델을 개발할 필요가 있다[13].

2) 항공기 정비센터사업의 유치

세계항공시장의 항공기정비센터(MRO: maintenance, repair and operation)시장 가치는 2008년에 451억달러로 그 시장규모는 더욱 커질 전망이다. 아시아 운송항공기 MRO수요는 세계시장의 31%에 달하지만 22%만이 자체 정비하고 나머지 9%는 미주·유럽에서 정비수요를 충당한다. 국내 정비시장은 대한항공만이 인천, 김포, 부천 등에서 자체정비를 하고 있다. 무안공항에 MRO사업이 시작되면, 국내수요는 물론 일본, 중국 및 동남아 전체를 담당할 수 있다. 이로 인해 2015년까지 2,000억원에 달하는 투자로 3,193억원의 생산유발효과와 4,200명에 달하는 고용창출효과가 전망된다. 무안공항은 국내공항 중 MRO사업의 최적지로서 MRO사업을 유치하는 것은 무안공항의 활성화에 매우 중요하다[14]. 이를 위해 무안기업도시에 항공부품 및 연구소 등 항공복합산업 클러스터를 조성하는 것이 필요하다. 무안공항은 중국, 일본 등 아

---

13) 임성수(2006), pp.163-164.

14) 데일리안(2009.12.9); 전남일보(2009.12.10)

시아권 항공기의 최단거리에 위치하고 24시간 운영이 가능하다. 이를 적극 활용하여 정부의 항공산업 육성사업인 MRO사업을 유치하는 것이 매우 중요하다.

3) 무안의 한중산업협력 중심기지의 육성

아시아는 세계인구의 52%와 세계 교역의 26%를 각각 차지하여 북미자유무역협정(NAFTA) 및 EU와 함께 세계 3대 경제권을 유지한다. 그러나 동아시아는 세계에서 지역블록이 결성되지 못한 유일한 지역이다. 만약 동아시아 공동체(EAC: East Asia Community)가 실현되는 경우, 총인구 30억명, 총 GDP 8조 2천억 달러가 되어 미국과 EU 중심의 기존 국제경제 · 정치 · 외교 질서가 흔들리게 된다. 한국 대통령은 2009년 3월에 '신아시아 구상'을 발표하였고, 이것으로 한국은 역내 FTA 중심지로서 부상할 수 있게 되었다. 아시아 · 태평양 지역의 경제성장을 주도할 한 · 중 · 일 3국의 경제협력체계는 중요한 의미가 있다. 한 · 중 · 일의 역내 분업구조를 보면, 한 · 일, 한 · 중, 중 · 일간 산업별 산업내 분업이 계속 증가한다. FTA의 대 한국 파급효과의 측면에서 보면, 한 · 중 FTA가 한 · 일 FTA보다 더 중요하다.

상기한 배경 하에 무안군 '한 · 중 국제산업단지'는 첨단 부품 · 소재의 한 · 중 공동 기술개발과 산업화를 통하여 '아시아 부품 · 소재 공급기지'로 발전될 수 있다. 동 산업단지는 동북아 공동체(NAC) 또는 동아시아 공동체(EAC)의 중심지로서 최적의 입지조건(무안 국제공항, 목포항, 신설도로 등)을 갖추고 있다[15]. 한 · 중 국제산업단지에 우선적인 유치업종은 자동차엔진과 관련 부속품, 차체 및 부속품, 선박엔진과 각종 부품, 선박구조물 생산업체, 친환경 에너지설비 및 주요 부품개발 및 생산업체 등이다. 한국은 한 · 중 산업기술협력을 통하여 중국의 첨단 항공기술 · 전기자동차기술 · 바이오기술 등을 습득함으로써 한국산업의 상대적 취약점을 보완한다. 다행히, 한국의 무안군 한 · 중국제산

15) 데일리안(2009.7.9)

업단지에 진출하고자 하는 중국기업들은 모두 자국시장에서 시장기반을 갖고 있는 신세대 혁신기업가(innovative entrepreneurs) 즉 유망한 기업들이다.

4) 면세점 등 공항부대서비스 시설의 운영

공항면세점 사업을 철수하는 것은 무안공항 활성화에 지장을 준다. 한국관광공사는 정부의 공기업 선진화 방안에서 경쟁 가능성이 낮은 면세점 사업을 포기하고 있다. 무안공항이 최악의 경우 면세점 없이 운영되면 무안공항 활성화에 막대한 차질이 발생한다. 이제는 전남개발공사에서 2009년 12월 26일부터 무안공항 내 면세점을 새롭게 단장해 운영할 계획이다. 공항의 활성화를 위해서 면세점 등 공항부대시설의 안정적인 운영이 절실하다[16].

5) 남도 명품여행상품의 적극적 출시

남도 명품 여행상품을 출시해 무안공항 국내선 탑승률을 증가하는 것이 필요하다. 남도 명품 여행상품은 남도그린 골프투어(1박2일), 홍도·흑산도 여행상품(2박3일), 신안 증도 여행상품(1박2일) 들 수 있다. 현재 무안공항과 김포공항을 운항하는 아시아나 항공의 경우 평균 25%의 탑승률을 보이고 있는 가운데 이번 여행상품이 순조롭게 판매될 경우 51%까지 탑승률이 높아져 무안공항 활성화에 크게 기여할 것이다. 골프여행 4천명, 홍도·흑산도여행 4천500명, 증도투어 2천500명, 기타 2천여명 등의 관광객을 유치할 수 있다.

7.3.4. 수요창출면의 무안공항 활성화 방안

1) F1대회의 무안공항 승객유치

2010 F1대회 기간 동안 약 20여만명의 관람객이 전남을 방문할 것이다. 이중 외국인은 직접적인 해외 F1관계자 등 3천여명을 포함해 약

16) 데일리안(2009.12.24)

4만여명으로 전체 관람객의 20%에 이를 전망이다. F1대회가 국내선 평균탑승율이 25%에 머물고 있는 무안공항 활성화를 위한 돌파구가 될 수 있다[17]. F1대회 기간 중 외국인 관람객이 주로 유입될 것으로 예상되는 도쿄, 나고야, 북경, 상해 등 동북아 주요도시는 공간거리 상 인천공항보다 훨씬 가까워 무안공항의 국제선 직항로 개설이 절대적으로 유리하다.

전라남도는 무안공항 국제선 직항로 개설 및 전세기 운항 가능성을 최우선적으로 검토해야 한다. F1대회 관람을 위해 무안공항의 국내선 이용 관람객과 국제선 환승 여행객이 급증할 것을 대비해야 한다. F1대회 기간 동안 무안~김포 간 국내선 외에도, 인천, 제주, 김해 간 연결편 증편 운항을 국내 항공사와 협의하는 것이 필요하다. 항공이용 관람객의 F1경주장 접근성 제고를 위해 셔틀버스 운행 등 다양한 교통편의 제고방안도 추가적으로 마련하는 것이 좋다.

2) 일부 국제 및 지방연계노선의 확충

전라남도는 국제선 확충, 항공사 재정지원, 착륙료 및 주차료 면제, CIQ 운영 등으로 무안공항의 활성화에 노력하였다. 전남에는 2010 F1 국제 자동차경주대회, 2012 여수 세계박람회, 2015 광주 하계유니버시아드 등 대규모 국제행사가 예정되어 있다. 무안 한·중 산업단지 개발 등으로 인해 대 중국 수요가 급증할 요인이다. 포화상태에 이른 인천국제공항의 국제선 중 일본, 중국 등 동남아 일부 노선의 기착지를 무안공항으로 이전하는 것이다[18]. 인천공항은 혼잡을 피할 수 있고 무안공항은 여행객과 여행사의 증가로 인해 수익성을 올릴 수 있다. 지방간 연계를 위한 국내선의 증편이다. 지역민이 선호하는 무안~제주 간 노선의 신설, 무안~김포 간 노선의 증설과 시간대도 조정되어야 한다. 비즈니스와 골프여행을 위해서는 오전에 도착하고 저녁에는 돌아가는

---

17) 경기조은뉴스(2009.6.3)

18) 광주일보(2009.6.7.)

것이 좋다. 저가항공사들이 틈새시장을 겨냥하고 있어 국내선의 다양한 노선 확보가 필요하다.

3) 철도 · 도로망의 무안공항 접근성 강화

무안공항의 활성화에 가장 큰 걸림돌은 열악한 접근성에 있다. 무안공항에 대한 접근성을 높이기 위해 호남고속철도의 무안공항 경유도 공항활성화 차원에서 해결할 시급한 과제다[19]. 프랑스 파리의 샤를드골 공항과 TGV연계, 독일 프랑크푸르트 공항과 ICE와 연계, 스페인 마드리드 바라하스 공항과 AVE와 연계 등 국제공항과 고속철도 연계는 세계적 추세다. 여기에 영암, 해남의 J프로젝트와 무안기업도시 등 주변의 대형프로젝트에 대비한 수요대응, 역세권 개발에 따른 지역개발효과, 선공급 후 수요 창출의 균형발전 정책을 추진하기 위해서도 시도민의 역량결집이 요구된다. 목포~광양 간 고속도로를 비롯해, 무안~순천 연결도로, 무안군 현경~신안 압해 국도 77호선 확장공사 등 SOC 조기구축도 해결과제로 되어있다.

호남고속철도는 2007년 12월부터 8개월에 걸친 타당성 조사에서 포뮬러원(F1) 코리아 그랑프리대회와 한중국제산업단지 개발 여건에 부응하려면 무안공항을 경유해야 한다는 의견이 제기되었다. 정부는 8월 노선선정 재용역에 착수했으며 2010년 상반기에 노선을 확정할 계획이다. 호남고속철도가 무안공항을 경유할 경우 공항 활성화는 물론 전남~제주를 연결하는 철도 노선과 서해안 철도를 연결하는 전국 U자형 철도망이 구축될 수 있다.

4) 무안공항의 에어택시사업 유치

한국은 2009년 10월 항공법의 개정으로 소형비행기 제도가 도입되었다. 이에 따라 무안공항의 활성화를 위해서는 에어택시(Air Taxi)를 운항시킬 필요가 있다[20]. 에어택시는 비즈니스 출장이나 가족 및 동호회

19) 무등일보(2007.10.25.)

등 소규모 관광 및 의료여행 등 시간대와 국내외에 관계없이 소형 항공기를 택시처럼 편리하게 이용하는 소형항공기이다. 서울항공청은 무안공항에 에어택시 취항을 위한 노선허가를 추진하였다. 무안공항의 실사를 통해 에어택시 안전성 등에 대해 검증작업을 하였다. 전라남도는 항공사와 협의하여 무안~김포, 무안~제주, 무안~김해 등 3개 노선에 대해 취항시킬 예정이다. 전라남도는 월 14회 이상 운항 시 재정적 지원을 검토하고 있다. 한국항공공사는 공항주차장 무료, 3개월간 착륙료 · 정류료 · 조명료 면제 등의 지원을 고려하고 있다.

7.3.5. 항공정책면의 무안공항 활성화 방안

1) 정부의 무안공항 운영원칙의 확정

무안공항은 광주공항 및 목포공항의 폐쇄와 기능 이전을 전제로 건설되었다. 2006년 제3차 공항개발 중장기계획에도 무안공항 개항 시 목포공항과 광주공항의 기능을 이전토록 계획되었다. 2007년 11월 무안공항 개항을 앞두고 광주공항의 국제선은 무안-광주 간 고속도로가 완전 개통될 때까지 한시적으로 허용되었다. 국내선의 이전 문제는 호남 고속철도 완전 개통 시점까지 또는 향후 교통수요를 보면서 결정하기로 하여 명확하게 정리되지 않았다. 광주공항의 국제선은 고속도로 개통 후 이전됐지만, 정부가 국내선의 이전 문제는 지금까지 연기되고 있다. 2009년 6월 감사원에서도 당초대로 광주-무안공항의 통합운영을 강조하고 있다. 감사원은 광주공항과 무안공항을 통합 · 운영하는 등 합리적인 운영방안 마련을 국토해양부에 요청하였다. 국토해양부는 양 시 · 도의 협의를 종용함으로써 오히려 지역갈등을 유발한다. 광주공항 기능 이전을 놓고 논란에서 정부가 시도 간 합의에만 의존하려는 자세를 벗고 상생 해법을 찾는 데 정부의 원칙설정이 중요하다[21].

---

20) 광남일보(2009.12.23.); 전남일보(2009.11.17.)

21) 무안신문(2009.11.28.)

2) 무안공항 자유공항화와 관광마케팅의 강화

국제선 항공기의 취항을 위해서는 각 국과의 항공협정에 운항노선과 운항횟수 등을 정해 운항한다. 자유공항은 항공협정에 관계없이 외국항공사에 개방되는 공항이다. 무안공항에서는 항공협정 내용과 관계없이 외국항공사가 '무안공항↔자국' 노선의 여객과 화물 수송을 무제한으로 할 수 있다. 항공사 및 여행사가 함평 나비곤충 엑스포 및 진도 신비의 바닷길 축제기간에 관광상품을 개발하여 무안항공을 이용하는 전세기를 늘릴 수 있다. 보성다원, 낙안읍성, 삼한지 테마파크 등 인기 한류드라마 촬영지 탐방을 비롯하여 진도, 목포 등 도내 관광지를 둘러보는 정기 관광상품의 마케팅도 중요하다. 따라서 무안공항의 활성화를 위해서는 '자유공항'을 활용한 노선 및 관광마케팅을 강화해야 한다[22]. 대 중국, 대 일본, 대 중동 시장 마케팅을 통해 국내·외 항공사를 적극 유치하고 대만-무안-중국 노선 개발 등 자유공항을 통한 해외 환승수요를 늘리는 방안도 강구할 필요가 있다. 무안공항을 허브로 삼아 중국의 베이징과 상하이, 다롄, 싱가포르 등에서 무안을 거쳐 미국 뉴욕이나 LA, 일본 도쿄로 가는 환승기능을 검토해야 한다. 무안공항이 국제공항으로 조기 정착될 수 있도록 국적항공사와 외국항공사의 신규노선 개설시 불편한 사항을 지속적으로 개선한다. 무안공항의 자유공항화는 항공사 및 외국관광객의 유치에 기여하는 효과가 있다.

3) 광주공항기능의 무안공항 이전

최근에 감사원은 광주공항과 무안공항의 적자가 누적되는 경영 비효율을 개선하기 위해서는 광주공항의 국내선 이전을 지적하였다. 전라남도는 무안공항 활성화를 위해 국토해양부, 한국공항공사 등 관련기관에 광주공항 국내선 이전을 촉구하고 있다. 하지만 국토해양부에서는 광주시와 전남의 협의를 종용함으로써 오히려 지역 갈등만을 유발하고 있다. 2009년 10월에는 광주지역에서 광주공항 국제선 재취항 움직임마

22) 연합뉴스(2008.2.20.)

저 일어나고 있다. 광주공항 국내선의 무안공항 이전문제가 지역의 뜨거운 이슈로 등장하여 있다[23]. 전라남도는 무안공항 활성화를 위해 광주공항의 국내선 이전이 반드시 필요하다는 입장이다. 반면 광주시는 지역산업과 시민 편의 측면에서 존치가 불가피하다고 주장한다. 최근에는 무안공항 개항에 맞춰 폐쇄된 국제선의 재취항까지 추진하고 있다.

광주시와 전라남도가 광주공항 국내선 이전을 놓고 팽팽한 신경전을 벌이고 있다. 광주공항과 무안공항은 갈수록 적자 폭을 키우고 있어 합리적 운영방안의 마련이 시급하다. 따라서 광주공항의 국내선 이전의 타당성에 대한 충분한 검증과 토론를 통하여 합리적인 대안마련이 필요하다[24]. 광주공항 국내선 이전문제는 광주·전남지역이 상생할 수 있는 데서 해결점을 찾아야 한다. 국토해양부와 전라남도는 광주공항 국내선이 이전되면 무안공항이 활성화되는 청사진을 제시해야 한다. 광주시와 전라남도는 광주·무안공항의 문제를 대승적 차원에서 합리적인 접점을 찾아야 할 것이다.

4) 광주 군비행장의 무안공항 이전최적지

무안공항이 광주 공군비행장 이전시 최적지라는 한국국방연구원의 용역결과가 보도되었다[25]. 서로 이해관계가 있는 광주시와 전라남도·무안군·국방부 등의 대응이 주목되는 실정이다. 광주 공군비행장 이전시 대체지역으로는 인근 서해안의 무안공항이 최적지 중 한 곳이라는 의견이 제시되었다. 이것은 기존의 공항시설을 활용하는 것이 효율적이라는 판단에 따른 것이다. 이 경우 기존 무안공항을 바다를 매립해 확장하는 방안이 검토돼야 할 것으로 분석되었다. 광주 군사공항의 무안공항으로 이전을 현실화하기 위해서는 15년 정도의 시간이 소요된다. 또한 지역민의 견해, 광주와 무안, 전라남도 간 이해관계, 국방부와 국

23) 광주일보(2009.11.27.)
24) 예스TV 강의(2009.11.16.)
25) 무안신문(2009.3.7.)

토해양부의 정책 등 관련된 사항들이 아주 많다.

광주시는 군사비행장만 옮기고 광주공항은 존치해야 한다고 주장한다. 전라남도는 무안공항의 발전을 위해 광주공항을 이전하며, 광주시가 이 제안을 수용해야 군비행장 이전 여부도 검토할 수 있다는 자세이다. 무안군과 지역민은 기업도시의 저해, 항공기 소음 및 무안공항 기능의 저하를 이유로 조직적인 반대의견이 강하다. 국방부는 이전 지역의 주민과 지방자치단체가 반대하면 무안 이전은 불가능하며, 다만 광주와 전남, 무안 등의 지자체가 합의해 이전을 요구하면 검토한다는 방침이다.

〈표 7.12〉 주요 분야별 무안공항의 활성화 전략

분야	세부적 실행전략	시행주체	기간
행정제도	▪ 공항활성화 전담 행정조직의 설립 ▪ 공항마케팅 및 비즈니스 모델의 개발 ▪ 공항명칭의 변경	전라남도 전라남도, 공항공사 전라남도, 공항공사	단기 단기, 중기 단기
지역경제	▪ 배후산업육성 전략계획의 수립 ▪ 항공기 정비센터사업의 유치 ▪ 무안 한중산업협력 중심기지의 육성 ▪ 면세점 등 공항부대서비스 시설의 운영 ▪ 남도 여행명품상품의 적극적 출시	전라남도, 지식경제부 전라남도, 국토해양부 전라남도, 무안군 전라남도, 공사 전라남도, 공사	중기 중기, 장기 중기, 장기 단기 단기
수요창출	▪ F1대회의 무안공항 승객유치 ▪ 일부 국제 및 지방연계노선의 확충 ▪ 철도 · 도로망의 무안공항 접근성 강화 ▪ 무안공항의 에어택시사업 유치	전라남도 전라남도, 국토해양부 전라남도, 국토해양부 전라남도, 국토해양부	중기, 단기 중기, 단기 장기, 중기 단기, 중기
항공정책	▪ 정부의 무안공항 운영원칙의 확정 ▪ 무안공항 자유공항화와 마케팅 강화 ▪ 광주공항기능의 무안공항 이전 ▪ 광주 군비행장의 무안공항 이전최적지	국토해양부 국토해양부, 전라남도 광주시, 전라남도 국토해양부, 국방부 전라남도	단기, 중기 단기, 중기 중기 장기

요 약

1. 공항은 비행장이 항공운송을 위한 기본시설을 구비하고 공공용도로 사용된다. 세계화 및 정보화의 시대에 지방공항은 지역발전에 지대한 영향을 미치고 지역경제성장에 크게 기여한다. 오늘날 지방공항은 국내 항공운송산업의 변화, 세계화에 따른 공항역할의 증대 및 항공산업의 변화에 따른 항공수요의 변화 등 환경변화를 겪고 있다.

2. 2008년 전국 14개의 지방공항 중 김포, 김해 및 제주공항을 제외한 13개 공항이 운영적자 상태에 있다. 지방공항 운영적자의 요인은 대략 항공수요의 과대추정, 육상교통·항공정책 간 사전조율의 결여 및 정치논리·지역이기주의적 공항개발의 강행 등에 기인한다.

3. 무안공항은 서남권 소형 거점국제공항이다. 무안공항은 서해안 시대의 전개와 중국의 개방화 정책에 따라 서남권의 항공수요가 급증할 것으로 예상하여 개발되었다. 무안공항은 1997년에 착공되어 서남권의 거점국제공항으로 완공되어 2007년 11월부터 운영되었다. 공항시설을 보면, 2,800m 길이의 활주로 1개, 연면적 9,000평의 여객터미널, 27,000천평의 계류장, 2,095면의 주차시설 등을 갖고 있다.

4. 무안공항은 당초 기대하였던 항공교통 및 물류 중심지로서 지역경제 성장의 견인차 역할을 수행하지 못하고 있다. 오늘날 무안공항은 서남권의 발전과 성장잠재력에 커다란 부담으로 작용하고 있다. 무안공항은 항공수요의 감소와 과대추정, 국내·외 항공노선의 축소와 폐지, 공항운영적자의 증가, 공항 이용 접근성의 불편, 광주·무안공항 운영방향의 갈등 및 무안공항시설의 대형항공기 취항곤란 등의 문제점에 직면하여 있다.

5. 무안공항의 활성화를 위해서는 행정·제도의 측면에서 공항활성화 전담 행정조직의 설립, 공항마케팅 및 비즈니스 모델의 개발 및 공항명칭의 변경 등의

방안을 강구해야 한다.

6. 지역경제의 입장에서 배후산업 육성 전략계획의 수립, 항공기 정비센터사업의 유치, 무안 한중산업협력 중심기지의 육성, 면세점 등 공항부대서비스 시설의 운영, 남도 여행명품상품의 적극적 출시 등의 방안이 무안공항 활성화를 위하여 필요하다.
7. 무안공항을 활성화하기 위하여 F1대회의 무안공항 승객유치, 일부 국제·지방연계노선의 확충, 철도·도로망의 무안공항 접근성 강화 및 무안공항의 에어택시사업 유치 등의 방안으로 항공수요를 창출해야 한다.
8. 항공정책의 입장에서도 정부의 무안공항 운영원칙의 확정, 무안공항 자유공항화와 관광마케팅 강화, 광주공항기능의 무안공항 이전 및 광주 군비행장의 무안공항 이전최적지 등에 대한 방안을 강구하는 것이 중요하다.

중요개념

거점국제공항
저비용 항공사
공항시설현황
항공노선
거점공항화
공항마케팅
한·중산업협력 중심기지
지방연계노선 확충
관광마케팅
항공수요
공항위계체계
항공기 운항횟수
공항 접근성
공항발전기획단
배후산업육성계획
동아시아 공동체
공항 에어택시사업
공항기능
항공운송산업
지방공항 운영적자
항공사 운항실적
환승여객
공항활성화 정책
항공기정비센터(MRO)
공항부대시설 운영
자유공항화

참고문헌

1. 감사원, 공항확충사업 추진실태, 2004. 6.
2. 건설교통부, 호남권 신공항개발 기본설계 종합보고서, 1998.
3. 건설교통부, 제3차 공항개발중장기종합계획(2006-2010), 2006. 10.
4. 김민정 · 김연명, 저가항공사의 등장에 따른 지방공항이용객의 변화와 전망, 월간교통 6월호, 교통연구원, 2005. 6, pp.28-34.
5. 김연명 · 박진서, 지방공항 운영체계 개선방안연구 - 공항의 경제적 가치산정과 공항운영 정책, 연구총서 2005-06, 교통연구원, 2005.11.
6. 김제철 · 김민정, 고속철도 개통 이후 항공부문의 변화와 전망, 월간교통 통권98호, 한국교통연구원, 2006. 4, pp.42-50.
7. 김제철, 청주국제공항의 활성화 방안 -국제항공화물을 중심으로-, 정책연구 2001-10, 교통개발연구원, 2001.
8. 김종석, 지방공항의 소유와 운영체계 개편, 월간교통 6월호, 교통연구원, 2005. 6, pp.6-13.
9. 목포시, 무안국제공항 개항에 따른 주변지역 활성화방안, 2002.
10. 박병호, 지방공항의 시설활용과 개발방향, 월간교통 6월호, 교통연구원, 2005. 6, pp.4-21.
11. 박용화, 인천국제공항 경쟁력 강화방안, 연구총서 2001-9, 교통연구원, 2007. 11.
12. 부산발전연구원 동아시아물류센터, 2008 항만 · 공항 물류자료집, 2008.
13. 서선덕, 국가교통체계에서 고속철도의 역할과 비전, 월간 교통, 통권 제98호, 한국교통연구원, 2006 4, pp.6-17.
14. 안병옥, 2004년 건설교통부소관 세입세출 기금결산 및 예비비 지출승인의건 검토보고서, 국회 건설교통위원회, 2005. 8.
15. 이장호 · 장수은, 지역간 통행의 효율성 제고를 위한 고속철도 이용증대 방안 연구, 연구총서 2005-05, 교통연구원, 2005. 11.
16. 임성수, 동북아 물류중심지화를 위한 주변국 공항실태 및 정책방향 비교연구, IDI연구보고서 2006-14, 인천발전연구원, 2006. 12.

17. 최치국, 국가공항정책과 신공항 개발방향, 연구2007-2, 부산발전연구원, 2007. 5.
18. 충북개발연구원, 청주국제공항의 10년의 평가와 과제, 충북연 07-08, 2007.
19. 충북개발연구원, 물류전문공항으로의 청주국제공항 발전방안, 충북연 08-16, 2008.
20. 홍석진, 무안국제공항의 전략적 발전방안, 무안국제공항 활성화방안 세미나, 전남도청회의실, 전라남도, 2004. 6.
21. 홍석진 · 김재철, 저가항공사의 시장참여와 국내지방공항의 활성화 전략, 월간교통 6월호, 교통연구원, 2005. 6, pp.22-27.
22. 홍석진 · 정웅기, 대구국제공항의 활성화 방안, 대구경북연구원, 2005. 7.
23. 한국공항공사, 연도별 공항별 경영현황, 각년도.
24. 공항포털 무안홈페이지 http://www.airportal.co.kr/muan
25. 무안공항 홈페이지 http://muan.airport.co.kr/index.jsp
26. 한국공항공사 홈페이지 http://www.airport.co.kr/

제 8 장

광양항 친수공간 개발정책의 방향

8.1. 항만친수공간의 기본이론

8.2. 항만친수공간의 개발사례와 문제점 분석

8.3. 광양항 친수공간개발의 유형과 정책방향

항만친수공간은 항만지역에서 친수행위가 일어나는 물리적 공간과 그 기반시설이다. 이 장에서는 항만친수공간의 기본이론을 파악하고, 한국에서 있었던 항만친수공간의 개발사례를 살펴본다. 이를 토대로 항만친수공간 개발의 문제점을 분석하여 광양항 친수공간의 개발유형을 설정하고 정책방향을 제시하고자 한다.

제8장 광양항 친수공간 개발정책의 방향

8.1. 항만친수공간의 기본이론

8.1.1. 항만친수공간의 개념, 개발환경과 배경

1) 항만친수공간의 개념

친수공간(waterfront)은 수제선을 사이에 두고 육역과 수역의 상이한 조건을 연계시키는 제3의 공간지역이다. 이곳은 임해부를 재개발하여 지역의 환경·생활수준을 개선하는 공간·산업·문화구조의 구축장소이다. 친수공간은 녹지 및 생산·생활기능을 포함하는 공유의 장소가 되고 있다. 여기에서는 공업·유통·어업 등의 생산행위 및 개발·보전을 위한 상업·업무·주거·여가 등의 생활행위가 발생한다. 친수공간의 범위는 지역 및 국가별로 상이하며, 각국 법률로 규정하고 있다. 미국은 연안역 관리법(Coastal Zone Management Act), 일본은 해안법, 한국은 연안관리법으로 친수공간의 범위를 한정한다.

항만친수공간은 광의로 항만지역에서 인간·바다가 공유하는 친수산업적·친주민적·친해양환경적 공간이며, 관련 행위와 기회 등을 포함한다. 협의로는 항만지역에서 친수행위가 일어나는 물리적 공간과 그 기반시설을 항만친수공간이라고 한다. 본 논문에서는 협의로 해석하여 항만친수공간은 해안선을 사이에 두고 항만친수시설이 육역·수역을 포함하는 항만지역에 분포되어 있는 지역적 공간으로 정의한다.

〈표 8.1〉 친수공간의 공간적 범위

국가	관계법	공간적 범위
미국	연안역 관리법	■ 수역측 : 수제선 - 해역 ■ 육역측 : 수제선 30m - 8km 구간 간선도로 등 시설
일본	해안법	■ 해안 보전구역 : 친수공간 간주 ■ 수제선 - 육역, 해역 모두 50m로 한정
한국	연 안 관리법	■ 연안역 - 12해리(22km), 육역 - 500m ■ 항만법상 지정항만, 어항법상 제1·3종어항, 관계법령에 의한 산업단지 - 1km

자료: 미국-연안관리법; 일본-해안법; 한국-연안관리법

2) 항만친수공간의 개발환경

21세기 항만개발환경은 항만수요 및 항만개발특성 분야에서 변화하고 있다.[1] 최근의 항만은 화물수송의 결절지 기능보다는 물류거점항

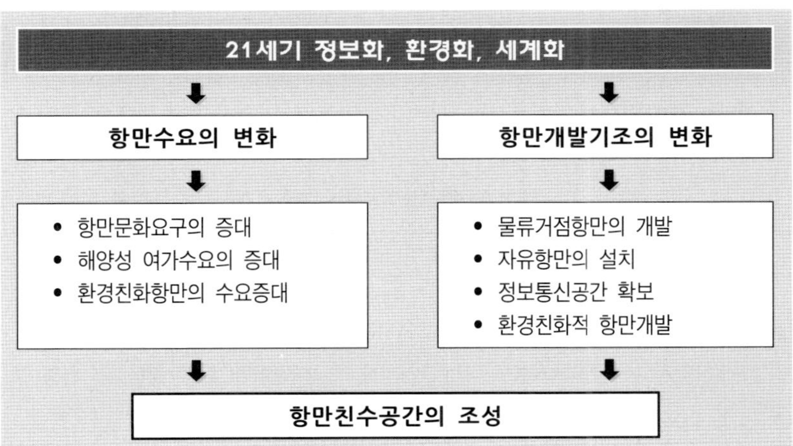

〈그림 8.1〉 21세기 항만개발환경의 동향과 변화

1) 윤상호 · 정봉현(2000), pp.359-375.

만과 종합화물 유통체제를 강조하고 있다. 항만개발를 보면 선진국에서 환경친화적인 개발과 항만친수공간의 조성이 주요 추세가 되어 있다. 항만은 물류, 정보, 산업 및 생활 등 다양한 복합기능이 고도로 발휘되는 복합공간으로 변모되어 있다. 특히 친수공간수요의 증대는 항만지역에서 해양여가수요, 항만문화요구 및 환경친화적 항만수요 등의 증대를 요구한다. 이러한 변화는 유통거점항만의 개발, 자유무역지대의 설치, 정보통신공간의 확보, 환경친화적 항만개발 및 항만친수공간의 조성 등의 특성을 드러내고 있다.

3) 항만친수공간의 개발배경

오늘날 도시항만의 친수공간에는 매립에 의한 신도시공간의 창조, 친수성 시민휴식의 공간, 부도심의 정보산업 · 주거 · 상업지역 등 다양한 기능이 존재한다. 이 지역은 항만도시의 경제 · 문화 · 환경적 시설자원이며 다양한 도시매력의 공간이다. 또한 도시공간의 최후의 개척지 혹은 도시문제의 해결 가능지역으로 간주되고 있다. 그래서 도시의 욕구를 실현하는 신공간으로 친수지역에 많은 관심을 기울인다. 따라서 항만친수공간은 정보화 사회의 급진전, 해운산업의 변화, 항만 수변지역에 대한 인식변화, 항만도시문제의 해결과 사회간접자본시설의 확충의

〈표 8.2〉 항만친수공간의 개발배경

배경요인	요인별 세부내용
정보화사회의 급진전	■ 정보산업 공간수요의 증대 → 수변지역 개발과 텔레포트 등장 ■ 텔레포트 시설 → 항만지역 재개발의 중심시설로 등장
해운교통산업의 변화	■ 선박대형화와 대형항만시설 → 부두전면부 확장, 항만시설 확충 ■ 항만수변지역 → 복합용도 개발, 항만도시 성장지역용 재개발
항만수변지역의 인식변화	■ 가치변화 → 자연의 환경적 가치에 대한 인식의 변화 ■ 항만연안지역 → 시민휴식 · 여가용 친수공간조성 인식의 확산
정책관심과 사회적 배경	■ 항만재개발 → 인천 · 부산 등 항만친수공간개발 정책관심의 증대 ■ 사회적 배경 → 도심용지 부족과 서해안개발 등 수변개발 관심

배경 하에 더욱 개발추세가 증가하고 있다.[2)]

8.1.2. 항만친수공간의 개발위치 및 시설유형

1) 항만친수공간의 개발위치와 시설유형

항만친수공간은 친수활동이 기능을 발휘하는 항만, 항만시설 내부 혹은 항만 인접지역에 있는 공간영역이다. 이곳은 해변의 항만지역에 존재하는 자연적·인공적 친수공간의 범주에 들고 있다. 그래서 항만친수공간은 구조적인 계획차원에서 항만개발계획, 관광개발계획 및 도시기본계획과 연관되어 있다. 항만친수공간의 물리적 영역은 항만지구, 매립지구, 및 공유수면지구가 해당되며, 상업, 관광, 위락, 교통, 여가 및 수산업 등의 발전기능과 연계되어 있다.

항만친수공간의 개발은 항만에 인접한 수변공간을 도시환경으로 인식하여 도시경제, 복지 및 도시생활을 상쾌하고 풍요로운 장소로 조성하는 것이다. 친수공간은 도시의 공공사업으로 거시적 관점에서 친수공간개발계획의 수립과 집행이 요구된다. 이러한 관점에서 항만친수공간이 성공·효율적으로 개발되기 위해서는 도시계획의 차원에서 시설유

〈표 8.3〉 항만친수공간개발의 구조적 위치

구 분	계획차원	권역차원	기능차원
연 안 역	■ 국토계획	■ 국토·지방	■ 거시적 기능배치
친수공간	■ 도시계획	■ 지방·도시지구	■ 주거, 업무, 관광 ■ 업무, 교통
항만친수공간	■ 항만개발계획 ■ 관광개발계획 ■ 도시기본계획	■ 항만지구 ■ 매립지구 ■ 공유수면지구	■ 상업, 관광, 위락 ■ 교통, 여가, 수산업

자료: 이한석·도근영(2000)

2) 광양시(2005), pp.13-17.

형을 검토할 필요가 있다. 이것은 항만친수공간의 개발에서 세부적인 토지이용 규모의 산정과 시설배치에 토대가 되기 때문이다. 친수공간의 개발용도와 유형은 도시환경과 특성에 따라 다양하나, 통상 친수 위락공간, 친수 상업공간, 친수 주거공간, 친수 문화공간 및 친수 교통공간으로 구분한다.[3)]

2) 기능별 항만친수공간 개발의 시설유형

항만친수공간의 개발은 항만기능이 존속, 변화, 소멸 및 창출되느냐에 따라서 방향과 시설유형이 달라진다. 항만기능의 존치도시를 보면, 항만친수공간은 그 기능과 조화를 이루면서 개발될 필요가 있다. 항만기능 쇠퇴도시의 경우에는 활용 가능한 영역에서 항만기능을 제고하고, 그 외 부문에서는 도시기능으로 전환시키거나 친수연관시설로 변경하

〈표 8.4〉 기능별 항만친수공간개발의 시설유형

항만기능		시설유형	사례항만	
종류	규모		한국	외국
존치	소규모	녹지, 산책로, 의자, 등대공원, 여객터미널, 잔교, 분수대, 자전거도, 전망대, 버스승강장 등	격포, 구룡포, 소규모 어항 이상 항만	상해, 싱가폴, 홍콩
쇠퇴	중규모	광장, 해양공원, 식당, 쇼핑몰, 호텔, 은행, 업무지구, 유적지 등	마산, 포항, 목포 등 중규모 이상 항만	동경 임해부, 프랑스 마르세이유
소멸	대규모	해수욕장, 체육시설, 해양박물관, 수족관, 쇼핑센터, 금융·정보단지, 전시장, 주거복지시설	부산항, 인천항	영국 도크랜드, 호주 다링하버 등
신기능	대규모	대부분의 도시시설, 항만시설, 항만관련시설	부산신항, 광양항	로코아일랜드, 일본 MM21

자료: 해양수산부(1998); 해양수산부(2001)

3) 해양수산부(1998), pp.202-206.

는 것이 필요하다. 항만기능의 소멸도시에서는 항만기능을 외부로 이전하고 기존의 항만부지에 대규모 도시개발 사업을 시작한다. 항만기능의 조성도시에서 항만친수공간은 접근성의 증대, 항만시설의 이미지 제고 및 환경 오염원의 격리 등을 목적으로 개발한다.

8.1.3. 항만친수공간의 문헌적 고찰

정봉현 · 윤상호(2000)은 시론적인 시각에서 21세기 항만친수공간의 개발기술과 정책과제에 대한 연구를 수행하였다. 이 연구에서는 광양항을 중심으로 항만친수공간에 대한 개발기술을 확인하고 장기적인 정책과제에 대하여 언급하였다. 신동규(2003)는 부산항 재래부두의 워터프론트 활용방안을 학술적으로 연구하여 재래부두의 토지이용 · 건축계획을 수립하고, 워터프론트 개발방향을 강구하였다. 김정수 · 신계선(2007)은 신항 항만배후단지 워터프론트의 합리적 개발방안에 대하여 연구하였다. 이 연구는 부산 신항을 사례로 하여 신항배후단지 개발 및 워터

〈표 8.5〉 항만친수공간 논문의 문헌적 고찰

연구자	제목	연구방법	연구결과
정봉현 · 윤상호 (2000)	항만친수공간의 개발기술과 정책과제	기존 문헌연구	▪ 개발기술의 종류 파악 ▪ 주요 정책과제의 도출
신동규 (2003)	부산재래부두의 공공적 활용을 위한 워터프론트 개발방향	문헌연구, 사례연구	▪ 워터프런트 토지이용 · 건축계획 ▪ 재래부두 워터프론트 개발방향
김정수 · 신계선 (2007)	신항항만 배후단지 워터프론토의 합리적 개발방안	문헌연구, 사례연구	▪ 신항 워터프론트 문제점 분석 ▪ 합리적 워터프론트 개발방안
방희석 · 김승철 등 (2008)	광양항 친수공간 테마파크 조성	실태와 사례조사 설문조사	▪ 친수공간 테마파크 개발구상 ▪ 개발구상의 정책적 전략 제시

자료: 각 연구

프런트 현황을 분석하고, 워터프론트 개발과정의 문제점에 대한 파악 및 합리적인 개발방안을 제시하였다. 방희석·김승철·방기태(2007)는 광양항 친수공간 테마파크 조성방안에 대한 연구를 진행하였다. 이 연구에서는 국내·외 친수공간에 대한 개발현황과 사례분석을 통하여 광양항의 테마파크 개발에 대한 구상을 세부적으로 언급하였다.

이상의 연구들은 사례지역을 중심으로 시설유형과 개발방향에 대한 워터프론트 개발의 부분적 계획을 강조하였다. 문헌고찰의 내용을 토대로, 본 논문에서는 대형항만을 중심으로 항만친수공간을 조성하기 위한 개발유형을 검토하고, 이에 적합한 항만친수공간 개발정책의 방향을 제도적인 입장에서 연구할 필요성이 제기되었다.

8.2. 항만친수공간의 개발사례와 문제점 분석

8.2.1. 한국의 항만친수공간 개발계획

국토해양부는 2007년 9월에 노후화되고 경쟁력을 상실한 전국 10개 항만에 친수공간을 개발하는 "항만재개발 기본계획"을 확정하였다.[4] 이 국가계획은 "항만과 그 주변지역의 개발과 이용에 관한 법률"에 의거하여 수립한 2007-2016년 동안의 사업계획이다. 계획의 의미는 도시성장의 장해요인이던 노후 항만을 도심과 연계한 지역주민의 생활공간으로 변모시키는 것이다. 또한 지역여건과 부합되는 항만의 재개발 방향을 설정하여 지역경제 활성화의 거점으로 유도하는 것이다.

대상항만의 총면적은 1,261만 6,000㎡로서 단계별로 총예산은 4조 7천억원 정도 소요될 전망이다. 항만재개발 기본계획은 5년마다 타당성을 검토하여 그 결과를 기본계획에 반영할 것이다. 사업비는 시행자 부담이 원칙이지만, 항만별 사업타당성을 검토하여 필요한 경우 방파제·도로·통신 등 기반시설은 국가가 보조 또는 융자할 구상도 가지고 있다.

4) 김철환(2007), pp.106-109.

〈표 8.6〉 전국 항만친수공간 개발계획의 내용

항만명	위치	사업비 (억원)	면적 (만㎡)	도입가능시설	선정사유
인천항	인천시. 중구	9,021	316	해양생태공원, 체육, 숙박·판매, 연구·문화시설 등	인천공항 연계한 해양·여가시설의 개발잠재력
대천항	충남. 보령시	1,744	38	숙박, 교육·복지, 문화·집회, 공원, 유원지 등	대천해수욕장 연계, 서해안 최대관광지의 개발잠재력
군산항	전북. 군산시	1,364	47	판매·영업, 문화·집회, 주상복합, 업무, 공원 등	화물처리 외항이전 후 항만기능의 상실
목포항	전남. 목포시	365	16	근린생활, 판매시설, 전시시설, 공원 등	어항기능 북항이전 및 주변환경의 노후화
제주항	제주. 제주시	3,093	52	업무·숙박, 판매·영업, 주상복합, 문화·집회, 여객시설 등	내항 화물부두기능의 외항이전, 여객관광잠재력 보유
광양항	전남. 여수 (묘도)	3,264	309	숙박, 체육, 관광휴게, 판매·영업, 교육·연구, 복지, 문화·집회 등	골프장 등 해양여가시설의 개발잠재력
여수항	전남. 여수 (신항)	5,669	196	EXPO유치시설, 관광·문화, 상업및업무, 체육·레져, 주거시설	2012 EXPO 반영, 항만화물처리실적의 저조
부산항	부산시. 중·동구	19,597	142	상업·업무, 복합도심, IT·영상·전시, 해양문화시설 등	항만시설 노후화, 화물처리기능의 신항이전 가능
포항항	경북. 포항시	772	17	주상복합, 업무, 판매·영업, 숙박시설 등	화물처리기능 영일만항 이전가능, 구항주변 개발계획과 연계
묵호항	강원. 동해시	2,066	129	업무, 교육·복지, 판매·영업, 문화·집회, 숙박, 체육시설 등	항만시설 노후화 및 개발잠재력의 의미
합계	10개	47,000	1,262	-	-

자료: 해양수산부(2007)

8.2.2. 외국 항만친수공간의 개발사례

각국별 항만친수공간의 개발은 국가별 역사·산업적 배경, 지형조건 및 항만기능의 변천에 따라서 다양한 형태를 취한다.[5)] 아시아의 항만 친수공간 개발은 싱가폴, 일본의 고베항 및 요코하마항 사례를 검토한다. 이들 항만도시에서는 해안지역을 매립하여 도시생태공간의 확보, 항만지구의 신토지이용 및 도시재생사업의 특성을 가지고 항만친수공간을 개발하였다. 미국의 사례를 보면, 샌디에이고항은 종합적인 신규개발 방식으로 친수형도시를 조성하였다. 뉴욕항은 재개발의 형태로 항만기능 쇠퇴지역의 도시정비사업으로 항만친수공간을 개발하였다. 유럽의 경우에 영국의 런던항 및 독일의 함부르크항도 재개발 형태로 도시형 정비사업과 친수형 시설공간 사업을 진행하였다. 따라서 외국항만의 친수공간은 신규개발 또는 재개발방식을 통하여 도시정비·개발사업 또는 생태·친수형 도시시설사업으로 개발되었다.

8.2.3. 항만친수공간 개발의 문제점

한국에서 항만친수공간 개발의 문제점은 시설·기능, 계획·관리 및 법·제도의 측면에서 종합적·세부적으로 파악할 수 있다. 시설·기능의 측면에서 항만친수공간 개발의 문제점은 항만공간 시설구조의 불균형, 항만연안역 이용의 폐쇄성, 항만·도시기능 간 미연계 및 친수공간 기술의 전문성 부족 등이 드러나 있다. 항만계획·관리의 측면에서도 화물수요 대응형 항만개발, 중앙정부 주도의 항만개발, 종합항만공간의 형성 미비 및 항만개발전략과 관리구조의 소홀 등의 문제점이 나타난다. 항만친수공간의 개발은 법·제도적 관점에서도 중앙정부중심의 항만친수공간 계획수립의 권한, 항만이용개발 관련법규의 미흡 및 항만배후단지 관련 친수공간개발규정의 미비 등의 문제점을 포함한다.

---

5) 김광두(1998), pp.4-5.

〈표 8.7〉 외국항만 친수공간의 개발사례

항만/형태	사 업 명	사 업 내 용	성 격	특성
싱가폴 신규개발	동해안지구	■ 면적: 2,000ha, 기간: 1966년 착수 ■ 시설: 내부 신개발지(주택, 대학, 상업지구), 외부해안(위락시설지구)	도심지역 녹지공간의 조성	매립지계획, 해상도시 건설
호주 시드니항 재개발	다링하버 (재개발방식)	■ 면적: 54ha, 기간: 1985-1992, 주체 : NSW정부 ■ 시설: 문화위락시설(수족관, 박물관, 국제회의전시장, 상가지역), 사업추진: 민간정부 공동투자방식	항만기능 쇠퇴 신공간의 창조	유휴항만 재개발
일본 요코하마항 재개발	미나토 미라이 21 (구조선소 및 철도 부지 재개발)	■ 면적: 180ha, 주체:민간공동회사의 추진 ■ 시설: 상업시설, 미술관, 주거지역, 녹지, 기타시설 ■ 지구 : 업무, 상업, 문화, 국제시설, 위락 및 항만	항만유휴부지의 항만친수지원 단지 조성	해안매립지 개발 도시항만재생 도시재생정책
일본 고베항 신규개발	포트 아일랜드 (고베만 수면매립의 인공섬)	■ 면적: 463ha ■ 지구 : 국제 · 근린생활 · 시가지 서비스 · 항만지구 구성 ■ 내용: 회의장, 국제전시장, 호텔, 체육시설, 해양공원, 물류기지, 주거지역 등	대수심, 현대항만건설, 해양공원의 개발	해안지역의 매립 도시규모의 확대
미국 샌디에이고항 신규개발	엠바카데로 지구, (해양성 친수공간)	■ 면적: 15ha, 주체: 도시공사, 기간 : 1980-1986 ■ 내용: 해양박물관, 항만빌리지, 해양공원 ■ 사업: 내륙도심지와 친수공간의 종합개발	도심지와 친수공간의 종합재개발, 친수형 도시	대규모개발 종합재개발 방식
미국 뉴욕항 재개발	뉴욕동강 구역, 남가로지역 항만	■ 면적: 99천㎡, 기간: 1967-1984 ■ 내용: 박물관조성, 전문소매상가, 사무실, 보행자도로 ■ 주체: 민관합작회사,	항만기능 쇠퇴와 도시정비사업	뉴욕시 특별역사 보존지구
영국 런던항 재개발	Dock Land (테임즈강 구항지역재 개발)	■ 면적: 670만평, 기간 : 1976-1995 ■ 시설: 업무시설, 친수형주택, 사무실, 식당레저시설 ■ 내용 : 산업활성화, 생활환경정비, 신교통수단도입, 역사경관보전 개발	유휴 구항만지구의 역사경관과 도심용지 재개발	도시내부 재개발사업
독일 함부르크 재개발	엘베지역 연관 함부르그	■ 성격: 보존과 신규개발수요 대응한 친수공간 개발 ■ 시설: 항만의 공업지역, 주거지역 및 휴양지 변모, 도매상가, 상가로, 휴양시설의 입지	항만기능 변화와 친수 공간요구	항만기능 및 도시변화대응 개발

자료: 해양수산부(1998a); 조대성(1999); 각 항만사이트 참고

〈표 8.8〉 항만친수공간 개발의 문제점

측면	주요문제	세부내용
시설 기능	항만공간 시설구조의 불균형	■ 단기적 기본시설위주의 항만공간의 확장 지속 ■ 항만기능시설 부족과 항만시설운영의 비효율성 발생
	항만연안역 이용의 폐쇄성	■ 안보·행정여건상 항만연안역 출입폐쇄와 시민접근곤란 ■ 연안역의 해양공간화 및 친수공간화 계획과 인식의 부족
	항만·도시기능간 미연계	■ 항만시설과 항만도시간 기능분담 설정과 연관성 결여 ■ 항만개발계획과 배후도시계획간의 연계성 부족
	친수공간기술의 전문성 부족	■ 항만친수공간 개발에 대한 전문성 및 전문인력의 부족 ■ 항만친수공간개발 분야 기술개발과 기반자료의 미비
계획 관리	화물수요 대응형 항만개발	■ 장기종합계획 기반의 사전·체계적 항만시설투자 미비 ■ 화물수요 대응형 항만개발, 환경친화적 항만개발의 소홀
	중앙정부 주도 항만개발	■ 중앙정부주도의 항만개발·건설방식의 독점적 지위 ■ 환경친화적 항만개발 부재와 지방자치단체의 참여 제한
	종합항만공간의 형성 미비	■ 기존 항만입지중심의 화물처리 목적의 항만시설개발 ■ 항만개발·정비시 종합적 항만공간인식의 부족
	개발전략과 관리구조의 소홀	■ 항만·도시특성에 적합한 친수공간개발 관리전략의 미비 ■ 관료제 방식의 항만친수공간 개발구조와 자율성 결여
법·제도	중앙정부의 기본계획권한	■ 중앙정부의 계획수립 권한과 해당 지자체와 협의정도 ■ 기본계획에 지역주민 및 지자체의 의견반영 미흡
	항만이용개발 관련법규 미흡	■ 신항만개발사업시 항만친수공간시설 계획의 미비 ■ 민간사업자의 시행시 개발이익환수제도의 결여
	항만배후단지 관련규정 미비	■ 항만배후단지의 항만친수공간 토지이용계획의 미비 ■ 항만배후단지개발계획과 도시시설계획간 연계성 부족

자료: 김학소(1999); 심기섭(2006); 정봉현(2007); 김정수·심계선(2007)

8.3. 광양항 친수공간개발의 유형과 정책방향

8.3.1. 광양의 도시 · 항만특성 검토

1) 광양시 개요와 특징[6]

광양시 면적은 448,176천㎡, 인구는 2006년 138천명으로 1998-2006년 동안 0.7%의 증가세를 보였다. 과거에 광양제철설비의 확장과 항만건설로 인구가 조금 증가하였으나 최근의 인구증가세는 거의 미미하다. 광양시의 고용자수 기준 산업구조는 1차 산업 19%, 2차 산업 30%, 3차 산업 51%의 비중을 보인다. 시민 1인당 공원면적은 28.3㎡, 공원시설율은 24.4%로서 광양시에 녹지공간이 부족하여 환경친화적인 도시개발정책이 필요하다. 광양시는 광양제철과 연관산업단지의 입지로 공업기능이 강하고 항만관련 산업의 비중이 높다. 공단 배후지역의 인구증가에 따른 주거 · 상업기능이 강화되며 항만배후단지의 개발에 따른 물류 · 유통시설이 입지하고 있다.

2) 광양시의 특성과 미래상

광양시는 전남의 구례, 경남의 하동, 남해와 연접해 있는 전남의 최동부에 위치한 경제 · 교통의 교류지역이다. 세계최대 조강능력을 구비한 광양제철소와 동북아 물류거점기지로 성장하는 광양항 컨테이너 부두가 입지한다. 광양시는 외국인 투자의 촉진과 국가경쟁력의 강화를 도모하는 광양만권 경제자유구역의 중심도시로 부각하고 있다.[7]

행복 및 동북아 자유무역도시를 지향하는 광양시의 역점시책은 물류유통산업의 진흥, 철강 · 항만 · 기업도시의 건설, 교육 · 문화 · 체육진흥의 품격도시 육성, 맞춤형 시장농업 육성, 생산적 복지도시 지향, 친환

6) 광양시(2005), pp.16-25.

7) 광양시 홈페이지 http://www.gwangyang.go.kr

경도시 조성과 자치역량의 강화 등을 포함한다. 광양시 생활권은 여수, 여천, 순천이 상호 인접하는 광역적인 연담·경제생활권을 형성한다. 경제권은 광양항을 중심으로 환태평양 및 대중국 교역의 전진기지로서 개발되는 광범위한 특성이 강하다.

3) 광양항 친수공간의 여건

광양시에는 대부분의 공업지역이 항만을 따라 해안선에 입지하고, 대규모의 컨테이너 부두시설이 조성되어 있다. 광양항은 연간 548만TEU 처리능력을 보유한 128만평의 컨테이너부두 등 총 78개 선석을 운영하며, 4만 3천여척의 다양한 선박이 연간 약 2억톤 이상의 물동량 처리한다. 컨테이너부두 배후에 3,877,703㎡의 광활한 항만배후단지가 조성되고 국가·지방산업단지 등으로 조성된 21세기 신산업지대인 광양만권 산업클러스터가 구축될 전망이다.[8] 광양항 항만배후단지, 컨테이너부두 및 율촌지역의 총214만평은 자유로운 제조·물류·유통·무역 활동이 보장되고 외국인투자의 유치, 무역의 진흥, 국제물류 흐름을 원활히 하기 위하여 광양항 자유무역지역으로 운영될 것이다.

광양시는 광양제철 및 컨테이너 부두 개발, 배후물류단지의 건설 및 자유무역지역의 운영으로 동북아 국제물류·공업도시로 성장하고 있다. 이에 따라 배후지역의 광역 교통기반시설이 확충되고 있어 도시기능과 산업구조가 크게 변모할 것이다. 이러한 광양시는 신도시의 특성이 강하고, 문화유산 및 천연의 관광자원이 부족해서 각종 유원지, 위락단지와 공원의 건설이 절실하다. 따라서 광양시가 광양항의 개발로 국제물류거점도시, 국제적인 우수항구도시 및 동북아 경제권의 교역중심지로 성장하기 위해서는 대규모적인 항만친수공간의 개발이 절실한 형편이다.

---

8) 광양항 홈페이지 http//www.portgy.com

〈그림 8.2〉 광양항 배후지역 종합개발도

8.3.2. 광양항 친수공간 개발유형의 설정

1) 항만친수공간 개발의 기본유형

항만친수공간의 개발목적에 따라서 쾌적성 활용형, 도시문제 해결형, 유휴지 재생형, 시장성 도입형 및 도시기반 정비형으로 분류한다.[9] 항만개발의 형태를 기준으로 신개발, 재개발 및 전용·보존·수복개발로 나눈다. 도시공간구조의 관점에서 항만친수공간의 개발입지를 기준으로 도심입지형, 도시주변 입지형과 교외입지형으로 구분한다.

항만친수공간 개발에서 시설유형은 개발성격, 과거 타개발의 유형, 주변지역의 여건과 개발잠재력 등에 따라 좌우된다. 한국의 사례를 검토하면, 정형적인 항만친수공간의 개발경험이 거의 없는 실정이다. 따라서 한국에서는 항만도시의 역사, 배경 및 특성을 파악한 후에 항만의 기능별로 적합한 개발유형을 설정하는 것이 필요하다.

---

9) 해양수산부(1998), pp.175-178.

〈표 8.9〉 항만친수공간 개발의 유형

기준	분 류	중요사항과 특성
목적	쾌적성 활용형	■ 수변의 경관 · 물 · 향기 등 자연요소 중시 및 쾌적한 시민문화 공간의 조성
	도시문제 해결형	■ 도시문제(주택, 교통, 환경, 공단)의 해결 및 도시공간구조의 다원화
	유휴지 재생형	■ 노후항만공간의 보존 · 수복 · 재개발과 신도시공간의 조성
	시장성 도입형	■ 복합시설(판매 · 식당 · 위락 · 문화)의 수변공간 조성과 도시의 활력 · 성장 유도
	도시기반 정비형	■ 노후 · 유휴수변공간에 도시기반시설(상하수도, 변전소, 터미널)의 건설
형태	신개발	■ 연안매립, 인공섬 조성 등의 가장 적극적 수변개발방법의 활용
	재개발	■ 타용도항만의 수변공간 매립과 신항만 용도의 전환, 도시기능의 존속.
	전용 · 보존 · 수복	■ 항만 양호한 시설의 향상, 현존 시설 · 기능의 개선, 부적합 용도 · 시설의 제거
입지	도심입지형	■ 도심입지 항만지역의 재개발 · 전용 · 보존 · 수복방식의 개발
	도시주변 입지형	■ 항만기능의 도시외곽 입지, 도시활성화 목적 항만의 도시외곽지 개발
	교외입지형	■ 도시와 원거리에 위치한 항만의 장거리 위락 · 여가용도 개발

자료: 해양수산부(1998)

2) 광양항 친수공간 개발유형의 설정

개발목적을 기준으로 광양항 친수공간은 시장성 도입형을 중점으로 쾌적성 활용형을 보완하는 입장에서 개발유형으로 결정하는 것이 좋다. 개발형태의 시각에서 광양항은 대형 · 신설 국제컨테이너항의 특성을 보여 신개발 유형으로 친수공간을 개발하는 것이 타당하다. 개발입지의 측면에서는 광양항 친수공간은 도시주변 입지형의 유형으로 개발하는 것이 바람직하다. 대규모의 신항만기능이 조성되는 광양항에 대부분의

〈표 8.10〉 광양항 친수공간 개발유형의 선정

기 준	개발목적	개발형태	개발입지	개발시설
선정유형	시장성 도입형 중심 쾌적성 활용형 보조	항만신개발 중심 재개발 보조	도시주변 입지형	친수위락시설 친수상업·문화시설

도시관련시설, 항만시설과 항만관련시설 등을 항만친수공간에 설치할 필요가 있다.

8.3.3. 광양항 친수공간의 개발구상

1) 항만친수공간 개발목표와 방향

항만은 교통기능, 경제사회적 기능과 도시연관 기능을 가진다. 과거

〈표 8.11〉 광양항 친수공간의 주요 개발방향

주요방향	세부적 내용	방향강도
도시기능과 연계성	▪ 도시매력 증진과 도시·항만기능 조화, 휴식·문화·녹지공간의 조성	●
개성·다양성의 강화	▪ 개인·지역적 개성 및 다양성, 주민요구·문화요소 항만계획반영	○
여가·휴식의 활용	▪ 수변자원감상, 수변의 공간, 낭만, 개방과 생활쾌적성 조성	●
환경친화성	▪ 환경·생태계 보전, 환경친화적 개발, 항만개발시 생태계획의미 적용	◎
해양 휴향성 중시	▪ 여가·오락수요의 급증, 해안공간상 해양·위락시설의 조성	●
국제화 기능·공간성	▪ 수변지역의 개발 잠재력 증대, 문화공간의 조성, 거리·문화공연 실시	◎
장래의 확장가능성	▪ 장래 도시 발전상·변화 대응, 항만공간의 확장가능성 검토	○

비고: 방향강도 ● - 강함, ◎ - 보통, ○ - 약함을 의미.

에 항만의 도시연관기능은 도시화, 도시경제 성장과 고용증대 등 긍정적인 효과도 있지만, 현대에는 시민의 휴식·문화공간으로 인식되어 있다. 항만친수공간의 개발은 시민 생활의 질을 향상시키고, 항만을 환경친화적인 공간으로 변모시켜 쾌적한 휴식·문화공간으로 조성하는 목표가 있다. 또한 도시·항만기능의 연계성을 증진시켜 항만공간이 도시의 문화·휴식·여가생활의 공간으로 기능을 발휘하도록 목표를 둔다. 따라서 항만친수공간은 도시기능과 연계성, 개성·다양성 강화형, 여가·휴식형, 환경친화성, 해양 휴향성, 국제화 기능·공간성, 장래 확장 가능성 등의 방향을 설정하고 개발되는 것이 중요하다.

2) 항만친수공간의 대상유형과 지역

광양항은 충분한 정온수역과 수로를 구비하여 천혜의 양항조건을 구비하고 있다. 배후도시의 발전이 활발하고 관광수산자원이 풍부하여 성장의 잠재력이 큰 종합물류항만의 여건을 갖추고 있다. 광양항은 지역환경과 대외 이미지 제고의 입장에서 수질오염을 방지하기 위한 테마공원 형태의 개발이 필요하다. 산업단지와 항만분야 근로자를 위한 친수·문화공간, 산책로, 여가시설 등의 개발도 바람직하다.

광양항만 친수공간의 대상지로는 컨테이너부두 매립지와 묘도 준설토기장을 들 수 있다. 컨테이너부두 매립지는 광대한 부두공간, 배후지역의 황금·황길·성황지구 주민 및 중동지역민이 이용가능한 대단위 친수공원, 상징광장 및 전시관의 개발도 중요하다. 묘도 준설토기장은 환경오염으로 인한 주민의 피해가 심한 지역이다. 친수공간으로 개발하는 경우에 생태정밀조사를 실시한 후에 해양생태공원 및 생태박물관 건립 등으로 개발방향을 설정할 필요가 있다.

3) 항만친수공간의 개발 가능지 분석

광양항 컨테이너부두 지구는 시설, 입지 및 기능측면에서 항만친수공간의 개발가능지로 적합하다. 이곳에는 컨테이너 부두와 배후 주거지역간에 중앙공원 및 소공원 등의 녹지공간을 확보한다. 컨테이너부두가 화물하역공간으로 부족한 경우에 매립지 일부공간을 친수공간으로 개발한다. 광양항 전면부에 위치한 묘도는 준설토의 투기장소로서 환경오염의 피해가 발생할 수 있다. 광양항·여수시의 중간지점인 묘도지역은 환경오염의 감소 및 생태계 보전을 위한 친환경성 항만친수공간으로 개발하는 것이 요구된다. 이것은 광양항을 동북아의 국제적인 물류거점 및 환경친화성 항만으로 발전시킬 것이다.

8.3.4. 광양항 친수공간의 개발방향

1) 기본방향과 지구특성

광양항 친수공간의 조성목적은 컨테이너 부두, 광양제철소 및 물류단지를 수용할 수 있는 시민복지 시설을 조성하고 항만이용자 편의시설을 제공하는 데 있다. 항만친수공간은 광양항이 동북아 물류중심항만으로서 위상을 정립하고 도시화의 진전에 따른 위락·체육·학습 및 전시기능을 위한 시설과 관련요소를 도입하는 것이다. 따라서 광양항의 컨테이너 지구에는 컨테이너 항만과 광양제철의 결절공간에 친수 문화공간을 조성한다. 묘도지구는 준설토기장을 효과적으로 활용하기 위해

〈표 8.12〉 항만친수공간개발의 기본방향과 특성

항 목	세부적 내용
조성목적	■ 대량의 컨테이너 부두와 광양제철소 수요를 수용하는 시민 복지시설과 항만이용자 관련시설의 건설
공간성격	■ 국제물류항만의 위상과 도시화에 따른 위락·체육·학습·전시시설 및 관련요소의 도입
구상방향	■ 컨테이너 지구 - 컨테이너 항구와 광양제철의 결절지에 친수문화공간의 조성 ■ 묘도지구 - 묘도 준설투기장 이용의 각종 문화·위락시설의 설치
지구특성	■ 컨테이너 지구 - 항만근로자와 배후 시민고려의 항만특화공간 ■ 묘도지구 - 환경오염 감소와 자원보호의 해양생태공간

서 각종 문화·위락시설을 설치한다.

2) 항만친수공간의 시설계획

광양항의 배후단지계획은 국제물류 중심기능에 주안점을 두어 항만친수공간화 계획부문은 미흡하다. 기존 항만개발계획도 소규모의 공원조성이 포함되지만, 항만친수공간 개발은 거의 없다. 광양항 배후단지의 도로·시설물은 항만산업 근무자와 시민에게 쾌적한 환경적·심미적 공간환경을 제공하지 못한다. 따라서 컨테이너 부두를 활용하여 항만이용자·시민에게 쾌적한 녹지 및 항만친수공간을 제공하는 것은 매우 중요하다. 자연친화적인 항만친수공간은 쾌적한 휴식·여가공간을 확보하고, 친수공간에 체육, 편의, 조경·문화시설을 배치하여 광양항에서 상징성·시각성이 있는 미관·여가공간으로 성장하게 된다.

묘도지구는 해안매립과정에 소실된 생태계를 복원하여 자연친화적인 지속가능한 이용방안을 강구한다. 이를 테면, 해양성 자연생태공원은 훼손된 바다환경을 복원하는 입장에서 조성할 필요가 있다. 부속시설로 자연 생태학습관 또는 생태수련관시설을 유치한다. 시설 방문자를 위하여 편의·숙식시설을 건설하며, 관련 교육·체험프로그램 등은 지역실

〈표 8.13〉 광양항 항만친수공간의 시설계획

지구/성격	조성특성	유치시설
컨테이너항: 항만특화 공간	■ 항만이용자·배후 주민의 휴식공간 제공 ■ 켄테이너부두 이미지 상징 조형물의 조성	■ 유치-항만편익시설, 근린체육·휴식시설 녹지시설, 상징물 ■ 검토-친수광장, 전시시설
묘도: 해양 해양생태 공간	■ 바다와 철강 상징의 랜드마크 설치 ■ 자연환경의 복원과 생태공간의 조성 ■ 학습·휴식목적 해양생태공원 건설	■ 유치-랜드마크, 해양생태공원(생태학습관, 생태박물관), 체험·수련시설 ■ 검토-숙박·공연시설, 체육공원, 공연장

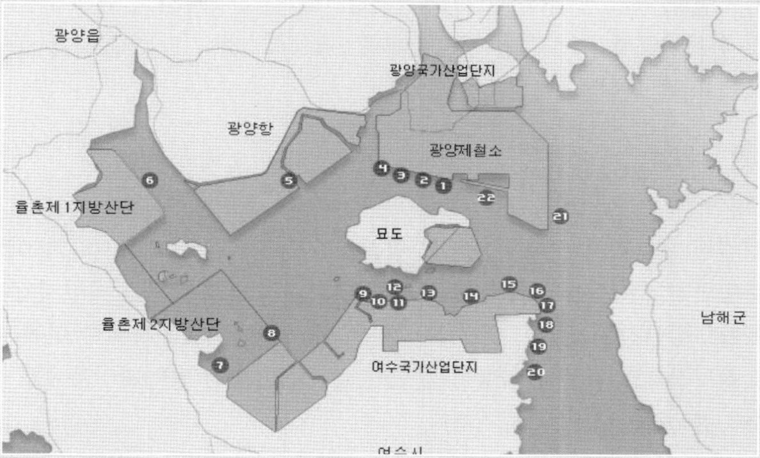

〈그림 8.3〉 광양항만 친수공간개발의 대상지

정과 자연환경의 회복기간을 고려하여 개발하는 것도 중요하다.

8.3.5. 광양항 친수공간의 개발전략

1) 광양항 친수공간 기본계획의 수립

연안역의 개발과 관련하여 항만기본계획(항만법), 공유수면매립기본계획(공유수면매립법), 신항만건설기본계획(신항만건설촉진법), 도시기본계획(도시계획법), 관광개발기본계획(관광진흥법) 등이 있다. 항만친수공간 기본계획도 연안역이 대상이므로 체계적·종합적인 친수공간을 확충하기 위하여 기본계획을 수립해야 한다. 이 계획을 통하여 항만친수공간에 대한 개념을 정립하고 개발전략을 강구한다. 항만친수공간 기본계획은 시민의 요구에 적합하고, 도시·지역특성에 적합한 항만친수공간에 종합적인 계획방향과 개발전략을 제시한다. 이것은 도시특성과 물류기능 위주의 항만계획이 상호 조화를 이루는 해양성 항만친수공간을 확보하는 데 매우 중요하다. 기본계획의 내용에는 친수공간 기본계획과 방향, 친수공간지구의 지정·변경·폐기, 친수공간 관련계획의 검토, 환경영향평가, 항만친수공간 재원조달계획, 및 기타 업무사항 등이 포함되어야 한다.

2) 광양항 친수공간지구의 지정

항만 친수공간 가능 대상지의 영역과 시설용도가 실제적·제도적으로 결정되어 있지 않다. 항만친수공간의 가능지역에서 대상지역의 설정은 항만지역·도시 간 기능적 조화를 도모하고 상호발전을 촉진시킨다. 실제로 항만친수공간의 개발에는 항만시설 또는 도시용지의 특성에 따라 장기적으로 검토할 사항이 많으며, 도시 및 연안역의 관리문제를 동시에 검토하는 것이 바람직하다.

친수공간지구는 항만친수공간 개발계획에서 지정하고, 이에 관련되는 개발행위의 제한과 친수공간의 운영·관리 사항을 결정하는 것이 좋다. 이것은 연안역 관련기관 간에 이해관계를 효과적으로 조정하고, 체계적인 협의·조정을 통하여 항만친수공간을 효율적으로 개발할 수 있다. 이를 테면, 항만친수공간지구 시설부담금제도를 도입하면 개발이익의 환수를 통한 세수의 증대가 가능하다.

3) 신항만건설·항만 재개발시의 친수공간 의무확보제

국토해양부의 관련 규정에는 신항만 건설과 기존 항만의 정비시 항만기본계획·설계에 친수·문화시설 조성계획을 포함시키고 있다. 친수·문화시설은 소공원, 산책로, 화단, 휴게소, 운동시설, 낚시터, 해양박물관 등 개별시설에 한정하고 있다. 이것은 쇼핑센터, 마리나시설 및 해양공원 등 대규모 상업·레저시설 중심의 복합적인 항만친수공간의 개발을 유도하지는 못하는 것이다.

선진 외국항만의 경우에 도시기능의 확대로 도심인접 항만이 외곽으로 이전하고, 기존의 항만부지는 재개발되었다. 따라서 항만의 재개발시 도시·항만의 특성을 최대한 감안하여 역사적 해양·문화시설을 친수공간으로 조성할 필요가 있다. 신항만의 건설에도 시민의 접근성과 환경친화적 친수활동이 보장되는 항만친수공간을 종합항만공간으로 확보해야 한다.

4) 광양항 친수공간 관련제도의 보완

국토해양부 규정은 항만친수공간을 공원·녹지중심의 시설로 규정하여 시설확충은 중앙정부의 임무로 인식되고 있다. 민간자본을 투자하여 항만친수공간을 개발하는 제도적인 대책이 미흡하다. 단지 신항만 개발사업에서 민간이 해양친수공간의 기반을 조성하는 경우에 신항만건설촉진법에 의하여 행정·재정지원을 받을 수 있다. 이 경우에 항만친수공간의 규정 미비, 신항만 건설촉진법·항만법·민자유치촉진법 간 정합성이 취약하다.

따라서 해양성 친수공간의 확보는 기본시설유형에 대한 법률이 정비되지 않아 정부투자에 의한 소규모 자연녹지 위주의 친수공간확보에 치중하고 있다. 항만친수공간이 기존 항만의 이용, 항만 재개발, 신항만 건설 및 연안역관리 등을 통하여 원활하게 확충되도록 관련 제도를 정비할 필요가 있다. 민자유치촉진법을 개정하여 민간사업자가 항만친수공간을 개발하도록 제반 대책을 강구한다.

5) 광양항 시설의 개방과 홍보활동의 강화

국토해양부는 예규로 항만내 친수·문화시설조성 및 관리계획을 수립·시행하고 있다.[10] 이 계획에는 항만미관위원회의 설치·운영 또는 항만의 날 지정 등이 존재한다. 과거에 항만시설의 개방, 친수·문화활동은 특정일에 일과성 행사에 그치고, 항만시설의 개방 또는 방문활동은 극히 제한적이었다. 그래서 해양성 휴식·여가·문화시설 등 시민의 요구를 반영하지 못하고, 단지 자연·녹지공간 위주로 완충지대를 확보하고 있다.

따라서 광양항 친수공간의 개발정책에서는 시민의 항만시설 이용 및

---

10) 해양수산부(1998)

견학·방문활동의 증대를 통하여 항만의 경제·사회적 가치를 홍보한다. 광양만권의 초·중·등 교육과정 또는 시민의 제반 교육프로그램에 항만의 중요성과 가치를 교육하는 내용도 포함시키는 것이 중요하다.

6) 항만친수공간 관련법규의 정비

해안의 다양한 특성을 감안할 때 독립된 해안관리법규 또는 종합적인 개발법규는 없는 실정이다. 해안의 개발·이용에 관한 개별법은 많아 해안개발 및 관리절차가 매우 복잡하다. 해안 및 육역부에 대한 개별법규는 국토건설종합계획법, 국토이용관리법, 도시개발법, 건축법, 도시교통정비촉진법 등이 존재한다. 해안선과 해안해역부의 개발·정비에는 신항만건설촉진법, 항만과 그 주변지역의 개발 및 이용에 관한 법률(항만지역 개발·이용법), 항만법, 공유수면 매립법 등의 적용을 받는다.

실제적으로 항만친수공간 계획내용과 수립주체에 대한 내용이 미흡하여 항만친수공간 제반업무를 체계화·일원화하는 "항만친수공간 개발법"의 제정 또는 "항만지역 개발·이용법"의 개정이 필요하다. 항만법에는 항만친수공간계획을 항만기본계획 및 항만배후단지개발 종합계획의 내용에 항만친수공간 내용을 명문화하고, 임항구역내에 친수공간지구를 지정한다. 민간투자법의 제2조 사회기반시설유형에 친수공간을 포함하고, 공유수면매립법에서는 항만친수공간 확보를 의무화한다.

7) 광양항 친수공간개발 조직의 설립

항만친수공간의 개발에는 시민, 환경, 항만, 문화, 공원 및 해양 등 관련된 분야가 복잡하고 다양하다. 이에 따라 지방자치단체, 국토해양부, 환경부, 및 기획재정부 등 관련 부처와 관계법규가 복잡하여 항만친수공간 개발계획의 수립과 집행에는 시간·비용의 낭비가 많다. 국토해양부가 항만친수공간 기본계획을 수립하고, 이의 실행계획은 해당 항만공사 또는 지방자치단체에서 수립하는 것이 중요하다. 중앙정부 차원의 "항만친수공간개발기획단"을 만들어 운영한다. 지방정부 차원에서도 전라남도, 광양시, 상공회의소, 지방해양수산청, 경제자유구역청 및 컨테이너부두공단 등이 참여하는 "광양항 친수공간개발팀"을 광양시에 조성하여 친수공간개발과정에서 조정·협의를 강화하여 친수공간을 개발하는 것이 효과적이다.

요 약

1. 항만친수공간은 항만지역에서 친수행위가 일어나는 물리적 공간과 그 기반시설을 의미한다. 21세기 항만개발 환경은 항만수요 및 항만개발특성 분야에서 변화하며, 개발특성에서 항만친수공간의 개발이 부각되어 있다.
2. 항만친수공간개발의 시설유형은 대략 친수 위락공간, 친수 상업공간, 친수 주거공간, 친수 문화공간 및 친수 교통공간으로 구분한다. 항만기능이 존속, 변화, 소멸 및 창출되느냐에 따라서 친수공간의 개발방향과 시설유형이 달라진다.
3. 국토해양부는 전국 10개 항만재개발기본계획을 확정하고, 일부에 항만친수공간을 조성할 계획이다. 외국 선진항만의 친수공간개발은 국가별 역사·산업적 배경, 지형조건 및 항만기능의 변천에 따라서 다양한 유형을 취하고 있다. 이러한 선진외국의 주요항만들은 개발의 특성에 따라 다양한 유형의 항만친수공간을 조성하여 생활 질의 향상, 도시재개발·정비사업 시행 및 도시경쟁력 강화에 기여한다.
4. 한국에서 항만친수공간 개발의 문제점은 시설·기능, 계획·관리 및 법·제도의 측면에서 종합적으로 파악할 수 있다. 시설·기능의 측면에서 항만친수공간 개발의 문제점은 항만공간 시설구조의 불균형, 항만연안역 이용의 폐쇄성, 항만·도시기능간 미연계 및 친수공간 기술의 전문성 부족 등이 드러나 있다. 항만계획·관리의 측면에서도 화물수요 대응형 항만개발, 중앙정부 주도의 항만

개발, 종합항만공간의 형성 미비 및 항만개발전략과 관리구조의 소홀 등의 문제점이 노정된다.

5. 광양시는 공업기능이 강하며 광양항의 개발에 따라 항만관련 산업의 비중이 크다. 광양시는 여전히 공업도시 및 동북아 국제물류 항만도시로 성장할 전망이다. 이에 따라 광양시에는 테마공원의 개발과 항만친수공간의 조성이 필요하다. 광양항만 친수공간은 시장성 도입형, 신개발 및 도시주변 입지형의 형태로 개발하는 것이 바람직하다.

6. 항만친수공간의 개발목표는 시민생활의 질을 향상시키고, 항만을 도시의 휴식・관광・문화・여가공간으로 기능하도록 한다. 항만친수공간화 정책은 도시기능과 연계성, 개성・다양성 강화형, 여가・휴식형, 환경친화성, 해양 휴향성 등을 감안하여 시행하는 것이 중요하다. 항만친수공간의 시설유형도 세부적인 기준과 토지이용용도를 바탕으로 결정해야 할 것이다.

7. 광양항만 친수공간의 대상지는 컨테이너부두 매립지와 묘도 준설토기장을 고려하고 개발가능성도 크다. 광양항 친수공간의 개발은 항만시설의 시민친근감 향상, 쾌적한 도시환경의 조성, 해양성 친수공간을 확보하는 것이 목표이다.

8. 실제적인 광양항만 친수공간의 대상지는 컨테이너항 지구와 묘도지구이다. 컨테이너 항만의 부지에는 쾌적한 녹지공간의 조성과 항만 친수공간의 확보가 매우 중요하다. 묘도지구는 소실된 자연생태계를 복원하여 자연친화적인 지속가능한 자연이용방안의 하나로 해양생태공원을 조성한다.

9. 광양항만 친수공간의 개발전략은 항만시설의 개방과 홍보활동의 강화, 신항만 개발과 항만재개발시 친수공간 의무확보제, 항만친수공간 관련제도의 보완, 항만친수공간 기본계획의 수립, 항만친수공간 지구의 지정, 항만친수관련 법규의 정비 및 항만친수공간 행정조직의 설립 등으로 제시할 수 있다.

중요개념

항만친수공간	연안역 관리법	물류거점항만
환경친화적 항만개발	해운교통산업의 변화	항만개발계획
항만재개발 기본계획	화물수요대응형 항만	도시생태공간의 조성
항만연안역이용	항만배후단지	종합항만공간
친수공간개발 유형	컨테이너 부두	항만친수공간 개발계획
도시기본계획	공유수면 매립계획	국토건설종합계획법
항만법	항만친수공간 확보제	연안역 관리

연습문제

1. 항만친수공간의 개념을 알아보고, 항만친수공간을 개발하게 되는 환경변화의 내용과 그 배경을 설명하라.
2. 항만친수공간의 개발위치를 파악한 다음에 항만친수공간의 시설유형을 말하라.
3. 한국의 항만친수공간 개발계획을 살펴보고, 외국항만의 개발사례를 검토하여 이에 나타난 시사점에 대하여 언급하라.
4. 시설기능, 계획·관리 및 법·제도의 측면에서 한국항만친수공간의 개발에서 드러난 문제점은 무엇인가?
5. 광양의 도시·항만적 특성을 검토하고 나서 광양항에 항만친수공간을 조성하기 위한 개발유형을 제시하라.
6. 광양항 친수공간의 개발목표와 방향을 설정하고, 대상유형과 지역을 검토하여 그 가능지를 분석하라.
7. 광양항 친수공간의 기본방향과 특성을 정립한 후에 광양항 친수공간의 개발전략을 종합적으로 강구하라.

News

그린에코 광양항 조성토론회 개최

전남 광양항을 그린 에코(GREEN ECO)항으로 조성하기 위한 토론회가 열린다. 광양시는 14일 오후 1시30분 월드마린센터 2층 국제회의장에서 'GREEN Eco 광양항 조성 대토론회'와 광양항 발전위원회를 개최할 계획이라고 13일 밝혔다. 이번 토론회는 자연이 가진 생태 요인들을 항만으로 흡수하여 녹색성장이 가능한 친환경 공간으로 만들기 위한 자리로, 광양시와 국회 우윤근 의원실을 비롯, 전라남도, 여수지방해양항만청, 한국컨테이너부두공단, 광양항 활성화 시민행동, 광양자치포럼 등이 함께한다.

이번 토론회에서는 정부의 강력한 저탄소 녹색성장 드라이브 정책과 연계한 녹색물류, 친수공간, 친환경시설 등을 조합한 신개념 성장 전략인 '그린 에코 포트(Green Eco port)'의 광양항 도입 전략과 넓은 배후지역을 연계하여 생태계의 다양성, 자립성, 안전성, 그리고 순환성을 동시에 가지는 친환경 자족형 항만물류 공간인 에코 폴리스(Eco-Polis)를 만들기 위한 각계의 의견이 제기될 예정이다. 이날 토론회에서는 한국해양수산개발원(KMI) 김학소 기획실장의 '녹색성장과 항만발전 방향'이라는 기조 발표와 함께 KMI 이성우 박사의 '녹색성장과 연계한 광양항의 Green Eco port 전략' 주제발표가 있을 예정이다.

이어 방희석 중앙대 사회과학대학장의 사회로 5명이 (저탄소 녹색성장 국민포럼 강진 교수, 국토해양부 송종준 사무관, 환경부 성지원 서기관, 광양만권 u-IT 연구소 조병록 소장, 광양항 활성화 시민행동 박형배 대표)토론을 벌인다. 토론은 정부의 녹색성장 정책과 외국 항만의 친환경 사례, 우리 광양항의 지속 가능한 환경친화적 발전방향 등으로 이어질 전망이다. 전라남도와 광양시에서는 이어서 오후 3시30분 "제7차 광양항 발전위원회"를 개최, 토론회에서 거론된 내용을 바탕으로 대정부 건의문을 채택할 예정이며 청와대, 국회, 국토해양부 등에 건의할 예정이다.

【자료】 경향신문, 2009년 5월 13일

참고문헌

1. 광양시, 2016년 광양도시기본계획, 1999.
2. 광양시, 항만워터프론트 개발사례, 광양항 레포트 통권 제31호(2005. 12.), 2005, pp.13-17.
3. 광양시, 중기 투자 및 재정계획(2003-2007), 2005.
4. 광양시, 2006년 주요업무 시행계획보고, 2006. 1.
5. 김광두, 21세기의 Water Front, 도서출판 누리에, 1998.
6. 김정수 · 신계선, 신항 항만배후단지 워터프런트의 합리적 개발방안, 한국항만경제학회지 제23집 4호, 한국항만경제학회, 2007, pp.243-265.
7. 김학소, 환경친화적 항만과 친수성 항만개발 정책방향, 한국해양수산개발원, 1997.
8. 김학소, 1999, 21세기를 대비한 환경친화적인 항만개발 정책방향, 한국해양수산개발원. 1999.
9. 대한국토 · 도시계획학회, 지역계획론, 보성각, 1997.
10. 방희석, 광양항 컨테이너 허브항의 발전적 개발방안, 바다의 날 기념 광양항 시민대토론회: 발전전망과 친환경 항만조성, 광양환경운동연합, 광양시 커뮤니티센터(2003. 5.30), 2003, pp.27-49.
11. 부산시정연구단, 워터프론트와 미래형 도시개발, 1992.
12. 심기섭, 우리나라 항만재개발제도의 문제점과 개선방안에 관한 연구, 월간 해양수산 통권 259호, 한국해양수산개발원, 2006, pp.5-15.
13. 유미현, 우리나라 항만개발에서 친수공간확보에 관한 연구, 한국해양대학교 대학원 무역학과, 석사학위 논문, 2002 2.
14. 정봉현 · 윤상호, 21세기 항만친수공간의 개발기술과 정책과제: 시론적 접근, 한국항만경제학회지 제16집, 한국항만경제학회, 2000, pp.359-375.
15. 정봉현, 국제물류 거점항만의 친수공간화 정책방향, 2007 정책세미나 및 국제학술대회 논문집, (사) 한국항만경제학회 · 군산시, 2007, pp.313-342.
16. 정봉현, 국제항만 친수공간의 개발유형설정과 정책방향 -광양항을 중심

으로-, 한국항만경제학회지 제24권 3호, 한국항만경제학회, 2008, pp.1-26.
17. 이중우, 항만재개발의 동향, 포트오소리티, 통권 제2호, 한국컨테이너부두공단, 1997.
18. 이한석·도근영, 워터프론트 계획, 도서출판 이집, 2000.
19. 조대성, 도시 수변공간 개발, 도서출판 누리에, 1999.
20. 조동오, 친환경적 광양항만 조성을 위한 외국사례 비교 및 제안, 바다의 날 기념 광양항 시민대토론회: 발전전망과 친환경 항만조성, 광양환경운동연합, 광양시 커뮤니티센터, 2003. 5, pp.51-78.
21. 조진행, 평택항 친환경적 개발방안, 평택환경운동연합 발표자료(2000. 11.), 2000, pp.1-27.
22. 진형인, 쾌적하고 아름다운 미항 광양항 만들자, 바다의 날 기념 광양항 시민대토론회: 발전전망과 친환경 항만조성, 광양환경운동연합, 광양시 커뮤니티센터, 2003. 5, pp.11-25.
23. 최도석, 부산항 항만시설의 도시관광상품화 방안, 동북아 물류동향, 부산발전연구원, 2006, pp.83-124.
24. 한국해양수산개발원, 도서지역 개발촉진을 위한 정책방향 연구, 1997.
25. 한국해양수산개발원, 어촌친수공간 개발에 관한 연구, 정책자료 98-22, 1998a.
26. 한국해양수산개발원, 해양도서의 관광진흥을 위한 정책세미나, 1998b.
27. 홍성도, 항만재개발사업의 방향제시에 관한 고찰, 해운·물류: 이론과 실천 제6호, 2002, pp.63-83.
28. 황해성, 21세기 인천항 친수공간 개발방안, 해양안전소식지 봄호, 해양안전심판원, 2000, pp.101-121.
29. 해양수산부, 친수성 항만공간 개발 실시계획 검토 및 기본구상, 1998a.
30. 해양수산부, 해양관광 현황 및 진흥방안(내부자료), 1998b.
31. 해양수산부, 항만워터프런트 개발사례집, 2000.
32. 해양수산부, 제1차 항만재개발기본계획(2007-2016), 2007.
33. Breen, Ann and Dick Rigby, The New Waterfront, 1996.
34. 畔柳昭雄, 海洋性 レクリエーション 施設, 1997.
35. (社)日本海洋開發建設協會, 人と自然に優しい, 海洋施設をめざして, 1995.

환경친화적 광양항 관리정책의 발전방향

녹색성장은 기후변화 대응노력에 동참하고 저탄소 사회를 구현하는 성장개념이다. 녹색성장 시대에 항만과 환경과의 영향을 파악하여 환경친화적으로 항만을 관리하는 것이 매우 중요하다. 여기에서는 광양항을 사례로 물류수송체계의 전환, 컨테이너부두 운영, 항만운영기술, 항만친수공간 조성, 폐기물처리 및 항만계획 등을 통하여 어떻게 항만을 환경친화적으로 관리할 수 있는 발전방향을 살펴본다.

제9장 환경친화적 광양항 관리정책의 발전방향

9.1. 녹색성장과 환경친화적 항만의 개요

9.1.1. 녹색성장의 개요

1) 녹색성장의 개념

녹색성장(green growth)은 범지구적인 기후변화 대응노력에 동참하고 녹색성장을 통한 저탄소 사회를 구현하는 성장개념이다[1]. 경제성장의 구조에서 온실가스를 증가시키지 않고 환경지속성을 향상시키는 신패러다임이다. 이것은 전 세계적으로 기존 성장위주의 국가발전전략

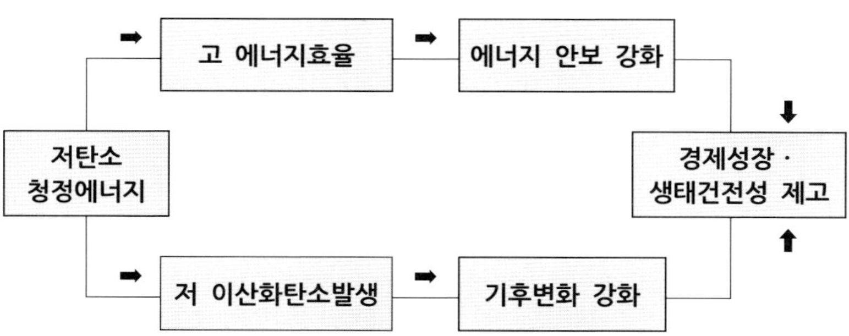

〈그림 9.1〉 저탄소 녹색성장 패러다임

---

1) 경남발전연구원(2009), p.4.

을 대체하는 새로운 국가발전의 패러다임으로 제시되고 있다. 따라서 녹색성장은 환경과 경제의 선순환구조를 통하여 양자의 시너지를 극대화하고 이를 새로운 동력으로 삼는 것이다[2].

2) 녹색성장의 배경과 요소

한국에서 녹색성장은 에너지와 환경문제, 일자리와 성장동력 확충, 기업경쟁력과 국토 개조, 생활혁명을 포괄하는 종합적인 국가비전이다. 자원·환경위기의 시대를 맞이하여 저탄소 녹색성장이 미래 국가경쟁력의 핵심으로 대두되고 있다. 이러한 시대에 불가피하게 국가성장의 신개념으로 정착한 것이 녹색성장이다. 이것은 건실한 성장과 에너지·자원 사용량의 최소화, 동일 에너지·자원 사용과 환경부하(CO_2 배출)의 최소화, 신 성장동력의 개발 등의 요소를 가지고 있다[3].

〈표 9.1〉 녹색성장의 요소와 내용

요 소 명	요소별 세부내용
건실 성장과 에너지·자원 사용량의 최소화	■ 에너지 저소비형 산업구조 개편(제조업→지식서비스업 중심) ■ 에너지 소비절약/사용 효율화 ■ 생태효율성 제고 정책
동일 에너지·자원 사용과 환경부하 최소화	■ 신재생 에너지 보급확대 ■ 원자력 등 청정에너지 개발 ■ CO_2 배출 규제, 저탄소 ■ 친환경 인프라 구축 ■ 소비자 녹색제품 구매 활성화
신 성장동력의 개발	■ 녹색기술에 대한 R&D 투자 ■ 세계시장 선점 지원 ■ 신재생에너지 등 녹색산업 육성 및 수출산업화

자료: 녹색성장위원회 http://www.greengrowth.or.kr

2) 녹색성장위원회 http://www.greengrowth.or.kr

3) 녹색성장위원회 http://www.greengrowth.or.kr

9.1.2. 환경친화적 항만(Green Port)의 개요

1) 환경친화적 항만의 정의

환경친화적 항만은 생태계의 다양성, 자족성, 안전성과 순환성을 동시에 유지하는 친환경적인 자립형 항만물류의 공간이다[4]. 이것은 생태적, 물리적, 공간적 여건을 구비한 항만에 적용할 수 있는 새로운 항만정책이다. 항만에는 추가적으로 개발할 시설여지가 있어서 환경친화적인 시설을 도입할 수 있다. 환경친화적 항만과 재래항만은 배후지역과 생태환경, 지속가능성 및 환경친화적 시설 등의 측면에서 다른 점들이 존재한다.

〈표 9.2〉 재래항만과 친환경적 항만의 차이점

요 인	재래항만	환경친화적 항만
배후지역과 생태환경	■ 항만과 배후지역의 물류경로 상 발전추구	■ 항만, 배후지역 및 생태환경 간 조화발전
지속가능적 개발	■ 자원·에너지 사용과 비지속가능성 개발	■ 자원·에너지 저감시설과 지속가능한 개발 추구
환경친화적 시설	■ 다양한 친환경시설과 자연 간 연계 미비	■ 다양한 친환경 시설과 자연 간 종합연계

자료: 이성우(2009)

2) 항만과 환경 간 상호영향

환경친화적 항만은 항만기능과 해양환경의 합일된 개념으로 상호연관성을 체계적으로 파악하는 것이다. 영향관계는 크게 환경에 대한 항만영향과 항만에 대한 환경영향으로 대별되고 있다[5]. 전자의 예로서는 해수유동의 변화, 퇴적, 준설토의 처분, 폐기물, 염도변화, 해상투기, 외부생물 유입, 독성물질, 유류오염, 영양염과 미관공해 등이 있다. 항

4) 이성우(2009), pp.4-6.
5) 정현(1988), pp.52-56.

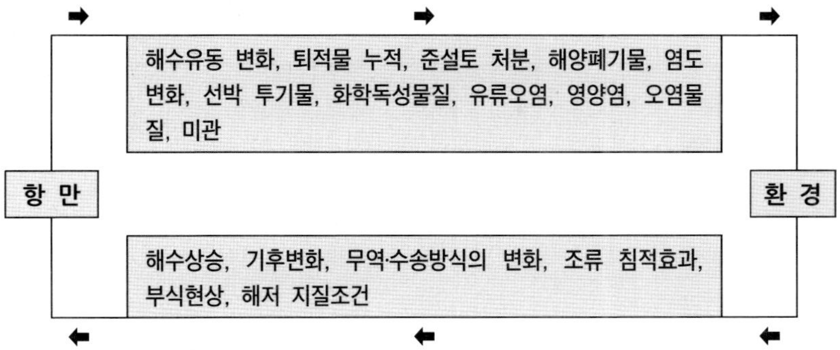

〈그림 9.2〉 항만과 환경의 상호영향 관계

만에 대한 환경영향들은 지구온난화로 해수면 상승과 기후변화, 환경영향에 의한 무역·통행방식의 변화, 조류 침적효과, 부식현상 및 해저지질의 변화 등이 해당된다.

9.2. 광양항의 수송수요와 환경실태 분석

9.2.1. 광양항 물동량의 수송실적과 전망

1) 컨테이너 물동량의 수송실적과 전망

광양항은 1998년 68천TEU에서 2007년에는 1,723천TEU를 처리하여 1998-2007년 동안 연평균 43.2%의 급증세를 보여주었다. 동기간에 컨테이너 수출물동량은 45.6%, 환적물동량은 38.6% 증가하였으나, 연안화물량은 오히려 연평균 11.5%로 감소하였다. 환적화물 물동량도 급증세가 유지되었으나, 근년에 분담율은 2004년 27.2%에서 2007년에 18.2%로 감소하여 광양항의 대중국 환적화물의 거점항 기능이 저하되고 있다. 환적화물이 증가한 것은 장치장 허용기간의 장기화, 환적 컨테이너 하역료와 화물입항료 인하 등 인센티브가 도입되었기 때문이다.

〈표 9.3〉 컨테이너 물동량 수송실적과 전망

(단위 : 천TEU, %)

구 분		1998	2000	2004	2007	2020	연평균증가율	
							'98-'07	'07-'20
외항	소 계	59	619	1,315	1,720	7,051	45.5	11.5
	수 입	35	302	472	701	3,354	39.5	12.8
	수 출	24	317	483	704	3,697	45.6	13.6
	환 적(a)	0	32	360	314	8,999	38.6	29.4
	비율(%):a/b	0.0	4.7	27.2	18.2	53.1	+13.5	+39.6
연 안		9	27	6	3	889	-11.5	54.9
총 계(b)		68	678	1,322	1,723	16,939	43.2	19.2

자료: 한국해양수산개발원(2001); 한국컨테이너부두공단 http://www.kca.or.kr

광양항의 컨테이너 물동량은 2007년 1,723천TEU에서 2020년 16,939천TEU로 추정되어 동기간에 19.2%의 신장세를 보일 전망이다. 동기간에 수출입 물동량과 환적화물은 각각 연평균 11.5% 및 29.4%의 증가율로 신장될 것으로 추정된다.

2) 수송수단별 컨테이너 물동량의 수송실적

환경 측면에서 2001-2007년 동안 수출입 컨테이너 물동량을 수송수단별로 분석하는 것은 의미가 있다. 동기간에 도로 및 철도운송의 부문

〈표 9.4〉 수송수단별 컨테이너물동량 실적

(단위: 천TEU, %)

구 분	2001년		2004		2007		연평균증가율
합 계	689	100	962	100	1,405	100	12.6
연안해송	44	7.0	6	0.6	3	0.2	-36.1
철도운송	160	23.0	182	19.0	282	20.1	9.9
도로운송	485	70.0	773	80.4	1,120	79.7	15.0

자료: 한국컨테이너공단 http://www.kca.or.kr

은 각각 15.0% 및 9.9%로 증가하였으나 연안운송은 36.1%로 감소하였다. 광양항의 철도운송은 1999년 철송장 개장 이후 운송물동량이 계속 증가하였다. 광양항의 도로운송 비중은 2001년 70.0%에서 2007년에는 79.7%로 증가하여 항만운영에 의한 대기오염을 악화시키는 요인이 된다.

9.2.2. 광양항의 교통환경과 해상교통량

1) 광양항로의 교통환경

광양항의 외항선박 입·출항수는 2004년 17,868척에서 2007년에 20,585척으로 연평균 4.8%로 증가하였다. 광양항은 해상교통량이 폭주하고 대형선박, 화물운반선 및 고속여객선의 통항이 빈번하여 대형 해상사고의 위험성이 크다[6]. 특히 광양항·여수항은 원유, 제철연료 및 화력발전소 연료를 처리하는 항만으로 초대형 유조선(VLCC: very large crude carrier) 및 광탄선과 같은 흘수제약선의 입출항이 많다. 이러한 환경에서 항계내, 특정항로 및 광양만 진입수로에는 유류오염사고를 포함한 대형 해양사고의 위험이 상존하고 있다. 컨테이너선, 유조선 및 광탄선 등 대형선박들의 입·출항 이외에도 정제유 및 케미컬을 운송하는 중소형 선박의 입·출항도 증가해서 해상교통은 더욱 혼잡하다.

2) 광양항의 해상교통량 전망

항만의 장래 입·출항선박의 교통량 추정은 항만개발의 적정성, 해상교통환경의 평가 및 환경친화적 교통정책의 수립을 위하여 필요하다. 이것은 항로의 혼잡도, 항로폭원의 결정, 항만의 운영방안 설정에 상당히 소중한 자료이며 고려요소이다. 광양항의 해상교통량은 2006년의 22,268척에서 2011년 24,798척, 2020년 28,421척으로 연평균 1.8%정도 증가할 것이다[7].

---

6) 김철승외 2인(2006), p.1.
7) 박영수외 2인(2007), pp.447-448.

9.2.3. 광양항의 환경실태 분석

1) 광양만의 연안환경

광양만의 전체면적은 466㎢로서 해역면적 131㎢, 육역면적 335㎢로 구성되어 있다. 광양만은 2000년에 특별관리해역으로 지정되어 전체면적의 33.7%가 매립되었다. 광양만권의 개발사업으로 매립면적은 계속 증가하여 해역면적은 축소되고 있다. 국가산단(여수, 광양, 광양제철)과 지방산단 4개소는 매립사업으로 조성되었다.

해수수질을 나타내는 화학적 산소요구량(COD: chemical oxygen demand)은 2003년 이후 점차 감소하고 있다. 표층퇴적물에 중금속인 카드늄(cd)과 구리(cu)는 다른 해역에 비해 높다[8]. 해양생태계를 보면, 유기물 오염지표종인 Tharyx. sp.가 출현하여 유기물의 오염이 심각하다. 광양만에는 입출항 선박이 증가하여 해양오염사고가 발생할 우려가 상존하나 항만환경의 관리대책은 미흡하다.

2) 광양지역의 환경상태[9]

광양지역의 악취는 타 지역보다 심각하고 광양만 해역의 중금속 농도는 타 지역보다 높다. 인근 산업체의 영향으로 악취 원인인 암모니아 농도는 광양항에서 겨울철에 최고 596.9ppb(parts per billion)이다. 이것은 인근 지역인 경남 남해(305ppb), 하동(224ppb)과 여수(175ppb), 고흥(85.5ppb)에 비하여 아주 높다. 광양만 해역퇴적물에서 검출된 중금속은 아연이 112.3㎍/ℓ로 하동과 남해 등 대조 군해역의 14.53㎍/ℓ 보다 8배가량 높은 농도를 보인다. 구리는 15.65㎍/ℓ로 대조 군해역의 8.19㎍/ℓ 보다 2배가량 높다. 광양만 내만을 중심으로 해파리류가 대량 출현하고 동물성 플랑크톤 출현개체수의 증가를 보여 빠르게 오염되고 있다.

---

8) 김성수・김동주(2009), pp.15-16.

9) 씨앤비 뉴스(2008.12.12)

3) 항만운영 여건과 대기오염[10)]

세계적으로 머스크라인을 비롯한 글로벌 선사들은 중국으로 기항지를 이동하며 중국에 자사가 보유한 컨테이너터미널 증가시킨다. 중국항만이 아시아의 허브항만으로 성장하여 급증하는 물동량, 저렴한 항만시설사용료, 수출입기업의 중국 이전, 글로벌 선사의 이탈 등 불리한 여건에 있다. 이에 따라 국내 환적화물 및 수출입 물동량이 정체, 증가율 둔화 추세를 보여 광양항의 입지가 불안정하다. 광양항의 입지는 항만물동량의 유치, 항만서비스 수준의 향상, 항만운영비용의 절감 등 항만의 경쟁력을 강화해야 한다. 세계적인 대형항만의 야드 하역장비를 보면, 디젤사용 RTGC수는 적어지고 전기이용 RMGC가 증가하고 있다. 전기를 사용하는 RMGC는 자동화·대형화의 이점도 있지만, 연료비와 유지보수비를 절감시켜 항만의 운영여건을 향상시킨다. 광양항의 RTGC 하역시스템은 유류비 상승에 따라 직접운영비가 급증하는 하역장비 운영구조를 가지고 있다.

9.3. 환경친화적 광양항 관리정책의 발전방향

9.3.1. 환경친화적 항만물류 수송체계의 전환

1) 개요

환경친화적 물류체계는 제품의 생산자 - 최종 소비자 과정에서 제품과 서비스를 제공하는 데 필요한 생산, 운송, 보관, 포장 등의 물류활동에서 환경부하가 적은 물류시스템을 의미한다. 녹색성장 시대에서 항만의 물류수송에서도 대기오염과 에너지 절감이 핵심사항이 되고 있다. 실제로 광양항 화물의 도로운송 의존도는 높아지고, 환경친화적인 선박과 철도에 의한 운송실적은 감소하고 있다.

10) 김우선외 2인(2007), pp.14-15.

〈표 9.5〉 항만물류수송의 운송수단 전환효과

전환효과	효과의 세부내용
사회비용의 절감	▪ 톤-km당 사회적 비용-도로 258원, 철도 44원, 해운 9원 ▪ 도로운송화물 5%의 연안해운 전환 ▪ 톤-km당 약 123억원 사회적 비용절감 효과
환경비용의 절감 오염물질의 저감	▪ 도로운송 화물 3%의 연안해운 전환 ▪ CO_2 배출량 257,856톤 감소, 환경비용 감소 6,464억원

자료: 전형진 · 고현정(2008)

도로운송은 대기오염, 도로파손 및 교통혼잡을 유발하며 에너지를 많이 소비한다. 이를 테면, 톤-km/g당 이산화탄소 배출량은 연안해운 15g, 철도운송 28g, 도로운송 98g으로 도로운송이 제일 많다. 항만은 선박, 트럭 및 기차 등 교통수단의 연계장소로서 대기오염 정도가 아주 심하다. 한국에서 도로수송 부문의 CO_2 배출량은 국가 전체의 50% 이상을 차지한다. 따라서 화물운송에서 도로운송을 연안해운 또는 철도로 전환하는 것이 저탄소를 유지하는 핵심사항이다. 이것은 사회비용과 환경비용을 절감시키고 오염물질을 저감하는 효과가 있다.

2) 항만물류 수송수단의 전환방안[11)]

연안해운은 선박의 수요 및 공급에 경직성이 심하고 대부분의 선박이 노후화되어 있다. 운영 면에서 운송시간이 장기간 소요되며 주로 원자재 위주의 화물을 취급한다. 연안해운 기업은 소규모의 영세성을 띠며 연안화물 운송서비스의 서류처리가 미숙하다. 철도운송은 화물의 운임구조와 운송시간에서 탄력성이 부족하다. 철도운송의 환적단계에서 상이한 주체가 활동하여 편리성이 떨어지며 화물고객의 요구에 신속하지 대응하지 못한다. 철도개량사업으로 기존 물류시설에 대한 이전대책이 미흡하고 물류시설의 조성 시 주민반대로 기반시설을 수월하게 조

11) 전형진 · 고현정(2008), pp.92-113.

성하지 못하고 있다. 철도 물류시설을 조성할 때 부과되는 초기의 각종 부담금은 장애요인으로 작용하고 있다.

항만물류 운송전환을 위한 정책방안은 연안해운, 철도 및 화주의 입장에서 종합적으로 제시할 수 있다. 연안해운에 대한 촉진정책은 연안화물 운송보조금, 연안해운 시설보조금, 면세유 공급, 친환경선박 확보지원, 친환경물류기업 인증제, 온실가스 추가배출권 부여 등이 있다. 철도에 대한 촉진정책은 자가물류시설, 선로 및 화차 투자에 대한 투자비 일부 보조와 세액공제, 정부의 철도시설투자 확대, 선로사용료 감면, 화주에 대한 운송비 보조, 그리고 친환경물류기업 인증제, 온실가스 추가배출권 부여 등이 있다. 이외에도 사회적비용을 세제화하는 방안도 고려할 수 있다.

〈표 9.6〉 화물운송구조의 문제와 운송수단 전환방안

<table>
<tr><th colspan="2">운송구조 문제점</th><th colspan="2">운송수단의 전환방안</th></tr>
<tr><td rowspan="3">연안
해운</td><td rowspan="3">선박수급의 경직성, 선박의 노후화, 장시간 운송거리, 화물취급 경직성, 기업의 영세성, 수출입문서처리 미숙</td><td>화주</td><td>연안화물운송보조금, 연안해운 시설보조금</td></tr>
<tr><td>선사</td><td>면세유 공급, 친환경선박 확보·지원</td></tr>
<tr><td>공통</td><td>친환경 물류기업인증제, 온실가스 추가배출권</td></tr>
<tr><td rowspan="3">철도
운송</td><td rowspan="3">접근성저하, 처리시설·장비부족, 철도노선 부족, 편리성저하, 여객위주운행, 기존 물류시설 이전대책, 인·허가절차 곤란, 기반시설 조성애로</td><td>시설</td><td>자가물류시설 선로·화차투자비 보조와 세액공제, 정부 철도시설의 투자확대</td></tr>
<tr><td>운영</td><td>선로사용료 감면, 화주운송보조비 지급</td></tr>
<tr><td>공통</td><td>친환경물류기업 인증제, 온실가스 추가배출권부여</td></tr>
</table>

자료: 전형진·고현정(2008)

9.3.2. 항만컨테이너 부두의 에너지절감

1) 일반개요

광양항 컨테이너터미널의 하역시스템은 안벽장비, 야드장비, 이송장비 등 3가지로 구성된다. 안벽장비는 컨테이너 크레인(C/C: Container Crane), 야드장비는 RTGC(Rubber Tired Gantry Crane) 혹은 RMGC (Rail Mounted Gantry Crane), 이송장비는 YT(Yard Truck)을 사용한다. 하역장비를 포함한 구성장비의 소요는 기항선박의 크기, 리프트 수량 등 하역작업의 생산성에 영향을 미친다. 이를 테면, RTGC는 디젤연료를 사용하며, 유가상승이 유류비의 증가로 이어져 직접 운영비를 증가시킨다. 한편 RMGC는 전기사용 및 하역작업의 자동화·대형화로 인하여 고유가시대에 항만의 연료비 및 운영비용을 절감시켜 항만의 운영여건을 향상시키는 효과가 있다.

부두 하역작업의 상호작용 측면에서 컨테이너 1단위의 하역은 2회 크레인 작업과 1회 이송작업을 수반한다. 장비작업은 반드시 연계되어 1회의 하역작업은 이에 따른 일련의 에너지 소비를 유발한다. 에너지비용은 하역시스템의 흐름 과정인 안벽-이송-야드 간에 소비의 대량 발생지점을 찾아 소비를 우선 감소시키는 방안이 매우 중요하다.

2) 항만컨테이너부두의 에너지 절감[12)]

컨테이너 터미널 부두의 에너지비용은 운영, 장치 및 신기술 측면에서 대안을 강구하여 절감할 수 있다. 에너지비용은 운영면에서 야드트럭 풀링운영제, 야드크레인 작업동선 최소화, 2단 적재차량 도입 및 컨테이너 재조작 감소 등의 방법으로 절감한다. 장치를 감안하면, 외부전원 공급방식(E-RTG)과 에너지 절약기술 사용 등으로 절감한다. 신기술은 바이오에너지, 수소연료전지 및 하이브리드 엔진 등을 이용하여 에너지를 절약한다.

---

12) 김우선외 2인(2007), pp.85-96.

대안별 우선순위는 운영효율화, 기개발 장치적용 및 신기술 개발적용 등 3분야로 구분하여 절감방안의 용이성, 비용절감의 효과성, 기술의 적용성 등을 기준으로 설정하였다. 운영효율화 분야의 우선순위는 초기 비용이 많이 소요되는 TT 2단적이 가장 낮고, YC 재조작를 통한 절감대안이 가장 높다. 기개발 장치적용 분야는 플라이휠 배터리가 가장 우선순위가 앞서며, 가변출력엔진, Super Capacitor, E-RTG 순으로 나타났다.

컨테이너터미널의 에너지비용은 컨테이너터미널 전체 또는 하역체계

〈표 9.7〉 에너지 절감방안의 대안별 비교분석

구 분/기준·특성		절감방안 용이성	비용절감 효과성	기술의 적용성	분야별 우선순위	적 용	
						시기	장 비
운영 효율화	TT풀링	◎	×	◎	2	단기	TT
	TT2단적	△	△	○	4	단기	TT
	YC동선	◎	×	◎	2	단기	YC
	YC재조작	◎	○	◎	1	단기	TT
기개발 장치 사용	E-RTG	×	△	◎	4	단기	YC
	슈퍼커페서티	◎	△	○	3	중단기	YC, TT
	플라이휠배터리	◎	○	◎	1	중단기	CC, YC, TT
	가변출력엔진	△	◎	○	2	중단기	YC, TT
신기술 개발 적용	바이오에너지	◎	○	○	1	단기	YC, TT
	수소연료전지	△	◎	×	3	장기	YC, TT
	하이브리드엔진	×	○	○	2	중기	YC, TT
적용 단계	1단계(현황분석) → 2단계(시스템 목표설정) → 3단계(에너지 비용 절감효과 분석) → 4단계(개선효과 분석) → 5단계(적용방안 수립)						

비고: TT - Terminal Truck; YC - Yard Crane; CC - Container Crane; ERTG - Electronic Rubber Tired Gantry Crane); YT - Yard Truck

자료: 김우선외 2인(2007)

특정영역을 대상으로 구분하여 다르게 절감방안을 적용한다. 전체대상의 경우에는 일반적인 에너지비용 절감 적용방향의 선정에서 결정한 일반절차를 따라야 한다. 특정영역을 대상으로 할 경우, 각 영역별 시스템의 절차에 따라 우선순위를 선정하여 진행한다. 일반화된 에너지비용의 절감절차에서는 현황분석 단계에서 먼저 운영 및 현황분석을 수행한다. 또한 에너지비용 소비형태를 분석하며, 이를 바탕으로 목표설정, 대안분석, 효과분석, 적용방안 수립 등의 단계를 거쳐야 한다.

9.3.3. 환경친화적 항만운영기술의 적용

1) 개요

친환경 항만운영기술은 하역활동에서 발생하는 대기오염 배출량을 최소화시키기 위한 기술이다. 이것은 하역작업의 생산성과 운영의 효율성을 향상하기 위한 운영방법과 연관되어 있다. 항만하역작업의 과정은 대략 접안시스템, 안벽시스템, 야드시스템, 이송시스템 및 게이트시스템의 5가지로 구분한다. 이상의 시스템은 각각 상이한 하역단계로 구성되어 있는 항만의 하위 운영단계에 해당된다. 시스템별로 제시된 친환경 항만운영기술 대안은 기존 항만에서 배출하는 배기가스의 배출량을 상당히 저감 또는 차단한다. 그리고 부가적으로 유류비의 절감 및 생산성 향상을 도모하는 기술이다. 기술대안은 대략 기기, 장치, 설비 등의 하드웨어적 대안과 운영방안 및 적용대안 등의 소프트웨어적 대안으로 구분한다. 하드웨어적 대안 및 소프트웨어적 대안을 좀 더 세분화하면 접안시스템, 안벽시스템, 야드시스템, 이송시스템 및 게이트시스템으로 구분한다.

2) 친환경 항만기술의 적용전략[13)]

① 기술대안의 우선순위를 단기·중기·장기로 나누어서 추진단계를

13) 김우선외 3인(2008), pp.84-124.

〈표 9.8〉 하역작업시스템별 기술대안의 종류와 특성

기술대안 / 시스템			접안	안벽	야드	이송	게이트
대안종류	적용	기술적					
선박속도 감소	간접	용이	●				
연료유 변경	직접	용이	●		●	●	
촉매제 사용	직접	용이	●		●	●	
저감기 사용	직접	용이	●		●	●	
자동접안시스템	간접	용이	●				
AMP	직접	용이	●				
클린십	직접	진행	●				
C/C작업수 증대	간접	용이		●			
C/C성능 제고	간접	진행		●			
멀티로드 스프레더	간접	용이		●			
신개념 C/C개발	간접	개발		●			
작업성능 제고	간접	용이			●	●	
시설배치 재정립	간접	용이			●		
전기식 T/C	직접	용이			●		
사전예약제	간접	용이			●	●	
비첨두 인센티브	간접	용이			●		
에너지절약	직접	진행			●		
다용도 차량	간접	용이			●	●	
빈이동 최소화	간접	진행				●	
24시간 운영	간접	용이			●	●	●
적정시설규모	간접	용이					●
무정차시스템	간접	진행					●
분리게이트	간접	용이					●

비고: ●는 적용 가능한 기술대안을 의미함.
자료: 김우선외 3인(2008)

구분하여 선정하는 것이 좋다. 여기에서는 기술대안의 타당성도 시급성, 효과성, 적용성, 추진비용 등을 고려하여 검토한다. 기간별 기술대안의 우선순위는 항만운영회사, 항만공사(PA), 지방자치단체, 국가정책의 추진에 있어서 우선순위가 된다. 단기대안은 현재 도입 또는 적용중이거나 기술을 향상해야 하는 기술대안이다. 즉 기술대안의 도입만으로도 효과가 즉시 발생할 수 있는 대안이다. 중기대안은 현재 도입하거

〈표 9.9〉 적용기술대안별 우선순위, 적용과 효과성

구분	단기				중기				장기			
	대안	순위	비용	효과	대안	순위	비용	효과	대안	순위	비용	효과
접안	선박속도감속 연료유변경 촉매제사용	1 2 3	▽ ◎ ▽	△ ◎ ▽	저감기사용 자동접안시스템	1 2	△ ○	△ ○	AMP 클린십	1 1	◎ ◎	◎ ◎
안벽	-				C/C성능제고 멀티로드스프레더	1 1	△ ▽	▽ ▽	C/C작업수증대 신개념C/C개발	2 1	○ ○	▽ △
야드	연료유변경 촉매제사용 사전예약제 비첨두인센티브 24시간 운영	1 2 2 3 3	◎ ▽ ▽ ▽ ▽	◎ ▽ ▽ ▽ ▽	저감기사용 장비성능제고 전기식TC 에너지세이빙 멀티차량	2 4 1 3 5	△ △ ○ ○ △	△ ▽ ◎ ◎ ▽	시설배치재정립	1	○	△
이송	연료유변경 촉매제사용 사전예약제 빈이동최소화 24시간 운영	1 2 2 2 3	◎ ▽ ▽ △ ▽	◎ ▽ ▽ △ ▽	저감기사용 장비성능제고 멀티차량	1 2 3	△ △ △	△ ▽ ▽	-			
게이트	24시간 운영	1	▽	▽	-				적정시설규모 무정차시스템 분리게이트	1 2 3	▽ △ △	▽ △ △
단계	1단계(현황분석) → 2단계(시스템 목표설정) → 3단계(에너지 비용 절감효과 분석) → 4단계(개선효과 분석) → 5단계(적용방안 수립)											

비고: 비용과 효과에서 ▽ - 낮음, △ - 중간, ○ - 높음, ◎ - 아주 높음을 의미.
자료: 김우선외 3인(2008)

나 추진하지 않은 대안이다. 그러나 기초·기반시설이나 시스템으로 도입으로 추진 가능한 기술대안이다. 정상적으로 도입효과를 기대하려면, 대략 1년 정도 기간이 소요된다. 장기대안은 항만에서 단독으로 추진하기 어려우며 추진을 위해서는 1~2년 이상 도입 전단계의 시간이 필요한 대안이다. 중앙정부, 항만공사, 지자체 등의 외부 지원이 절실히 필요한 대안이다.

② 기술대안의 시급성, 효과성, 적용성, 추진비용 등을 고려하여 단기, 중기, 장기 기술대안들에 대한 우선순위를 분석한다. 시급성은 온실가스의 배출규모가 크고, 적용 및 실행에 많은 시간이 소요되는 대안이 높은 시급성을 갖는다. 효과성은 온실가스의 배출규모 절감에 대한 효과성이다. 적용성은 운영 및 기술적인 측면에서 온실가스 배출저감 기술대안을 용이하게 적용하는 가능성이다.

친환경 항만운영 기술대안을 대안 영역별로 구분이 가능하다. 이를 컨테이너터미널의 하역단계에 따라 접안, 안벽, 이송, 야드, 게이트 등으로 나누어서 기술대안을 분류한다. 개별 기술대안은 중복적으로 사용할 수 있다. 따라서 광양항의 항만운영실태를 과학적으로 조사한 다음에 단기, 중기, 장기 및 접안, 안벽, 야드, 이송, 게이트시스템에 따라 적용 가능한 기술대안과 기간별로 항만하역작업에 도입·적용할 수 있다.

9.3.4. 환경친화적 항만친수공간의 조성

1) 항만친수공간의 기본방향과 지구특성

광양항 친수공간의 조성목적은 컨테이너 부두, 광양제철소 및 물류단지를 수용하는 시민복지시설을 조성하고 항만이용자 편의시설을 제공하는 데 있다. 항만친수공간은 광양항이 동북아 물류중심항만으로서 위상을 정립하며, 도시화의 진전에 따른 위락·체육·학습 및 전시기능을 위한 시설과 관련요소를 도입하는 것이다. 이를 위하여 광양항의 컨테이너 지구에는 컨테이너 항만과 광양제철의 결절공간에 친수 문화공간

〈표 9.10〉 항만친수공간개발의 기본방향과 특성

항 목	세부적 내용
조성목적	■ 대량의 컨테이너 부두와 광양제철소 수요를 수용하는 시민 복지시설과 항만이용자 관련시설의 건설
공간성격	■ 국제물류항만의 위상과 도시화에 따른 위락 · 체육 · 학습 · 전시시설 및 관련요소의 도입
구상방향	■ 컨테이너 지구 - 컨테이너 항구와 광양제철의 결절지에 친수문화공간의 조성 ■ 묘도지구 - 묘도 준설투기장 이용의 각종 문화 · 위락시설의 설치
지구특성	■ 컨테이너 지구 - 항만근로자와 배후 시민고려의 항만특화공간 ■ 묘도지구 - 환경오염 감소와 자원보호의 해양생태공간

을 조성한다. 묘도지구에는 준설토기장을 효과적으로 활용하기 위해서 각종 문화 · 위락시설을 설치한다.

2) 항만친수공간의 시설계획[14]

광양항의 기존 배후단지계획은 물류 중심기능에 중점을 두어 항만친수공간계획은 미흡하다. 기존 항만개발계획도 소규모의 공원조성이 포함되지만, 항만친수공간개발은 미비되어 있다. 현실적으로 광양항 배후단지의 도로 · 시설물은 항만산업 종사자와 일반시민에게 쾌적한 환경 · 심미적 시설공간을 제공하지 못하고 있다. 따라서 컨테이너 부두를 활용하여 항만종사자 · 시민에게 쾌적한 녹지 · 항만친수공간을 제공하는 것은 매우 중요하다. 자연친화적인 항만친수공간은 쾌적한 휴식 · 여가공간을 확보한다. 항만친수공간에 체육, 편의, 조경 · 문화시설을 배치하여 광양항에서 상징성 · 시각성이 있는 여가공간으로 성장시킨다.

묘도지구는 해안매립과정에 소실된 생태계를 복원하여 자연친화적인 지속가능한 이용방안을 강구한다. 이를 테면, 해양성 자연생태공원은 훼손된 바다환경을 복원하는 입장에서 조성할 필요가 있다. 부속시설로

14) 정봉현(2008), pp.19-20.

는 자연 생태학습관 혹은 생태수련관시설을 유치한다. 시설의 방문자를 위하여 편의·숙박시설을 제공하며, 관련 교육·체험프로그램 등은 지역실정과 자연환경의 회복기간을 고려하여 개발한다.

〈표 9.11〉 광양항 항만친수공간의 시설계획

지구/성격	조성특성	유치시설
컨테이너항: 항만특화 공간	■ 항만이용자·배후 주민의 휴식공간 제공 ■ 켄테이너부두 이미지상징 조형물의 조성	■ 유치-항만편익시설, 근린체육·휴식시설, 녹지시설, 상징물 ■ 검토-친수광장, 전시시설
묘도: 해양 해양생태 공간	■ 바다와 철강 상징의 랜드마크 설치 ■ 자연환경의 복원과 생태공간의 조성 ■ 학습·휴식목적 해양생태공원 건설	■ 유치-랜드마크, 해양생태공원 (생태학습관, 생태박물관), 체험·수련시설 ■ 검토 - 숙박·공연시설, 체육공원, 공연장

자료: 정봉현(2007)

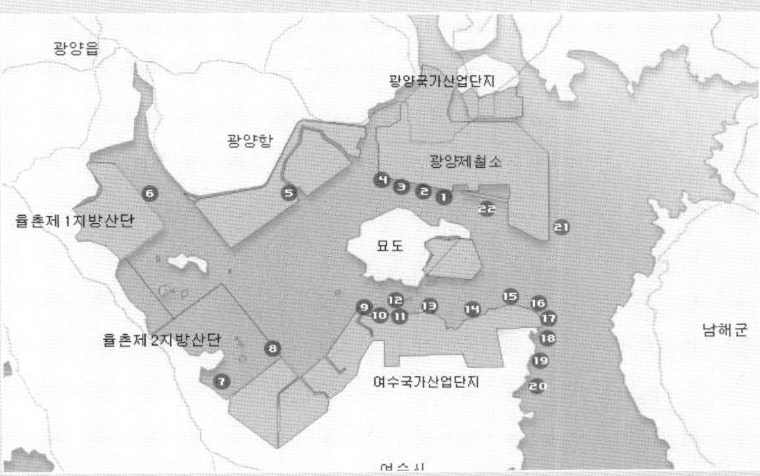

〈그림 9.3〉 광양항만 친수공간개발의 대상지

9.3.5. 해양폐기물의 환경친화적 처리

1) 개요[15)]

해양폐기물은 부유성, 광역 이동성 및 난분해성이 강하여 해양생태계에 많은 영향을 미친다. 해양 폐기물은 육상유입, 선박투기, 폐어구 및 폐구 등에 의하여 발생한다. 보통 해양폐기물의 70~80%는 육상에서 유입되며, 20~30% 정도가 해양에서 생긴다. 혜양폐기물은 해양생태계에 영향을 미쳐 해양생물이 죽어가고 성장에 지장을 준다. 인간에게도 해안관광의 축소, 어업손실, 주민과 관광객 건강·안전의 위협, 막대한 수거비용의 낭비 등 악영향을 끼친다. 오늘날 연안인구의 증가, 산업발달, 및 수산업의 확대로 해양폐기물의 발생량은 증가하고 있다.

2) 해양 폐기물의 환경친화적 처리

해양폐기물의 환경친화적인 처리방안은 계획, 수거방법 및 처리방법의 측면에서 다양하게 제시한다[16)]. ① 해양폐기물 처리기본계획의 수

〈표 9.12〉 해양폐기물의 발생요인과 영향

구 분	분 야	세부적 내용
발생 요인	육상유입	■ 하천이용 육상투기 쓰레기의 해양유입 ■ 관광·주거·상업지의 불법투기 쓰레기 해양유입
	선박투기	■ 선원·승객의 음식물, 종이, 폐비닐 투기 ■ 선박운항 과정 기름걸레, 플라스틱류 투기
	폐어구 폐각	■ 어로작업용 노후 그물, 어구 및 로프 등의 폐기 ■ 정치망·양식장 교체어구 등의 폐기, 폐각의 무단방치
발생 영향	해양 생태계	■ 해양생물과 조류의 폐사, 활동저하 ■ 해양생태계 환경변화 및 악화
	인간환경	■ 관광수입의 감소, 어업손실의 발생, 인간건강·안전위협 ■ 쓰레기 수거·처리비용의 과다 소요

15) 조동오(2007), pp.1-4.
16) 최동현·최재선(1998), pp.17-54.

립이다. 해양폐기물의 처리·관리는 폐기물 발생의 억제 및 최소화, 효율적인 처리에 집중되어야 한다. 기본계획에는 해양폐기물 처리에 대한 지침, 방향 및 전략을 제시하는 것이 필요하다. 계획의 주요내용은 제도의 정비방향, 관리구역의 조정과 협조사항, 해양폐기물의 수거와 처리방안, 정책방향 등을 포함한다. 기본계획은 국토해양부, 환경부, 해양경찰청 및 지방자치단체로 구성된 특별연구팀에서 작성하는 것이 요구된다.

② 해양폐기물 수거방법을 개선한다. 해양폐기물의 효율적인 수거에는 발생량과 발생원에 대한 정확한 조사자료가 필요하다. 이를 위하여 해양폐기물에 대한 정확한 실태조사와 자료구축이 요구된다. 조사내용은 선박기인, 육상기인 및 패각 등의 발생원에 관한 사항이다. 이것은 해양폐기물 정책방향의 결정에 대단히 중요한 기반이 된다. 폐기물의 유입원 자료를 기반으로 해양폐기물 모니터링 시스템을 구축하고, 정부기관의 청항 선박 등 적정한 수거장비를 보유하여 효율적인 예산활용이 가능하다. 육상에 해양폐기물 적정처리시설을 설치하고, 해양 침전쓰레기의 수거를 위하여 해저면 정화시스템과 흡입(suction)시스템을 개발한다.

③ 해양폐기물 처리방법의 개선이다. 해양폐기물은 재활용, 소각 또는 매립 등의 방법으로 처리한다. 육상에 해양 폐기물의 전용소각장·소각로를 확충하고, 해상소각선 정화사업을 이용한다. 해양 폐기물 재활용기술 개발에 대한 투자와 재활용 업체에 대한 지원대책을 강화하며, 해양폐기물 전문처리업체를 육성한다.

④ 민간참여를 활성화시킨다. 해양폐기물은 발생을 최소화하거나 발생한 쓰레기를 효율적으로 처리하는 것이 중요하다. 전자는 민간·시민단체의 자발적인 참여를 유도하여 해양폐기물에 대한 사회적인 경각심을 제고하여 폐기물의 발생량을 사전에 억제시킨다. 환경단체, 시민사회단체, 지역사회, 언론기관 및 교육단체에서 적극적으로 폐기물 발생량을 최소화하기 위한 예방활동과 의식교육을 강화한다.

〈표 9.13〉 해양폐기물의 환경친화적 처리방안

주요방안	방안별 세부내용
폐기물 처리 기본계획 작성	▪ 계획내용-제도의 정비방향, 관리구역의 조정과 협조사항, 해양폐기물의 수거와 처리방안, 정책방향 ▪ 계획수립-국토해양부, 환경부, 해양경찰청 및 지방자치단체 구성의 특별기획팀
폐기물 수거 방법의 개선	▪ 해양폐기물의 자료기반조사, 폐기물 모니터링시스템의 구축 ▪ 효율적인 처리예산의 배분, 육상 폐기물처리시설의 적정설치 ▪ 침전물에 대한 해저면 정화시스템과 흡입시스템 개발
폐기물 처리 방법의 개선	▪ 해양폐기물 육상 전용소각장 · 소각로의 확충 ▪ 해상 소각전용선의 운영, 재활용 기술투자와 업체의 지원확대 ▪ 해양폐기물 전문처리업체의 육성
민간참여의 활성화	▪ 민간단체의 참여유도와 해양폐기물의 경각심 제고 ▪ 해양폐기물 감소목적의 예방활동과 의식교육의 강화

자료: 최동현 · 최재선(1998); 강창민(2008)

9.3.6. 항만환경계획의 수립 · 시행

1) 항만환경계획의 특성과 방향

항만환경계획은 항만관리자가 항만의 개발계획, 설계, 건설 및 운영의 각 단계로 수행하는 환경시책 및 고려사항을 종합적으로 수립한 계획이다. 이것은 항만 환경사업 시행의 구체적 지침이며, 항만을 저탄소, 에너지 절약, 및 환경친화적으로 운영 · 관리하기 위해서는 반드시 필요한 계획이다. 계획의 기본방향은 항만환경의 체계 · 계획적 관리, 지속가능한 항만의 개발 · 운영, 항만의 환경성 · 경제성 조화, 항만 친수 · 문화공간의 개발로 설정하는 것이 좋다. 항만환경계획의 목표는 항만 이해관계자의 환경 질에 대한 수요와 원활한 항만기능의 수행 등 기본목표의 조화에 있다. 기간별로 보면, 장기목표는 항만 환경관리의 방향 제시이며, 중 · 단기 목표는 추진대책의 집행과 환경관리 결과의 평가기준이 된다.

항만환경관리의 기본전략은 항만 오염원의 관리전략과 항만 환경공간의 창조전략으로 설정할 수 있다. 실제로 항만의 경제·사회·문화·환경 여건은 상이하므로 항만별 특성을 고려한 환경관리 전략을 수립·시행하여야 한다. 항만환경계획의 시행내용은 항만오염원의 관리와 항만 친수·문화공간의 조성으로 형성한다. 항만오염원의 관리는 설계시 오염저감 시설·구조의 반영, 운영단계에서 환경오염원의 억제, 종사자·주민의 환경의식 제고 및 항만환경 모니터링 등으로 가능하다.

2) 항만환경계획의 추진전략

항만환경계획을 실효성 있게 추진하기 위해서는 산·학·연·정·민간에 협력체계가 구축되어야 한다. 세부사항으로는 추진조직의 구성, 항만환경 모니터링체계의 구축, 항만의 홍보·이미지 제고활동, 항만환경 DBMS 구축과 재원확보방안 등이다[17]. 이것은 제1단계 제도적 기반정비, 제2단계 계획수립지침의 마련, 재3단계 항만별 환경계획의 수립·집행 등의 단계별 추진이 절실하다.

① 항만환경조직의 형성이다. 항만환경계획을 수립하기 위해서는 인력·예산이 확보된 전담조직을 국토해양부의 항만정책과와 여수지방해양수산청의 항만공사과에 설치해야 한다. 지방해양수산청의 차원에서 항만환경계획을 시행하기 위한 항만환경계획팀이 필요하다. 이에는 지방자치단체, 지방해양수산청 및 항만공사(부두관리공단) 등이 참여한다. 계획팀에는 다자간 협의체를 형성하여 기업체, 민간단체, 항만공사 및 환경단체 등이 참여한다. 이곳에서는 항만환경계획에 대한 협의·심의를 통하여 환경계획의 합리성·실효성을 높여야 한다. ② 성과분석체계의 구축이며, 이에는 항만환경 모니터링과 항만환경계획의 평가제도이다. 항만환경 모니터링은 비용과 인력의 절감차원에서 기존의 체계를 활용하는 것도 좋다. 항만환경계획의 평가는 항만환경계획 협

17) 정봉민(2003), pp.115-130.

의체에서 수행하고, 그 내용은 평가의 주체, 항목, 방법 및 활용방안 등으로 구성한다.

③ 관련계획과의 연계성 확보이다. 연계성이 큰 계획은 항만기본계획, 해양환경보전 종합대책, 환경관리해역 관리계획, 연안통합관리계획 등이다. 항만환경계획은 연안통합관리계획과 조화를 이루어 항만개발의 지속가능성을 확보한다. 항만환경계획의 효과적인 추진을 위해서는 협의체를 구성하여 이해관계자의 협력과 지원을 구한다. 항만환경 영향평가제도와 조화 및 연계성을 강구하는 것이 바람직하다. 항만환경영향평가는 항만기본계획을 수립할 때 부두, 터미널 등 항만공사에 대한 환경영향의 평가 및 악영향의 저감방안을 강구하는 제도이다. 반면에 항만환경계획은 항만운영의 측면에서 항만의 전체환경에 대한 종합적인 관리계획이다. 전자는 항만건설업체가 경비를 건설비용의 일부로 부담하

〈표 9.14〉 항만환경계획의 수립과 실행전략

구분	구체적 사항
개념 목표 전략	■ 개념 - 항만관리자가 항만의 개발계획, 설계, 건설 및 운영의 각 단계로 수행하는 환경시책 및 고려사항을 종합적으로 수립한 계획 ■ 목표 - 항만 이해관계자의 환경 질의 수요, 원활한 항만기능의 수행 ■ 전략 - 기본전략은 항만 오염원의 관리전략과 항만 환경공간의 창조전략
계획의 방향	■ 방향 - 항만환경의 체계·계획적 관리, 지속가능한 항만의 개발·운영, 항만의 환경성·경제성 조화, 항만 친수·문화공간의 개발
계획의 내용	■ 항만오염원의 관리와 항만 친수·문화공간의 조성
단계별 추진	■ 제1단계 - 제도적 기반 정비, 제2단계 - 계획수립지침의 마련 제3단계 - 항만별 환경계획의 수립·집행
실행전략	■ 전담조직 설립 - 항만환경계획단, 항만환경계획 협의회 ■ 성과분석 체계 - 항만환경 모니터링, 항만환경계획 평가제도 ■ 관련계획 연계 - 연안통합관리계획, 연안정비사업, 항만기본계획 ■ 관련제도 조화 - 항만환경계획(상위-항만전체) 항만환경영향평가제(하위)

자료: 정봉민(2003); 백경훈(2005)

나, 후자는 국토해양부의 책임으로 비용은 기본적으로 국가예산에서 지불한다. 항만환경계획은 항만환경영향평가의 상위 개념으로 환경영향평가 결과를 항만관리·운영의 과정에 수용하여 적용한다.

요 약

1. 녹색성장은 경제성장의 구조에서 온실가스를 감소하고 환경 지속성을 향상시키는 새로운 패러다임이다. 녹색성장의 시대에 항만은 단순한 화물의 수송·물류기능 이외에도 에너지 절약적, 환경친화적인 항만운영 관리가 중요한 정책적인 관심사로 부각되어 있다.

2. 환경친화적인 항만은 항만개발과 운영에서 지속가능성을 확보하며 자연의 생태·특성을 극대화하고 자원절약적인 항만정책의 핵심적인 대안이다.

3. 광양항의 컨테이너 물동량은 1998-2007년 동안 연평균 43.2%의 급증세를 기록하였다. 2007년 광양항의 수송수단별 컨테이너 물동량 실적을 보면, 전체 중에서 도로가 79.7%, 철도가 20.1%를 담당하였다. 이것은 대기오염의 악화, 교통소음의 발생 및 교통혼잡을 유발하는 요인이 된다.

4. 광양항의 2004-2007년 동안의 입·출항 선박수는 연평균 4.8%로 증가하였고, 장차 2007-2020년에 걸쳐서 광양항의 입출항 선박교통량은 1.8%로 증가할 전망이다.

5. 이것은 광양항의 혼잡도를 악화시키고 해양오염, 대기오염 및 해상사고의 위험성을 증가시키는 요인이다. 광양항의 연안환경은 매립사업, 해수수질의 변화 및 해양오염의 사고로 환경생태계가 파괴되고 있다.

6. 광양항을 환경친화적으로 관리·운영하기 위해서는 항만운영과 계획 측면에서 효과적인 항만관리 정책방향이 모색되어야 한다. 항만운영 측면에서 환경친화적인 정책방향은 환경친화적 항만물류수송체계의 전환, 항만

컨테이너 운영부두의 에너지 절감, 환경친화적 항만운영기술의 적용 등을 들 수 있다.

7. 항만계획의 입장에서 환경친화적 항만정책의 방향에는 환경친화적 항만친수공간의 조성, 해양폐기물의 환경친화적 처리 및 항만환경계획의 수립·시행 등이 포함된다.

중요개념

저탄소 녹색성장	청정에너지	환경친화적 항만
지속가능한 개발	지구온난화	준설토, 유류오염
컨테이너 물동량	환적·연안물동량	해상교통량
환경상태, 대기오염	항만물류수송체계	교통혼잡
수송수단의 전환	항만운영기술	친환경 항만기술
항만친수공간	해양폐기물	항만환경계획
항만환경관리	항만환경조직	연안통합관리계획

연습문제

1. 녹색성장의 개념을 말하고 녹색성장의 배경과 요소를 간략하게 이야기하라.
2. 환경친화적 항만을 정의하고, 항만과 환경과의 상호 영향관계를 개략적으로 설명하라.
3. 광양항의 물동량 수송실적을 파악하고, 장차 처리할 항만물동량은 어떻게 전망하는가?
4. 광양항의 환경실태를 연안환경, 환경생태 및 대기오염을 중심으로 살펴보고 설명하라.
5. 광양항의 물류수송체계를 도로위주에서 연안해운 또는 철도로 전환하여 광양항을 환경친화적으로 관리할 수 있는 수송체계의 전환 방안에 대하여 말하라.
6. 광양항 컨테이너터미널의 하역시스템에는 안벽장비, 야드장비 및

이송장비가 들어가 있다. 환경친화적으로 광양항을 관리·운영하기 위해서 하역기기에 운영, 장치 및 신기술을 적용하여 하역시스템의 에너지를 절감시킬 수 있는 방안에 대하여 언급하라.

7. 친환경 항만운영기술은 하역활동에서 발생하는 대기오염의 배출량을 최소화시키는 기술이다. 하역작업 과정에서 친환경 항만기술을 적용하여 대기오염의 배출량을 최소화 시켜서 항만을 환경친화적으로 관리하기 위한 전략을 개략적으로 설명하라.

8. 광양항을 환경친화적으로 관리하기 위해서는 항만친수공간을 조성하는 것이 필요하다. 광양항에 항만친수공간을 조성하기 위한 방향과 특성을 설명하고, 개략적인 항만친수공간의 조성계획에 대하여 이야기하라.

9. 오늘날 연안인구의 증가, 산업발달 및 수산업의 확대로 해양폐기물의 발생량은 증가하며, 해양생태계에 악영향을 미친다. 해양폐기물의 환경친화적인 처리방안을 계획, 수거방법 및 처리방법의 측면에서 다양하게 제시하라.

10. 광양항을 저탄소, 에너지 절약 및 환경친화적으로 관리하기 위해서는 항만환경계획이 필요하다. 항만환경계획을 실효성 있게 추진하기 위한 전략을 설명하라.

News

한진, 광양항거점 친환경 연안운송 개시

종합물류기업 한진과 한국컨테이너부두공단(이사장 직무대행 이장우, 이하 공단)은 30일 한진 본사 대회의실에서 친환경 연안항로 개설을 위한 업무 협약을 체결했다. 이번 협약식에서 양측은 광양 거점의 연안항로 조기 정착은 물론, 저탄소 대체운송수단인 그린물류시스템 개발 및 광양항의 물류활성화 지원 등을 위한 상호협력을 약속했다.

한진과 공단은 연안항로 개설을 위한 8개월간의 사전 준비작업을 마치고, 내달 10일 컨테이너 선박운항을 개시한다고 밝혔다. 이번에 개설되는 신규항로는 광양-군산을 주2회 왕복 운항하는 컨테이너 정기항로로 215TEU(4000톤)급 선박이 투입될 예정이다. 주요 취급물량은 GM대우 반제품 수출물량, 페이퍼 코리아의 원재료 수입 및 신문용지 수출 물량 등으로 월평균 4천TEU, 년간 5만TEU 이상의 컨테이너를 처리할 것으로 예상된다.

한진 관계자는 “그린 물류로 각광받고 있는 철도와 더불어, 해상운송은 저탄소 녹색성장을 선도할 환경친화적인 고효율 수송 수단이다”며, “글로벌 경기침체로 녹록치 않은 시장환경이지만, 광양항 활성화와 연안항로 조기 정착을 위해 최선을 다할 것”이라고 설명했다. 한편, 이날 협약식에는 한진 김기선 물류·택배사업본부장, 한국컨테이너부두공단 이장우 이사장 직무대행 등 회사 관계자 10여명이 참석했다.

【자료】 아시아뉴스 24, 2009년 1월 30일

참고문헌

1. 강창민, 서남해안 해안폐기물 발생현황 및 대응방안, 리전인포 통권129호, 전남발전연구원, 2008. 6.
2. 경남발전연구원, 저탄소 녹색성장과 경남의 대응방안, 이슈분석 2009-02, 2009. 1.
3. 김성수·김동주, 전남 연안환경의 특성 및 보존방안, 리전인포 통권148호, 전남발전연구원, 2009. 1.
4. 김우선, 우리나라 항만의 대기오염 및 에너지비용 절감정책 필요, 해양수산동향 제1215호, 2006. 4, pp. 1-7.
5. 김우선외 2인, 컨테이너 터미널 에너지비용 절감방안 연구, 수시연구 2007-3, 한국해양수산개발원, 2007. 12.
6. 김우선외 3인, 친환경 항만운영기술 적용 및 실행방안연구, 정책연구 2008-9, 한국해양수산개발원, 2008. 12.
7. 김철승·정재용·박영수, 여수 광양항 출입항로의 해상교통환경 조사에 관한 연구, 한국항해항만학회지, 제30권 1호, 2006, pp.1-8.
8. 김학소, 우리나라 항만개발의 녹색성장 방향, 광양항 Green Eco-port 조성 대토론회 논문집, 광양항활성화 시민행동·광양자치포럼(사), 월드마린센터 국제회의장, 2009. 5, pp.1-14.
9. 맹준호 외 6인, 해양매립사업으로 인한 환경영향의 효율적인 저감방안에 관한 연구, KEI RE-21, 한국환경정책·평가연구원, 2005.
10. 박영수·김종수·박진수, 해상교통공학적 고려요소를 이용한 광양항의 장래 교통량예측에 관한 연구, 한국항해항만학회지, 제31권 6호, 2007, pp.447-454.
11. 백경훈, 부산항 수질환경보전을 위한 환경관리방안에 관한 연구, 연구 2004-25, 부산발전연구원, 2005. 6.
12. 이성우, 우리나라 녹색성장전략과 연계한 광양항 Green Eco-port조성 전략, 광양항 Green Eco-port조성 대토론회 논문집, 광양항활성화 시민행동·광양자치포럼(사), 월드마린센터 국제회의장, 2009. 5, pp.16-

57.
13. 송계의, 항만의 환경오염 저감방안에 관한 연구, 한국항만경제학회지, 제23집 제1호, 2007. 3, pp.95-113.
14. 전형진 · 고현정, 국가 친환경물류체계 구축을 위한 Modal Shift 활성화 방안, 정책연구 2008-6, 한국해양수산개발원, 2008. 12.
15. 정봉현, 국제항만 친수공간의 개발유형 설정과 정책방향: 광양항을 중심으로, 한국항만경제학회지 제24권 제3호, 한국항만경제학회, 2008, pp.1-26.
16. 정봉현, 녹색성장시대에 환경친화적 항만관리정책의 발전방향 - 광양항을 중심으로 -, 한국항만경제학회지 제25권 제3호, 한국항만경제학회, 2009. 9, pp.361-384.
17. 정현, 항만에서의 환경오염과 환경친화적 항만 "그린 포트"의 건설, 기술사 제31권 3호, 한국기술사회, 1998, pp.52-59.
18. 최동현 · 최재선, 바다쓰레기 관리정책 수립에 관한 연구, 해양정책연구 제13권 제2호, 한국해양수산개발원, 1998, pp.17-54.
19. 허윤석 · 김율성, 21C 종합항만을 위한 부산항의 추진과제 평가, 한국항해항만학회지 제32권 제1호, 2008, pp.57-63.
20. 국토해양부 http://www.mltm.go.kr
21. 광양항 http://www.portgy.com
22. 녹색성장위원회 http://www.greengrowth.or.kr
23. 녹색연합 http://www.greenkorea.org
24. 여수지방해양항만청 http://yeosu.mltm.go.kr
25. 한국컨테이너 부두공단 http://www.kca.or.kr

제 10 장

광양항 배후단지의 복합운송체계 형성전략

10.1. 항만배후단지와 복합운송체계의 개관

10.2. 광양항 배후단지와 복합운송체계 실태와 문제점

10.3. 광양항 배후단지의 복합운송체계 형성전략

광양항 배후단지의 화물을 간선과 지선수송으로 구분하고 연계하여 화물을 수송하거나, 2가지 이상의 수송방식을 사용하는 복합운송체계를 개괄적으로 알아본다. 이를 통하여 복합운송체계의 실태와 문제점을 분석하고, 광양항 배후단지의 물류거점화를 통한 복합운송체계의 형성전략에 대하여 전반적으로 살펴보고자 한다.

제10장 광양항 배후단지의 복합운송체계 형성전략

10.1. 항만 배후단지와 복합운송체계의 개관

10.1.1. 항만 물류·운송환경의 변화

현대 항만은 상업·산업활동의 중심지이며, 물류와 분배의 거점기지로 변모되어 있다. 이러한 항만은 국제 공급경로 망에서 복합운송의 핵심적인 역할을 수행하고, 항만의 효율성은 국제 상품가격의 대외경쟁력을 좌우한다[1]. 물류의 부가가치 활동과 기능의 강화로 항만은 경제활동을 창조하고, 복합운송기능의 최적화를 통하여 항만을 물류거점으로 육성하는 운영전략이 요구되고 있다. 항만의 물류활동은 배후 항만시설의 확충, 복합물류단지의 조성, 전문물류업체의 육성 및 항만물류정보의 증대 등에 의하여 강화된다[2].

항만에서 물류 결절기능의 강화는 항만을 효율적인 복합운송시스템에 편입하게 만든다. 이것은 항만이 환적물류의 결절점으로 최상의 역할을 담당하게 한다. 항만을 물류거점으로 전환하기 위해서는 배후단지에 복합적인 물류기반시설을 확대하고, 내륙 연계수송을 강화해야 한다. 이것은 항만에 요구되는 공간구조·기능을 변모시키는 것이다. 그래서 컨테이너화의 급격한 진전에 따라 복합운송체계의 활성화로

1) Yeni & Tuna(2003), p.739.
2) 길광수·박선현(2003), p.18.

항만의 물류기능 강화추세

환적화물	➡	기본물류 서비스	➡	부가가치 물류서비스	➡	생산 + 상업	경제 · 금융 중심지

▲ 효율적 운송시스템 여건 ▼

시스템목적	시스템조건	시스템수단
■ 비용, 운송시간 ■ 서비스수준	■ 운영일체성, 호연계성 ■ 접근성	■ 운영기술수준, 정보수집교환 ■ 조직화

▼ 물류부문 발전의 항만 영향요인 ▼

■ 항만물동량의 증가 ■ 항만배후지역의 확대	■ 물류과정의 고도화 ■ 항만물류의 중요성	■ 내륙연계수송 고도화

◆ 항만 요구의 공간기능 확대 · 변화 ◆

제3세대 항만	제4세대 항만
▸ 다국적 생산 · 분배체계의 결절점 ▸ SCM지원 물류기반시설의 구비 ▸ 항만배후연계, 부가가치생산 다양화 **【항만배후단지 필요성 대두】**	▸ 제3세대항만 + 도시기능의 추가 ▸ 종합물류기지, 국제교류 정보기지 ▸ 산업기지: 국가 · 지역 경제활동 중심 ▸ 생활, 문화기능의 도입 **【항만물류+배후단지+도시기능 조화】**

자료: UNCTAD(1992); 길광수 · 박선현(2003)

〈그림 10.1〉 항만의 물류 · 운송환경 변화의 과정도

1980-1990년대에 제3세대 항만이 등장하였다[3]. 2000년대에 항만은 세계 경제화 및 국제물류활동의 증가로 종합물류 거점기지와 산업 · 경제활동의 중심지 등이 요구되는 제4세대 항만으로 변모하고 있다. 오늘날 항만은 물류기능을 강화하고 배후단지에 대규모 물류센터를 조성하여 배후지역의 경제를 성장시킨다. 항만 배후단지는 복합운송체계와 연계하여 경제자유지역 · 경제특구를 운영하며 국가경제발전에 기

3) 임석민(1997), p.167.

여하고 있다.

10.1.2. 항만 배후단지의 개념과 기능

1) 항만 배후단지의 개념

항만 배후단지는 운송수단에 의하여 항만과 연결되어 있고 항만을 통하여 물건을 수취·선적하기 위해 개발된 육상구역이다. 항만 배후단지는 항만의 존속구역과 항만 배후지에 해당되는 구역으로 지역활동을 항만과 연계시키는 기능지역이다[4]. 항만법에서는 무역항의 항만구역 및 임항구역 내에 지원시설과 항만친수시설을 집단적으로 육성·설치한다. 이로써 항만의 부가가치 및 항만관련 산업활동을 증진하고 항만 이용자의 편익향상에 기여하기 위하여 항만배후단지 지정규정에 의해 지정·개발되는 지역이다[5]. 항만배후단지는 공간상 항만관련 화물수요의 창출과 연관된 지역, 항만도시 및 임항구역을 포함하는 지역으로 정의된다[6]. 그러나 항만 배후단지의 개념은 선박의 컨테이너화 및 세계경제화의 영향으로 항만 배후지역 및 주변국가의 환적화물 수행공간으로 확대되어 있다. 항만배후단지는 항만활동의 집중과 분산이 행해지는 사회적·경제적인 공간으로 일반적인 터미널 활동영역이며, 항만지원을 위한 일부 도시기능이 포함되는 복합적·축약적인 단지계획지역이다[7]. 따라서 항만 배후단지의 개념은 항만과 그 배후단지를 연계하여 물류기능을 강화하며 항만의 고유기능을 지원하는 항만관련 시설 및 산업의 집적화에 초점을 두어야 한다.

2) 항만 배후단지의 기능

항만배후단지의 중요한 수행기능은 물류, 가공·조립·포장, 상업·

---

4) Hauth(1987), p.34.
5) 항만법 제36조
6) Yhosiro(1993), p.456.
7) 박태원·최중희(2001), p.18; 이성우(2002), p.15.

업무, 연구·벤쳐, 항만친수·녹지기능 등으로 구분한다[8]. 이러한 기능을 수용하기 위하여 물류용지, 항만지원용지, 가공·조립용지 및 항만친수·녹지용지 등이 입지한다. 물류용지는 항만배후단지 내에서 가장 핵심기능을 수행하며, 환적기능, 집·배송기능, 보관기능 등을 수용한다. 환적기능은 일정 환적화물에 대해 조립·가공 등을 위한 연계 보관·수송 작업을 담당하고 지선 및 복합운송체계를 형성시킨다. 집·배송기능은 특정화주를 대상으로 수·출입 화물을 일정지역 내에서 산지로부터 집하 또는 최종 소비지에 배송하는 것으로 최종상품을 주로 취급한다. 보관기능은 불특정 화주를 대상으로 원재료·제품의 분류, 보관 및 일부 가공기능을 수행한다.

가공·조립용지는 생산자가 일괄적으로 생산한 반제품을 수요자의 요구에 따라 조립·가공하는 제조기능의 수행 장소이다. 상업·업무용

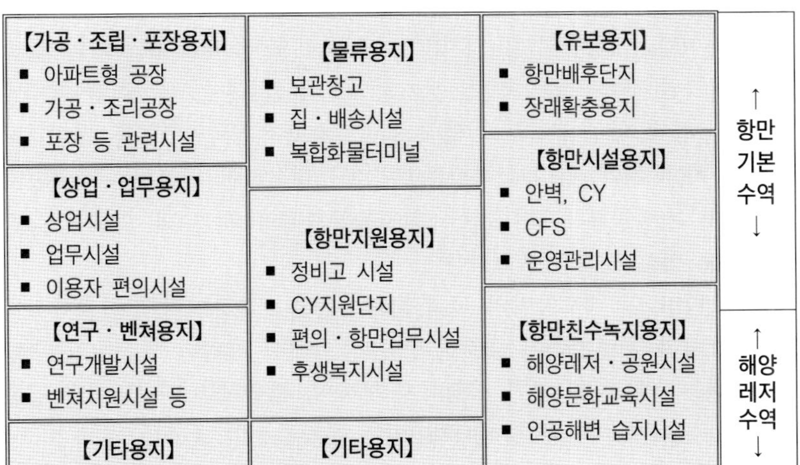

자료: 해양수산부(2002); 이성우(2002).

〈그림 10.2〉 항만 배후단지 주요기능 배치개념

---

8) 이성우(2002), pp.36-37; 길광수·박선현(2003), pp.27-29.

지는 항만물류산업과 물류흐름을 적절히 지원하고 항만·배후단지를 효과적으로 관리·운영하기 위한 중심 업무기능을 수행한다. 연구·벤처용지는 동북아 중심물류기능을 수행하는 대형항만의 배후단지에만 도입되는 기능이다. 이것은 물류관련 연구·교육기관을 유치하여 항만물류분야의 학술적인 지원기능을 수행한다.

10.1.3. 복합운송체계의 과정과 특성

복합운송체계는 전국 또는 지역의 수송요충지에 있는 화물터미널 또는 물류단지를 중심으로 화물을 간선과 지선수송으로 구분하고 연계하여 화물을 수송하거나, 2가지 이상의 수송방식을 사용하는 것이다[9]. 지역내 개별화주는 집·배송 단지 및 일반화물 터미널의 정보서비스를 이용한다. 단기적으로 수·배송은 복합화물 터미널, 일반화물 터미널, 집·배송 단지 간에 형성된다. 지역 간 수송은 복합화물 터미널, 일반화물 터미널, 내륙컨테이너기지(ICD: inland container depot)와 일반화물 터미널 간에 이루어진다. 장기적으로 간선수송은 복합화물 터미널과 ICD 간에 이루어지고, 지역내 집·배송단지 및 일반화물 터미널수가 증가하게 된다. 따라서 복합운송체계를 형성하기 위해서는 물류단지의 확보, 항만물류체계의 개선, 철도물류체계의 개선 및 화물의 공동집·배송 실시가 매우 필요하다.

현재 항만 및 배후단지의 국내 화물수송은 소형, 자가용 화물차량에 의한 장거리 공로수송이 대부분이다[10]. 그래서 지역간 또는 수송수단간 화물수송의 분담구조가 적정하지 못하며, 복합화물 터미널이나 공동집·배송단지가 미흡한 실정이다. 이는 물류수송의 효율성 저하 및 물류비용의 상승을 유발하게 된다. 이러한 물류부문의 대외 경쟁력을 강화하고 항만물류의 합리화를 위해서는 항만 배후단지의 복합운송체계

---

9) 정봉현(1997); 김성수·변의석(2001), p.286.
10) 정봉현(1997a), p.29.

수송체계	수 송 과 정	제 반 특 성
현 행 수송체계		■ 자가 화물차중심의 장거리 수송 ■ 복합화물터미널, 집·배송단지 없음 ■ 지역내·간, 수송수단간 수송분담 없음
단 기 수송체계 개 선	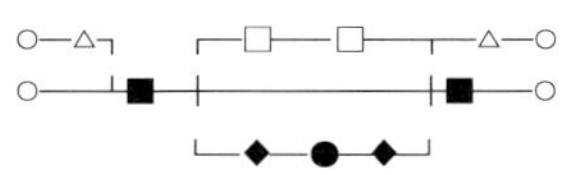	■ 화주 : 집·배송단지, 창고, 유통가공, 정보기능 이용 ■ 복합화물터미널, 일반화물터미널, 집·배송단지간 집·배송 ■ 복합화물터미널, ICD간, 복합화물터미널과 일반화물 터미널간 수송
장 기 수송체계 개 선	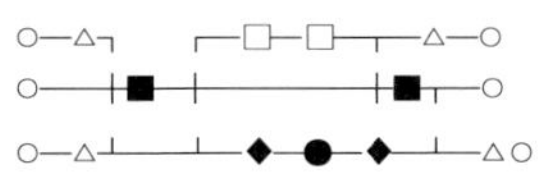	■ 화주 : 집·배송단지의 물류서비스 이용 ■ 간선수송 : 복합화물 터미날과 ICD간 ■ 지역내 배송단지, 일반화물 터미날수 증가
부호설명	○-화주, ■-일반화물터미널, □-복합화물터미널, ◆-ICD △-집·배송단지, ●-철도수송거점	

자료: 정봉현 (1997)

〈그림 10.3〉 복합운송체계의 과정과 특성

를 구축하는 것이 매우 절실한 형편이다.

10.1.4. 항만 배후단지 경쟁력과 복합운송체계

1) 항만 배후단지 복합운송체계의 중요성

세계화된 기업은 입지비용보다는 시장과의 접근성, 기반시설의 구축, 관련 산업의 집적화, 수송망 구축 등 입지적 요소를 더욱 중요하게 간주하고 있다[11]. 국가 특정산업의 경쟁력은 그 나라의 대외경쟁력과 밀접하게 연관되어 있다. 오늘날 한국에서는 동북아 시대에 항만 배후단지를 동북아 물류거점으로 육성하는 것이 국가 경쟁력과 직결되어 있

11) 백종실(1999), pp.79-80.

다. 입지적 자산은 기업과 국가의 경쟁력에도 중요한 영향을 미친다. 한국에서 입지적 자산을 강화하는 하나의 중요한 방안은 항만 배후단지에 종합 물류·유통센터를 형성하는 것이다. 따라서 물류·유통의 복합기능이 종합적으로 수행되는 산업입지인 항만 배후단지의 물류거점화는 국가의 대외경쟁력과 크게 관련되어 있다.

항만 배후단지가 선사, 항공사 및 특송업체가 선호하는 국제 물류거점의 위치를 확보하기 위해서는 시설적·제도적 기반을 구축해야 한다. 예를 들면, 항만시설과 장비, 컨테이너장치장(CFS: container freight station)과 물류단지, 특수화물처리시설, 배후연계수송 및 복합운송체계, 물류정보망의 구축 등이 중요하다[12]. 따라서 복합운송체계의 구축은 항만 배후단지의 활성화를 도모하고, 물류체계의 효율화를 유도하는 중요한 방안이다. 복합운송체계는 항만 배후단지에 접근성, 연계성 및 운송수단 전환성을 확보하여 물류체계의 효율화, 지역·국가경제의 성장 및 국제경쟁력 강화에 기여하고 있다.

2) 항만 배후단지 경쟁력과 복합운송체계

항만 배후단지는 기존의 항만기능에 더하여 종합물류기능을 수행하는 장소로 각광받고 있다. 항만 간 국제경쟁도 치열하며, 항만에 국제물류기능을 강화하여 화물유치에 적극적으로 노력하고 있다. 항만 배후단지는 항만 경쟁력 확보와 직결되어 중요한 항만의 경쟁력 강화요인을 분석하는 것이 필요하다[13]. 이러한 항만 배후단지의 경쟁력을 파악하기 위해서는 선사·화주의 항만 선택요인을 분석해야 한다. 항만 배후단지에 맞는 효율적인 복합운송체계의 형성은 항만의 경쟁력 강화 및 운영의 효율화를 도모하는 기본적인 결정요소가 된다.

항만의 물류거점화는 배후시장의 적정한 항만 물동량 수요의 창출과 해당 시장과의 접근성에 의하여 결정된다. 이러한 항만의 입지적 요건

12) Gooley(1988)

13) 백종실(1999), pp.36-37.

이 충족되면, 항만의 기반시설의 구축이 절실히 요구되고 있다. 이에는 항만시설의 확충, 항만 배후단지의 조성 및 복합운송체계의 형성 등이 포함된다[14]. 항만 배후단지에는 신속한 화물처리 및 운송을 위한 보관, 집·배송, 가공, 조립 등의 기능을 갖춘 복합물류단지가 조성되어야 한다. 항만과 배후지역 간 효과적인 접근을 위해 도로·철도·연안수송·항공을 효율적으로 연계하는 복합운송체계의 구축이 대단히 중요하다. 그리고 정보화의 진전과 전자상거래의 확산으로 물류부문에도 상당한 정보화가 이루어져 복합운송체계에도 물류정보망의 활용도가 크게 확대되어 있다.

〈표 10.1〉 항만 경쟁력 강화와 복합운송 요인

학자·기관	분석대상	경쟁력 강화 중요요인
Willingale (1982)	유럽선사	■ 사전적 방법 - 시장위치 ■ 사후적 방법 - **항만배후지의 접근성**
Slack (1985)	북미화주	■ 항만비용 - **내륙수송비**, 항만비 ■ 항만 서비스질 - 서비스 신속성, **내륙연계수송**
Fleming (1989)	북미항만	■ 항해거리, **배후 철도수송서비스** ■ 항만배후지역의 물동량
UNCTAD (1992)	세계 중요항만	■ 지리적 위치, **배후연계수송**, 항만서비스 비용 ■ **항만서비스 이용가능성**
Fleming & Hayth (1994)	북미항만/ 세계20대항만	■ 항만의 중심성 - 시장접근성, 수송서비스 ■ 항만의 중계성 - **물류수송체계, 물류수송망**
김학소 (1993)	국내항만	■ 항만체선시간, **내륙운송비**, 선적기간 ■ 수송거리, 연간반송량
백종실 (1999)	아시아 중요항만	■ 지리적 위치, 시장 접근성, 기반시설, 전문인력 ■ **네트워크 구축 및 집중화가능성**, 노동여건 등

자료: 각 저자

14) 해양수산부(2004), pp.246-247.

10.2. 광양항 배후단지와 복합운송체계 실태와 문제점

10.2.1. 광양항의 물동량 처리 및 복합운송 실태

1) 광양항의 물동량 처리실적과 전망

광양항은 1998년 개장 원년에 59천TEU, 2004년에 1,315천TEU, 2008년에는 1,810천TEU을 처리하여 1998~2008년 동안에 40.8%의 급증세를 기록하였다. 환적화물량도 2000-2008년 동안에 33.5%의 급격한 증가세를 달성하였다. 이것은 주로 장치장 허용기간의 장기화, 환적컨테이너 하역료의 인하, 화물입항료 인하 등 인센티브 도입 전략의 효과로 인식된다[15]. 이러한 추세는 광양항이 급증하는 동북아 물동량과 중국의 환적화물 처리를 통하여 동북아 거점항으로 성장할 수 있는 가능성을 반영하고 있다.

광양항의 컨테이너 물동량은 2008년 1,810천TEU에서 2020년에는 16,939천TEU로 증가하여 연평균 20.5%의 증가세가 전망되고 있다. 동 기간에 환적화물 물동량은 연평균 32.0%로 증가하여 2020년에는 8,999천TEU로 예측되고 있다. 특히 광양항 배후단지가 동북아 물류의 거점·환적항만으로 성장하기 위해서는 고부가가치 물류서비스를 제공하는 물류센터의 건설과 복합운송체계의 형성이 중요한 과제가 되고 있다.

〈표 10.2〉 연도별 광양항 컨테이너 물동량 통계

구 분	단위	1998	2000	2004	2008	평균증가율(%)
총 량(a)	천TEU	59	619	1,315	1,810	40.8
환적량(b)	천TEU	0.0	32	360	322	33.5
환적율(b/a)	%	0.0	4.7	27.2	18.0	-

자료: 한국컨테이너부두공단 http://www.kca.or.kr

15) 광양시(2002).

〈표 10.3〉 컨테이너 물동량 수송실적과 전망

(단위 : 천TEU, %)

구 분		1998	2004	2008	2020	연평균증가율	
						'98-'08	'08-'20
외항	소 계	59	1,315	1,810	7,051	40.8	12.0
	수 입	35	472	760	3,354	36.0	13.2
	수 출	24	483	728	3,697	40.7	14.5
	환 적(a)	0	360	322	8,999	33.5	32.0
	비율(%):a/b	0.0	27.2	18.0	53.1	+13.5	+35.1
연 안		9	6	0	889	-11.5	54.9
총 계(b)		68	1,322	1,810	16,939	38.8	20.5

비고: 환적은 2000-2008년 동안 증가율임.
자료: 한국해양수산개발원(2001); 한국컨테이너부두공단(2009)

2) 광양항 국내물동량의 복합수송실태

광양항의 국내화물 물동량은 개장 이후에 2001년의 689천 TEU에서 2008년에는 1,571천TEU로 연평균 12.5%의 증가세를 보여주었다. 2008년의 광양항 물동량의 수송수단별 실태는 도로운송 83.0%, 철도운송 17.0%, 연안운송 0.0%를 보여 도로운송의 비중이 크게 증가하였다. 반면에 철도운송의 비율은 감소세를 보이는 데, 이것은 배후지역의 복합적인 철도연계 수송서비스가 정착되지 않은 데 기인한다[16].

2008년도 광양항의 물동량의 기·종점별 실태를 보면, 호남권이 78.6%, 수도권이 9.9%, 충청권이 7.2%를 각각 점유하여 수도권 물동량의 부산항 편중현상이 심각함을 알 수 있다. 단지 광양항 물동량의 대부분은 호남권이 상대적으로 높아 동북아지역의 국제거점 항만으로 성장하는 데는 종합수송체계상 한계를 갖고 있다. 이것은 한편으로 전남·북 지역의 취약한 산업구조, 광양항 배후 철도망체계의 미흡, 배후

16) 양창호 외(2002).

〈표 10.4〉 수송수단별 컨테이너물동량 실적

(단위: 천TEU, %)

구 분	2001년		2004		2008		연평균증가율
합 계	689	100	962	100	1,571	100	12.5
연안해송	44	7.0	6	0.6	0	0.0	-41.8
철도운송	160	23.0	182	19.0	267	17.0	7.6
도로운송	485	70.0	773	80.4	1,304	83.0	15.2

자료: 한국컨테이너공단(2009)

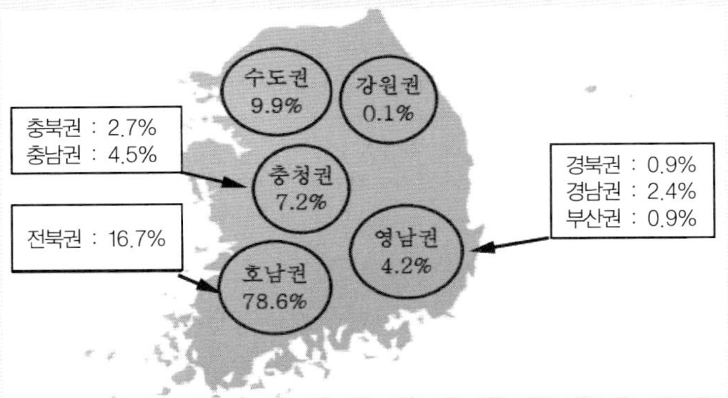

〈그림 10.4〉 광양항 컨테이너 물동량의 지역별 분포

지역 항만물동량 창출능력의 한계, 복합운송체계의 미비 등 다양한 요인과 연관되어 있다.

10.2.2. 광양항 배후단지의 개발실태

1) 광양항 배후단지의 시설, 재원과 물동량 전망

광양항은 동북아 물류거점항으로 성장하기 위하여 2003년부터 배후단지(국제물류기지)를 조성하여 왔다. 광양항에는 동측배후단지와 서측배후단지가 계획되어 조성되고 있다. 동측배후단지는 2003년 2월에 지

〈표 10.5〉 광양항 배후단지의 시설과 물동량 전망

구 분	동측 항만배후단지	서측 항만배후단지
시설면적	1,961천㎡	1,934천㎡
조성기간	2004-2008	2007-2012
시설종류	지원시설단지, 부대시설 공원, 녹지	물류단지, 지원시설단지, 녹지 도로, 컨부두시설, 공원, 주차장
소요자금	2,857억원	3,875억원
개발주체	국토해양부, 광양시	국토해양부
개발현황	1단계('04-06): 386천㎡, 임대완료 2단계('05-08): 1,268천㎡, 임대완료 3단계('06-08): 308천㎡, 조성완료	1공구('07-11): 386천㎡, 국토해양부 2공구('08-12): 868천㎡, 국토해양부
물동량	2012년 - 616천TEU	2012년 - 555천TEU

자료: 여수지방해양수산청 http://yeosu.mltm.go.kr
한국컨테이너부두공단 http://ftz.kca.or.kr

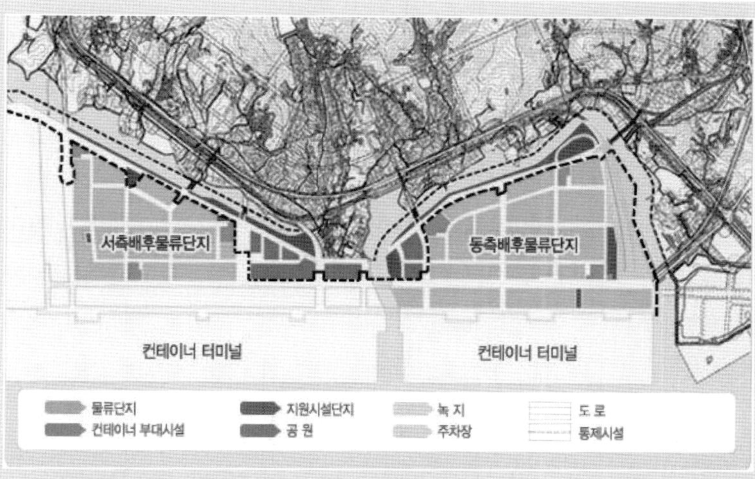

자료: 한국컨테이너부두공단 http://ftz.kca.or.kr

〈그림 10.5〉 광양항 배후단지 위치도

정되어 1,961천㎡의 면적에 2,857억원의 예산으로 국토해양부와 광양시가 2008년 12월에 준공하였고, 현재는 20개 기업이 입주하고 있다. 중요 시설은 공원·녹지시설, 항만지원시설, 물류단지, 연구·벤쳐시설, 컨테이너 부두, 컨테이너지원단지, 철송장, 조립가공단지 등으로 구성되어 있다.

서측배후단지는 2007-2012년 동안에 국토해양부가 3,875억원을 투자하여 1,934천㎡의 면적에 1, 2공구로 나누어 조성할 계획이다. 단지의 주요시설은 물류단지, 지원시설단지, 도로, 컨테이너 부대시설, 녹지, 주차장 및 공원으로 구성되어 있다. 광양항 배후단지는 광양항의 국제경쟁력을 제고시키며, 신물류 부가가치를 창출하고 지역경제의 성장을 유도하는 동북아 물류중심화의 기지로 성장할 것이다. 따라서 광양항의 활성화 및 동북아 물류거점의 구축을 위해서는 광양항 배후단지의 조속한 개발이 요청된다[17].

2) 광양항 배후단지의 개발일정

개발일정을 살펴보면, 하포동측 항만배후단지는 상하이 양산 대수심 항만개발 및 상호 경쟁관계를 고려할 때 2006년 1단계를 완료하고

〈표 10.6〉 광양항 배후단지 개발 추진일정

구 분	하포동측 항만배후단지	하포서측 항만배후단지
추진내용	■ 2003. 2. 항만배후단지 지정 ■ 2003. 공사착공	■ 2001. 기본계획 검토
기 존 추진계획	■ 2007. 1단계 완공 ■ 2009. 부지조성 완공	■ 2008. 부지조성 착공 ■ 2016. 부지조성 완공
수 정 추진계획	■ 2006. 1단계 조기완공 ■ 2008. 부지조성 완공	■ 2004. 예비타당성조사 ■ 2006. 부지조성 착공 ■ 2012. 부지조성 완공

자료 : 해양수산부 항만개발과(2004)

17) 해양수산부(2004).

2008년에 전체 부지를 조성하였다. 하포서측은 양산 대수심 항만개발 완료 이전인 2011년에 부지조성이 요구되나, 2012년에 예정되어 있다. 기존 광양항 배후단지의 지속적인 추진을 위하여 국토해양부, 전라남도, 광양만권 경제자유구역청 및 광양시 간 긴밀한 정책협력과 전폭적인 지원이 필요하다.

3) 광양항 및 항만배후단지 개발시기의 비교

광양항은 어느 정도 부두 접안시설은 개발되었으나, 항만 배후단지 개발이 늦어져 항만 활성화에 장애가 되고 있다. 2008년에 조성이 완료된 동측 항만배후단지도 해당 배후지에 대한 기업유치 및 활성화에 소요되는 기간을 고려하면 늦다. 특히 2012년까지 광양항에 20선석이 개발될 예정이어서 항만 배후단지 부족으로 인한 문제가 심각할 것이다. 따라서 항만배후단지의 조기 개발 및 활성화를 위해서는 동측 항만배후단지 공사추진과 함께 기업체 유치, 활성화 방향 제시, 배후지원시설의 확보 등이 추진되어야 한다. 서측 항만배후단지의 사업도 적정시기에 완공하는 것이 요구된다.

〈표 10.7〉 광양항 컨테이너부두 및 배후단지 개발계획 비교

구 분	2001	2004	2006	2008	2011	2020
선석수 (단계)	4	8	4 (3-1)	4 (3-1)	4 (3-2)	13 (장래)
누계 선석수	4	12	16	16	20	33
동측 항만 배후단지	-	기본계획 실시설계 (착공)	1단계 토지 조성	조성완료	-	-
서측 항만 배후단지	-	기본계획	실시설계 (착공)	-	조성완료 (2012)	-

10.2.3. 광양항 복합운송체계의 문제점

1) 도로운송체계의 문제

광양항의 2001년 도로운송 실적은 48,600 TEU였으며, 2011년에는 3,264,000 TEU로 약 6배정도 증가할 것이다. 이러한 물동량의 증가에 대비한 기존 배후도로망 계획에 대한 대책은 미진하다. 2011년 광양항의 타 부두 T/S화물량은 697천TEU로 전망되어 진다. 이를 고려하면, 부산항과 광양항간 왕복 4차선, 부산 신항과 광양항간 왕복 8차선의 화물전용도로가 부족한 실정이다. 항만의 배후단지에 위치한 내륙 물류기지는 화물의 원활한 복합운송을 위하여 필수적이다. 그러나 광양권의 배후지역에 효율적인 화물 복합운송을 실현하기 위한 호남권에 화물 내륙기지가 부족하다.

2) 철도운송체계의 문제

철도운송의 문제는 철도운송실적의 저조, 철도시설의 부족 및 항만연계 철도시설의 미비 등으로 드러나고 있다. 광양항의 철도운송 실적은 도로-철도 간 즉시적 연계운송의 미비, 터미널의 대량화물 하역작업 곤란, 철도운송시간의 과다 등으로 아주 적다[18]. 광양항 연결 전라선 수송능력은 165,000 TEU정도로 2001년도 광양항 물동량 160,000 TEU를 처리하기에도 한계에 이른다. 이것으로 광양항의 2011년도 물동량 증가시 철도수송능력의 부족은 분명한 사실이다. 이를 테면, 2011년도 철도물동량은 1,075천 TEU로, 장차 910천TEU의 총물동량 처리에 철도시설이 부족하다. 그러므로 광양노선의 철도 1일 운행횟수를 10회에서 55회로 증편하며 철도기반시설의 확충이 절실하다.

광양항의 철도수송 시설도 1단계 후면부에 2개의 작업선, 1개의 처리설비가 운영되고 있다. 이러한 철송시설은 철도물동량의 증가세를 보면, 광양항 1단계 후면에 있어 운영의 효율화를 도모하지 못한다. 광양

18) 재정경제부 외(2004), p.7.

항의 제3·4단계 컨테이너 터미널이 이용하기에도 위치가 부적절하다. 철송장이 컨테이너 터미널에 인입되지 않아 효율적인 켄테이너 수송이 어렵다. 2011년 광양항의 철도물동량은 1,075천TEU로 전망되어 향후 900천TEU가 부족한 전망이다. 이를 고려하면 7트랙의 철송크레인 및 현대적인 철송장비를 설치하는 것이 바람직하다. 따라서 광양항 제3·4단계 개발시기를 감안하여 철송시설의 위치, 가능지역 및 효율적인 작업시스템을 계획의 수립단계부터 적극 반영해야 한다.

3) 연안운송체계의 문제

다단계의 운송과정을 거치는 연안운송은 도로 및 철도수송에 비하여 운행시간이 매우 길다. 부산항-광양항 간 연간 처리능력은 83천TEU이나, 광양항의 장래 2011년 연간 물동량 366천 TEU를 처리하기에는 부

〈표 10.8〉 광양항 복합운송체계의 문제점

분야	문제점 내용	실제 상황
도로 운송	■ 장래 물동량 대비 항만배후 도로망 개선대책 미흡 ■ 장래 부산신항-광양항 간 화물운송 도로시설용량의 부족 ■ 호남권 내륙화물기지 시설부족	■ 2011년 광양항의 타 부두 T/S화물량 697,000 TEU 추정 ■ 화물 전용도로: 부산항-광양항 간 왕복 4차선, ■ 화물 전용도로: 부산신항-광양항 간 왕복 8차선
철도 수송	■ 화물의 철도운송실적의 저조 ■ 전라선 철도시설 부족과 낙후현상 ■ 항만연계 철도복합 운송시설의 부족	■ 철도 1일 운행횟수 증편: 10회 → 55회 ■ 7트랙 철송크레인, 현대적 철송장비의 설치 ■ 철송시설의 위치, 가능지역 및 효율적 작업시스템 광양항 장래계획 반영
연안 운송	■ 연안전용선 개발, 전용선 부족 ■ 연안 전용선석과 전용물류장비 부족 ■ 일괄 수송체계의 미비	■ 215 TEU급 연안전용선이 7대 투입 ■ 연안전용 1-2 선석의 설치

자료: 양창호외 (2002); 광양시(2002); 정봉현(2004).

족하다. 이를 위하여 215 TEU급 정도 연안전용선이 7대 정도 추가 투입되는 것이 좋다. 연안수송에서 전용선석이 없어서 선박의 접안에 6시간 이상의 대기시간이 발생한다. 연안선 전용터미널이 없어 ODCY를 거치는 화물운송으로 도로·철도수송에 비하여 비효율적이다.

따라서 연안 전용선석의 투입이 요구되며, 이에는 215 TEU급 선박 1-2선석이 요망된다. 연안 전용선박이 투입되는 경우에 현재 연악선박의 선석 점유시간은 12시간에서 7시간으로 단축될 것이다. 이것은 물류비용의 감소 및 물류서비스의 향상을 가져오는 효과가 있다. 도로운송은 문전수송이 가능하여 일괄수송서비스에 적합하나, 연안수송은 화물의 도착 및 출발 전후에 많은 시간을 소비하는 특성이 있어 일괄수송서비스가 어려운 상황이다.

10.2.4. 외국 복합운송체계정책의 검토

세계 경제화의 가속과 국제 물류체계의 변화에 따라 주요 국가들은 항만 배후단지의 국제물류 거점화 전략을 추진하고 복합운송체계를 강화한다. 예를 들면, 항만·공항 등 국제복합운송 관련 인프라 시설을 확장하고, 교통시설·수단 간의 연계성을 증진하는 전략을 추진한다[19]. 배후단지에 위치한 항만·공항을 근접지역에 개발하고 물류센타를 유치하여 고도의 물류서비스를 지원한다. 물류센터에서는 다양한 물류시설을 구비하여 고도의 물류서비스를 제공함으로써 세계화 기업들은 주요 물류·복합운송의 거점으로 활용하는 경향이 강하다.

또한 주요 국가들은 국가의 물류서비스 능력을 강화하기 위해서 물류 기반시설도 개발하고, 세계적인 전문 물류업체의 유치정책을 강화하고 있다[20]. 이러한 정책에는 물류단지의 개발, 전문물류업체의 투자에 대해 세제면제, 관세면제, 금융지원 등 다양한 인센티브를 포함하고 있

19) 우종균(2002), p.78.
20) 광양시(2003); 서상범외(2004), pp.3-4.

〈표 10.9〉 외국의 복합운송체계의 형성전략

전략의 방향	추진정책의 내용	사례국가
복합운송 기반시설 개발과 연계성 강화	■ 항만, 공항, 물류단지 등 인프라시설의 확충 ■ 항만·공항 근접개발, 물류단지의 배후지역 위치	■ 화란: 암스테르담·로테르담항과 스킬폴공항 ■ 싱가폴: PSA 터미널과 책랍콕공항 ■ 미국: 뉴욕 뉴저지(지역 6개터미널과 4개 공항 입지
	■ 배후물류센타의 고도물류 서비스 제공	■ 홍콩, 싱가폴, 아랍에미리트 ■ 세계적 해상·항공 복합운송 거점
세계적 전문 물류업체 유치	■ 인프라개발, 법·제도 개선과 인센티브 제공 ■ 전문물류업체의 투자유치 확대	■ 홍콩·싱가폴: 자국 물류업체-외국 물류업체간 전략적 제휴 확대 ■ 아랍에미리트: 전문 물류업체 투자의 세제·관세 면제, 금융지원
관세자유지역과 물류서비스	■ 관세자유지역의 도입 ■ 전문물류업체의 활동지원	■ 항만, 공항, 배후지 관세자유지역 도입 ■ 자유지역에서 다양한 복합운송 거점의 다양한 물류기능의 제공

자료: 우종균(2002); 김태식 역(2003); 백종실(2005b)

다. 항만 배후단지에 관세자유지역을 도입하여 세계적인 기업과 국제 전문 물류업체에게 편리한 경영환경을 제공하고, 자유롭게 영업활동을 하도록 조성한다. 이러한 정책의 사례들은 홍콩, 싱가폴, 미국, 중국 및 화란 등 주요 국가에서 파악할 수 있다.

10.3. 광양항 배후단지의 복합운송체계 형성전략

10.3.1. 복합운송체계의 물류동향과 환경분석

1) 복합운송체계의 국제물류 동향

국제 물류동향의 파악은 항만 배후단지를 위한 복합운송체계의 전략을 수립하는 데 아주 도움이 된다. 이것은 국제물류 환경에 신속히 적

〈표 10.10〉 복합운송체계와 국제물류동향

주요동향	동향의 세부 발생내용
국제물류네트워크의 형성	▪ 대륙단위 거점물류관리체계 구축, 전문물류업체의 물류관리 ▪ 항공 · 해상연계 복합운송수요 급증, 대형거점항만 중심 국제물류 네트워크 형성
중심항의 변화와 경쟁심화	▪ 중심항의 일정지역 물류중심지 · 환적중심항 변모 ▪ 초대형 선박운항과 거대중심항만의 성장
복합도시의 국제물류 중심화	▪ 복합운송 · 전문물류업체 · 전자물류 중심의 국제물류 전환 ▪ 항만도시 해운 · 정보통신 · 항공 등의 세계중심지 성장변모
컨테이너선 고속 · 대형화 지속	▪ 초대형 선박운항, 간선 · 지선중심 선박운항과 지선서비스증가 ▪ 신형 초고속 대형컨테이너선 개발과 선박적재능력 향상
업체간 인수합병 · 제휴 가속화	▪ 해운회사 물류서비스수요의 증가, 세계복합운송업체 증가 ▪ 국제협력 · 인수합병 · 세계제휴방식의 거대선박회사의 출현
환경동향의 영향	**전문물류업체 활용** ▼ **국제복합물류도시(항만)** ⬅ ➡ **세계적 복합운송체계형성** ▲ **국제복합운송 수요확대**

자료: 광양시(2002); 우종균(2002); 김경석외(2004)

응하고, 여기에서 요구하는 물류서비스를 복합운송체계에 반영할 수 있기 때문이다. 최근 세계경제의 가속화 및 정보화의 급격한 진전으로 국제물류 환경도 과거와는 다른 양상을 보여주고 있다. 이러한 국제물류의 동향은 국제물류네트워크의 형성, 중심항의 변화와 경쟁심화, 복합도시의 국제물류 중심화, 컨테이너선의 고속 · 대형화 지속, 업체 간 인수합병과 제휴 가속화 등으로 확인되고 있다[21].

21) 우종균(2002), pp.72-76; 김경석 외(2004), pp.53-56.

2) 광양항 배후단지 복합운송체계의 환경분석

광양항에는 내부적인 측면에서 항만배후단지가 광대하고, 현대적인 항만설비와 대규모 항만시설의 강점이 있다. 그러나 관련 전문인력의 부족, 배후 수송체계의 미비, 배후시장과 산업단지 집적화 미진 및 항만 인지도 저하 등의 약점들도 가지고 있다. 그러나 광양항의 외부환경을 관찰하면, 대규모 배후단지의 조성, 중국·동남아와 근접성, 해상·

〈표 10.11〉 광양항 복합운송체계의 환경분석

내부환경 / 외부환경	강점(Strengths)	약점(Weaknesses)
	■ 배후단지의 광대성 ■ 항만설비의 현대성 ■ 항만시설의 대규모성	■ 전문인력의 부족 ■ 배후 수송체계 미흡, 배후시장의 약화 ■ 관련산업의 집단화 부족, 항만인지도 저하
기회(Opportunities)	【S-O전략】	【W-O전략】
■ 대규모 배후단지 조성 ■ 중국·동남아와 근접성 ■ 해상·항공 연계수송	■ 특화산업 발달과 물동량확보 ■ 중국 특화서비스의 공급 ■ 광양/여수·무안 해상·항공 복합운송 개발	■ 물류전문인력의 양성 ■ 복합 배후수송체계 구축 ■ 물류관련산업 유치노력 ■ 배후단지의 접근도 제고 ■ 중앙정부와 공동마케팅
위협(Threats)	【S-T전략】	【W-T 전략】
■ 수도권화물 부산항 선호 ■ 중국 직기항 증가, 환적화물량의 감소 ■ 배후단지 입주시설 불투명 ■ 부산항과 기능정립 불분명 ■ 재정부족, 국내항만과 경쟁	■ 서남권 철도망 구축과 수도권 물량의 확보 ■ 중국특화서비스 개발, 동남아 신규시장 확보 ■ 배후단지 입주여건 개선, 중앙-지방정부의 재정투자 ■ 항만투자의 집중과 기능특성화	■ 중국동남아 전문인력 육성 ■ 서해안 물류축의 개선 ■ 광양항 특화산업 배후단지 조성과 기업유치 ■ 독립적 운영체계의 형성 ■ 중앙·지방정부의 공동투자 유치와 마케팅활동 전개 ■ 환경친화적 주거문화시설 조성

자료: 우종균(2002); 김경석 외(2004)

항공 연계수송의 가능성, 배후산업단지의 물동량 확보 등을 통한 성장의 실제적 기회들이 주어져있다. 그러나 성장의 기회도 있지만 이를 저해하는 위협적인 요소들도 많은 것으로 사료된다. 이를 테면, 여전히 수도권화물의 부산항 선호 현상, 중국의 직기항 증가로 인한 환적 물동량의 감소, 배후단지 입주시설의 불투명 등의 위협들도 상존한다. 또한 부산항과의 기능정립이 불투명하고 정부의 재정지원이 부족함은 물론 국내 항만 간 경쟁의 심화도 광양항이 극복할 위협적인 문제들로 파악되고 있다.

10.3.2. 복합운송체계 형성목표와 시행방향

1) 항만배후단지 복합운송체계의 목표와 방향

종전에 복합운송의 목적은 개별적인 운송수단을 연결하는 효율적인 화물운송에 있었다. 오늘날 복합운송은 종합적인 연계시스템의 효율성 창출이 주요 목적이며, 운송수단과 물류시설이 종합물류시스템의 부분적인 활동으로 위치한다[22]. 결과적으로 이것은 물류활동의 특성에 따라 연속적인 운송체계의 형태로 통합된 것이다. 따라서 복합운송체계에서는 화물의 이동과 연관된 국제·종합적인 물류체계의 설비가 중요하며, 항만 배후단지는 국제적인 물류거점으로 복합물류공간으로 변모하여 있다.

이러한 항만 배후단지와 복합운송체계는 국제 종합물류체계에서 복합물류 활동공간과 복합 물류서비스 접근기능으로 상호적인 동적인 관계에 있다. 이러한 상호작용 과정에서 항만 배후단지는 고도의 항만 물류서비스의 제공공간으로 역할을 수행한다. 항만물류서비스의 속성은 항만성장의 잠재성, 항만물류 정보·계획의 정확성, 항만작업·시설의 안전성, 업무정보·서비스의 편의성 및 운송체계의 연계성 등으로 제시되고 있다[23].

---

22) 강창문(1995), p.409.

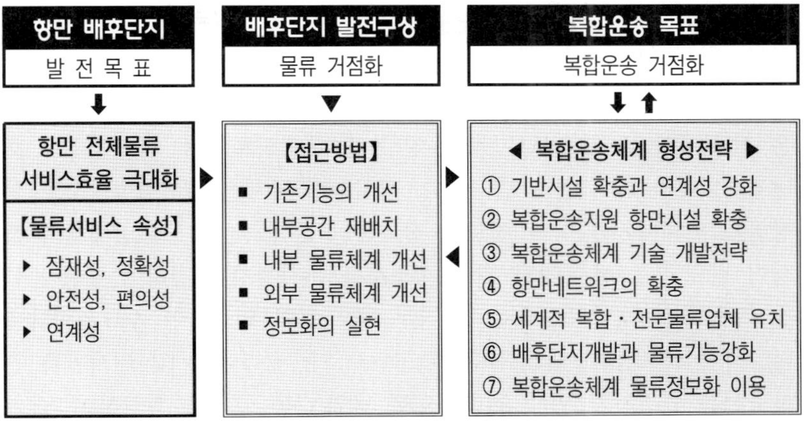

〈그림 10.6〉 광양항 복합운송체계의 목표와 방향

따라서 항만 배후단지의 목표는 항만의 물류서비스의 속성을 향상시켜서 항만전체 물류서비스 기능의 효율성을 극대화시키는 것이다. 이것은 항만 배후단지를 물류거점으로 육성하려는 기존 기능의 개선, 내부공간의 재배치, 내부 물류체계의 개선, 외부 물류체계의 개선 및 정보화의 실현 등의 접근방법에 의하여 달성된다. 따라서 항만배후단지의 물류거점화를 위한 구상은 복합운송의 거점화를 통한 복합운송체계의 형성방향에 의하여 달성된다. 이러한 방향에는 기반시설 확충과 연계성 강화, 세계 전문물류기업 육성 · 유치, 복합운송체계의 물류정보화 등이 포함되어 있다[24].

10.3.3. 복합운송체계 기반시설 확충과 연계성 강화

1) 간선 도로망체계

광양항은 동북아 지역의 국제거점 항만과 석유 · 화학 · 제철의 특화

23) 박태원 · 최중희(2001), pp.38-39.

24) 우종균(2002), pp.34-36.

항만으로써 특성이 강하다[25]. 광양항은 육·해·공 복합운송의 입지적 기본여건이 구비되었으나, 국제복합운송을 실현하기 위한 배후지역 연계도로망 체계의 확립이 요구된다. 광양항의 남북방향 중요 간선도로망은 전주-광양 간 고속도로, 대전-진주 간 고속도로이며, 단기적으로 호남고속도로가 그 역할을 담당한다. 광양항이 국제 물류거점항만으로 성장하기 위해서는 다양한 경로의 전국적인 간선·연계 도로망체계의 형성이 필요하다. 전주-광양 간 고속도로를 논산까지 연장하여 천안-논산 간 고속도로, 호남고속도로 및 경부고속도로와 열결하여 수도권화물을 다양하게 확보한다. 대전-진주 간 고속도로는 동부지역 및 러시아측 연안노선을 연결하기 위해 88고속도로 남원-하동 구간을 확장하여 광양-전주 간 고속도로와 연결성을 강화한다. 동·서 방향으로는 목포-광양 간 고속도로를 서해안 고속도로와 연결하며, 광양항-부산항·신항 간 남해고속도로를 확장하여 화물차 우선도로를 확보한다. 광양항의 배후도로망을 안전성·소통성 측면에서 종합 개선하여 화물수송의 효율성을 증대시킨다.

2) 철도 수송망 체계

광양항의 간선철도망은 동익산-순천 간을 연결하는 전라선으로 호남선 및 서해안선과 연결성을 증대한다. 우선적으로 동익산-남원-순천 구간의 전라선을 직선화·복선 전철화시킨다. 이 구간은 군산선, 장항선 및 수인선과 연결하여 서해안 간선철도망을 형성한다. 수인선은 수원-인천 간에 60km의 철도노선을 신설하며, 수도권 우회철도망은 안산-능곡 간에 신설하여 기존 경부선과 연계성을 증진한다.

광양항의 제2, 3단계 터미널 배후지역에 철도역을 신설하며, 철도역에 차량 25-30량 정도의 화물열차 대기공간을 확보한다. 경전선의 경우에 광양-부산 구간의 복선화 사업을 시행하고 철도역 개량화 사업도 전개한다. 광양제철의 인입선을 복선화시키고, 역사 및 복선화 대안을 비

25) 김경석(2000), pp.88-89.

교하여 마련한다. 광양항 철송장과 광양제철 인입선을 연결하고, 철송장은 광양항의 장래 개발계획을 반영하여 위치 및 규모를 결정한다. 광양역은 전라선과 경전선의 복선화·전철화 계획 등을 감안해서 위치의 적정성을 검토한다.

3) 항만·공항 복합운송체계

항만·공항은 수송의 결절점이 아니라 배후단지의 물류시설을 지원하는 물류거점이 된다[26]. 그러므로 항만·공항의 배후 물류시설 확충이 중요하며 다국적 기업에 적합한 물류·유통센터가 구비될 필요가 있다[27]. 여기에는 복합운송 기반시설과 네트워크가 구축되고 항만-공항간 연계수송이 확보되어야 한다. 항만·공항의 복합운송서비스는 다국적 기업이 물류센터를 중심으로 항만·항공운송을 선택적으로 이용하는 물류운송서비스이다.

광양항의 동북아 물류중심지화에는 항만·공항의 배후단지 개발과 해운·항공수송의 복합연계수송망이 확보되어야 한다. 광양항 배후단지 주변에는 여수공항, 광주공항 및 무안공항이 위치하고 있다. 광양항과의 접근시간은 각 30분, 60분 및 100분 정도 소요되며, 무안공항이 지역의 거점 국제공항으로 역할을 수행한다. 이들 공항에 인천국제공항의 피더 공항으로서 화물을 처리하는 물류시설이 설치될 필요가 있다.

단기적으로는 광양항 ↔ 광주·무안(여수)공항 ↔ 인천국제공항 ↔ 수출입 물류시스템을 구축할 수 있다[28]. 장기적으로는 접근성, 시설성 및 활용성 측면에서 유리한 광주공항을 확장하여 수출입 항공화물 처리가 가능하도록 해서 광양항 ↔ 광주·무안공항 ↔ 수출입 단독시스템을 구축하여 육·해·공 복합운송체계를 구축한다. 광양항 ↔ 광주·무안공항에 해상운송 중심으로 복합운송 기능을 특화하고 동아시아 지역

---

26) 백종실(2003), pp.3-5.
27) 재정경제부외(2004), pp.7-8.
28) 김경석(2000), pp.101-102.

을 대상으로 하는 복합운송시스템을 구축한다. 광양항 배후단지의 복합운송 특화지역을 중심으로 동아시아를 담당하는 초고속 피더네트워크를 개발하고, 고도의 물류서비스를 제공한다. 중기적으로 광주·무안공항·여수공항의 배후지에 경제자유구역이나 물류센터를 중심으로 해운

〈표 10.12〉 복합운송체계의 기반시설 형성전략

분 야	주요전략	세부 실천대안
도로 운송	간선 도로망 연결	■ 광양-전주-논산-천안 간 고속도와 경부고속도 연결 ■ 목포-광양 간 고속도로와 서해안 고속도로 연결 ■ 88고속도 남원-함양 간 확장 → 대전-진주 간 고속도와 전주-광양 간 고속도 연결성 제고
	동측연결 도로망	■ 진원IC-광양 간 동측연결망: 지방도 861선, 국도 2호선 일부 확장
철도 운송	서해안 간선 철도망	■ 기존선로 개량: 경전선-전라선-군산선-장항선-수인선 신설 연결 (광양-순천-동익산-군산-장항-수원-인천: 수도권 연결) ■ 전라선 개량: 동익산-신라-남원-순천 구간 복선 전철화 ■ 수인선 신설: 수원-인천 60km
	수도권 우회철도	■ 수도권 우회선: 안산-송내-능곡연결, 기존 경부선 연결
광양항 운 송	광양제철 인입선	■ 광양제철 인입선 복선화 - 역사 및 복선화대안 비교
	광 양 철송장 배 치	■ 철송장과 광양제철 인입선의 연결 검토 ■ 광양항의 장래계획 반영 철송장의 위치·규모 결정 ■ 경전선·전라선의 복선화 고려 광양역 위치적정성 판단
항만 공항 연계성	항만공항 물류정보 시스템	■ 단기: 광양항 ↔ 광주·무안(여수)공항 ↔ 인천국제공항 ↔ 수출입 물류시스템 ■ 장기: 광양항 ↔ 광주·무안공항 ↔ 수출입 단독시스템, 광주공항의 물류센타 건설 ■ 광양항 복합운송 초고속 피더네트워크 개발
	배후단지 물류센터	■ 광주·무안·여수공항 배후단지 물류센터의 건설 ■ 광주·무안·여수공항 북미/유럽의 항공화물의 유치

자료: 김경석(2000); 교통개발연구원·국제무역물류연구소(2002); 김범중(2004)

· 항공운송을 선택적으로 이용하는 기반시설을 구축한다. 중국에서 광주 · 무안 · 여수공항을 이용하여 북미 또는 유럽으로 향하는 복합운송화물을 유치하는 것이 긴요하다. 그래서 항만-공항 간의 총소요시간을 최소화시키는 복합운송체계가 형성되게 된다.

10.3.4. 광양항 복합운송 지원시설의 확충

1) 초대형 기항시설

동북아 경제권의 성장에 따라 초대형선의 투입이 예상되고 중국항만의 직기항 체계가 확대될 것이다. 광양항은 향후 1만 TEU급 이상의 초대형 컨테이너선이 기항할 수 있는 항만설비를 구비해야 한다. 이를 위해서는 물리적인 측면에서 항로수심, 안벽수심, 대형 크레인, 및 컨테이너 야드 확장 등의 항만시설이 보완되어야 한다[29]. 운영적인 면에서도 크레인의 생산성 증대, 야드운영의 고도화, 부두위 철도망 등 항만의 생산성 향상이 중요하다. 이를 테면, 대규모 컨테이너선 부두의 건설이 필요하다. 광양항의 수심 15-16m를 준설하여 17m 이상의 수심을 유지 한다.

2) 피더선 전용부두의 확충

광양항의 피더선 전용부두는 소수이어서 연안부두의 확충이 요구된다. 이것은 150-2천TEU 이상의 중 · 소형선 부두로서 동북아 역내의 연안네트워크 구축에도 필요하다. 광양항에 모선과 연안선이 동시에 접안하여 효율적인 물류작업을 수행한다. 항만에서 효율적인 환적작업을 수행하기 위해서는 연안선 전용부두가 필요하다[30]. 광양항의 경우에 연안선 접안을 위한 별개의 시설계획이 요구되며, 전용터미널과의 동시접안을 반영하여 설계하는 것이 중요하다. 광양항의 환적시스템을 개선하기 위하여 전용터미널과 연안부두를 일체화하는 설계방안도 고려한다.

29) 한철환 · 우종균(2004), p.127.
30) 한철환 · 우종균(2004), p.125.

화란에서 고려중인 양현 하역터미널(intended terminal)과 부유식 터미널(floating terminal) 방식도 검토할 수 있다.

3) 하역 크레인의 확보

광양항의 신속한 하역작업을 위하여 대형크레인을 선석에 운영한다. 광양항은 선석당 2대의 크레인을 운영하나, 동시입항 선박의 하역작업을 위하여 선석당 4대의 대형크레인이 요구되고 있다.

4) 초고속선의 접안시설

광양항에는 한・중・일 항로에 20노트 정도 초고속선의 운항을 위한 접안시설이 필요하다. 이것은 복합운송체계에서 발생하는 항만의 리드타임을 줄이고 양질의 물류서비스를 고객에게 제공한다. 광양항 배후단지의 해상・항공화물을 유치하기 위해서 바지선을 이용하는 신속한 하역작업도 고려할 수 있다.

〈표 10.13〉 복합운송지원 항만시설의 확충

분 야	중요 실천대안의 내용
초대형 기항시설	■ 1만TEU급 이상 초대형 컨테이너선 항만설비의 구축 ■ 항로수심, 안벽수심, 대형 크레인, 컨테이너야드 확장 항만시설 보완
피더선 전용부두	■ 연안선 접안시설계획 수립, 전용터미널과 연안부두 일체화 방안 ■ 양현 하역터미널과 부유식 터미널 방식 검토
하역크레인 확보	■ 선박 하역작업용 선석당 4대의 대형 크레인 설치
초고속선 접안시설	■ 한・중・일 항로 20노트 정도 초고속선의 운항 접안시설 확보 ■ 광양항 해상・항공화물의 바지선 이용 하역작업의 고려

자료: 양창오 외(2002); 한철환・우종균(2004)

10.3.5. 복합운송체계 기술의 개발전략

1) 도로운송체계

광양항의 컨테이너 부두가 2011년에 완성되면, 부산항과의 원활한 물류운송이 매우 중요하다. 부산항·신항과의 원할한 컨테이너 수송을 위해서 화물전용도로의 건설이 필요하다. 부산항-광양항 간에 왕복 4차선, 부산시항-광양항 간에 왕복 8차선의 화물전용도로 건설이 바람직할 것이다. 이것에는 화란에서 운영한 콤비도로(combi-road)[31]의 기능이 적합할 수가 있다. 이 도로시스템은 150-250km의 구간에서 연간 30박스 이상의 물동량이 확보되면 경제성이 있는 것으로 분석되고 있다[32].

2) 철도운송체계

광양항은 각 터미널에 철도인입선이 연결되어 있지 않고 터미널 배후단지에 2개의 철송터미널이 계획되어 있다. 광양항의 철송장에는 트럭과 열차, 열차와 열차 간 신속한 화물환적작업이 매우 긴요하다. 열차 간의 환적, 열차와 야드 간의 신속한 화물 이송작업을 위하여 Commutor와 같은 하역작업 시스템의 도입과 기술개발이 요구된다.

3) 연안운송체계

현재 1단계 터미널이 운영되는 광양항은 지속적인 개발로 터미널이 점차 확대·운영될 전망이다. 그래서 외항 컨테이너 접안선석을 연안컨테이너선과 동시에 사용하기는 곤란하다. 광양항 3-2단계 및 3-3단계 터미널 사이 유휴공간(650m × 250m)에 연안 컨테이너 전용선석을 배치할 필요가 있다. 이곳에 연안전용 이동크레인을 설치·운영하고 트럭연결 통로를 만들면 연안·이송작업의 신속성 및 효율성이 증가될 것이다.

---

31) 자동무인 전력방식의 내륙 컨테이너운송 셔틀시스템이다.
32) 양창오 외(2002), p.177.

〈표 10.14〉 광양항 복합운송체계의 기술적 형성전략

분 야	중요 실천대안의 내용
도로운송	■ 콤비로드(combi-road): 자동무인 전력방식의 내륙 컨테이너운송 셔틀시스템 ■ 부산항・신항-광양항 구간 콤비로드기능의 화물전용도로의 건설(4차선. 8차선)
철도운송	■ 광양항 철송장의 트럭 - 열차, 열차 - 열차 간 신속한 화물환승작업의 중요 ■ 열차간 환적, 열차와 야드 간의 화물 이송작업용 Commutor식 하역장비 도입
연안운송	■ 컨테이너 3-2단계・3-3단계 유휴공간 연안컨테이너 전용선석 설치 ■ 500TEU급 연안전용 초고속선 개발, 전용 이동용 크레인 설치, 트럭통로

자료: 양창오 외(2002)

10.3.6. 광양항 네트워크의 확충

정기선사들은 전략적 제휴와 인수・합병 등을 통하여 항만에 대한 교섭력을 강화하고 있다. 이러한 시기에 광양항에 물동량 동원능력이 우수한 글로벌 선사를 유치해서 단기간의 물량확대를 도모하는 것이 중요하다. 선사가 직접 터미널을 운영하여 광양항의 물동량 증가를 유도할 수 있다. 또한 광양항에서 국적선사 중심의 항만네트워크를 형성하는 것이 중요하며, 지방해양항만청, 전라남도 및 광양시는 항만운영권의 부여 등 인센티브의 제공과 시행방안을 추진해야 한다. 포워드와 화주간의 연계체계를 강화하고, 화주에게 우대 운임과 특화된 물류서비스를 제공하여 광향항의 기항을 유도하는 것이 바람직하다[33].

광양항 배후단지의 물동량을 증대시키기 위하여 광양항 이용 수도권의 수・출입 물동량의 확보, 광양항・배후단지의 환적화물의 증가대책이 필요하다. 특히 광양항 배후단지의 부가서비스를 이용하는 환적화물 증가대책이 더욱 중요하다. 광양항과 일본 서안 항만 간에 항만네트워

33) 백종실・황진회(2003), pp.166-167.

크를 구축하여 동남아 선사를 적극 유치할 필요가 있다. 이를 통하여 거점항만으로 발전하며, 광양항 배후단지에 물류센터를 조성하고 동남아 선사를 적극 유치한다.

10.3.7. 세계적 종합물류·복합운송업체의 육성·유치

항만, 공항의 개발과 세계적인 물류 및 복합운송체계의 구축에는 종합물류·복합운송업체의 육성이 매우 중요하다. 종합물류기업은 운송, 물류시설 및 물류서비스를 기본으로 최소한 3개 이상의 물류사업을 수행할 능력이 있는 업체로서 인정기준을 토대로 선발한다[34]. 정부는 2004년 화물유통촉진법에 종합물류기업의 육성을 위한 제도적인 기반을 구축한 적이 있다. 광양항 배후단지의 물류거점화를 위해서는 국내물류체계의 개선을 통한 물류비용의 절감과 세계적인 물류기업의 유치가 필요하다. 세계적인 한국의 물류기업이 전 세계를 상대로 고도의 부가가치 물류서비스를 제공하고, 세계적 물류업체와 물류정보와 전문능력 측면에서 경쟁할 때 광양항 배후단지의 물류 거점화는 더욱 촉진된다.

한국의 물류기업은 세계 물류기업에 비하여 국제적인 물류거점 확보와 네트워크를 갖추고 있지 못하다. 다국적 기업이 선호하는 부가가치 물류서비스를 제공하는 능력을 충분히 구비하지 못하고 있다. 따라서 물류산업전반을 육성하기 위한 지원정책과 세계적인 종합물류기업을 육성하기 위한 정책수립이 절실히 요구된다. 복합운송업체에 대한 지원을 확대하고 제조업체와의 차별화를 제거하여 물류산업 전반을 육성하는 것이 중요하다. 복합운송업체와 중소 물류업체도 개별 투자확대, 다른 물류업체와의 인수·합병 또는 전략적 제휴를 통하여 공급경로관리를 효율적으로 관리하는 역량을 증진시켜야 된다. 종합물류기업의 인정기준은 소수의 대형화·대형화된 3·4PL로서 세계적 물류네트워크의

---

34) 백종실(2005c), p.1.

형성과 다양한 부가가치 물류활동의 수행으로 세계적인 물류기업과 경쟁가능한 역량을 유도해야 한다. 이것은 국내보다는 해외시장의 진출을 확대하고, 현지 물류기업 또는 해외 한국물류기업과의 제휴·합병을 통한 세계적인 종합물류업체로 성장하도록 여건을 조성·지원한다.

광양항은 아시아의 주요 환적항으로 성장할 입지적 요건을 구비하고 있다. 광양항이 물류거점으로 성장하는 데는 항만요율, 항만서비스, 배후단지 시설, 연계서비스의 제공 등이 매우 필요하다. 이것은 싱가폴항의 종합물류 서비스의 제공 및 중국의 항만·공항서비스의 제공에서 시사하는 바가 크다. 세계화 기업들은 항만 배후단지에서 보다 전문화·종합화된 복합물류서비스를 요구한다. 광양항 배후단지의 물류중심화는 이러한 환경·수요변화 및 기업요구를 수용하기 위한 종합 복합운송업의 육성·유치에 의하여 실현될 수 있다..

한국의 복합운송업체는 자본규모의 영세성, 해외 물류망의 미비, 등록업체의 난립 등으로 전문화·종합화된 물류서비스를 제공하는 기반이 취약하다[35]. 한편 외국기업들은 제조업체의 한국 투자증가와 더불어 활동영역이 확대되므로 복합운송업체의 육성이 절실하다. 이를 위해서는 중앙정부에 의한 복합운송업체의 관리, 복합운송업체의 통관업 진출, 복합운송업체의 제휴·합병에 대한 지원제도의 시행, 및 업체의 해외물류네트워크 구축 지원 등의 대책이 강구되어야 한다. 특히 국제적인 전문물류업체가 유치되면, 광양항 배후단지에서 국제 수준의 물류서비스를 공급하고, 세계물류 네트워크의 동북아거점으로서 활동하게 된다. 이를 수행하기 위하여 세계적인 전문물류업체를 유치하여 광양항 중심의 물류네트워크를 개발할 필요가 있다. 광양항 배후단지에 물류전문인력을 양성하기 위한 교육기관을 설립·활성화하여 전문가를 양성한다. 한국의 외국인 투자촉진법은 글로벌 제조업체의 국내 산업단지에 대한 투자유치를 중점으로 둔다. 그러나 광양항 배후단지의 활성화와 외국인 투자유치의 증대를 위해서 해운·물류기능을 위해 투자하는 다

35) 박용안(2002), p.9.

국적 기업에 대한 투자지원 및 인센티브제도의 확충이 필요하다[36].

10.3.8. 항만 배후단지 개발과 물류거점기능의 활성화

1) 항만물류단지의 조기개발

제4세대 항만으로 성장할 광양항은 항만물류, 배후단지 및 도시기능을 조화하여 국제물류 거점공간으로 부가가치를 창출하는 복합 물류공간이다[37]. 이러한 환경 속에 광양항 동측 배후단지가 개발 중이며, 경제자유구역으로 지정되어, 외국 투자자에게 저렴한 임대료와 세율을 제공하고 있다. 광양항 배후단지의 개발 시기는 항만 개발속도에 비하여 크게 지연되어 있다. 광양항은 1998년 7월에 개장하였지만, 광양항 동측 배후단지는 2003년에 착공되었다. 동측 배후단지의 1단계 완공이 2006년으로 수정되었지만, 2004년 및 2006년에 개장되는 8선석의 광양항 컨테이너 물동량을 처리하기에는 부족하다[38]. 서측 항만배후단지는 기본·실시계획 단계에 있으며, 2012에 1단계 조성이 완료될 계획이다. 동측 항만배후단지 1단계가 완공되는 2006년에 광양항에는 벌써 16개의 선석, 2단계가 완공될 2008년에는 19선석이 운영되어 진다. 그러므로 광양항 동측 항만배후단지는 물론 서측 배후단지의 개발시기도 조기에 앞당기는 것이 중요하다.

국제복합운송은 다각적인 물류서비스를 요구해서 운송과 부가가치 물류서비스를 제공하기 위한 물류센터가 요구된다. 지금까지 광양항 배후단지에는 종합물류활동을 수행할 수 있는 창고와 물류센터가 미흡하다. 이러한 여건은 화주 및 복합운송업자가 광양항 이용을 기피하는 주된 요인이 된다. 광양항 배후단지는 지정학적 장점이 강하고, 항만·공항 간 연계성이 강화되면 세계적인 업체의 다양한 물류·유통전략을

36) 우종균(2002b), p.13.
37) 정봉현·최정우(2004), p.88.
38) 마문식(2003), p.4.

지원하기에 적합하다. 광양만권 경제자유구역에 세계적인 전문물류업체를 유치하여 동북아 경제권을 대상으로 하는 경영활동을 하도록 적극적인 투자유인정책을 실시한다. 정형화된 복합운송서비스를 개발하고 차별화된 브랜드를 창출하는 것이 중요하다[39]. 광양항의 경우 광양-상해 네트워크를 개발하고 초고속선을 이용한 당일 복합운송서비스를 브랜드화 하는 방안도 고려할 수 있다.

2) 항만 배후단지 물류기능의 활성화

항만 배후단지는 항만의 기능을 보완하여 항만서비스 능력을 제고하고, 제조・가공・조립 등 각종 물류기능이 집중되어 산업・경제의 성장동력으로 역할을 한다[40]. 항만 배후단지의 물류단지는 광양항의 물류거점화에 필수적이다. 광양항 배후단지에서 부가적인 양질의 물류서비스를 제공하고 외국항만과의 네트워크를 강화한다. 우선 광양항 배후단지를 자유무역지대로 지정하여 편리하고 효율적인 산업・물류・업무공간을 창출한다. 이것은 다국적 기업의 광양항 배후단지 유치를 장려하고 부가적인 물류서비스를 제공하는 계기가 된다[41]. 광양항 배후단지를 특성화하여 개발하는 것이 매우 중요하다. 이를 테면, 광양항은

〈표 10.15〉 광양항 배후단지 개발시기와 물류기능의 활성화

방 향	주요 시행전략의 내용
항만배후단지의 조기개발	■ 광양항 단개별 완공과 항만배후단지 개발시기의 연계화 ■ 동측 배후단지 2008년, 서측 배후단지 2010년 조기 부지조성 완공
배후단지 물류기능의 강화	■ 동측 배후단지 자유무역지대 지정, 배후산업연관 물류센타 운영과 물류단지의 조성, 표준물류센타의 건설 ■ 중국기업에 항만배후단지 부지제공

자료: 백종실・황진희(2003); 한철환・우종균(2004); 정봉현・최정우(2004)

39) 이성우(2002), pp.84-85.
40) 한철환・우종균(2004), p.121.
41) 백종실・황진희(2003), p.170.

광주 · 전남지역의 산업인 정밀기기, 광산업, 자동차, 메카트로닉스 및 신소재와 연관된 물류센터를 운영한다. 여수 산업단지의 석유화학, 광양제철 등과 연계된 특화된 배후 물류단지를 조성한다. 광양항 배후단지에 중소업체를 위한 표준물류센터를 건설하며, 입주업체는 이를 통하여 조립 · 가공 또는 물류활동을 수행할 필요가 있다. 항만배후단지의 기능을 고부가가치형 국제 물류거점으로 육성하는 것이 중요하다[42].

10.3.9. 복합운송체계의 물류정보화 이용

모든 물류활동은 다양한 물류관리 주체 간에 의사소통 및 정보교환을 필요로 한다[43]. 이러한 정보흐름을 원활하게 하기 위하여 효율적인 종합 물류정보시스템의 구축이 필요하다. 오늘날 전자물류의 확산과 공급경로관리(SCM)의 확대로 국제운송에서 물류정보시스템의 역할은 매우 중요하다. 복합운송을 주도하는 사람은 선사 등의 운송인과 운송알선인 포워드 등으로 대별되고 있다. 여기에서 전체 물류시스템의 효율성을 확보하는 것이 중요하며, 이것은 복합운송체계에서 물류정보시스템을 이용하면 가능하다. 모든 화물정보가 물류정보시스템에 제공되어 송화주 · 화주 · 포워더 · 운송업체의 화물에 대한 현재 위치 · 상대정보를 실시간으로 안다[44]. 또한 주문 및 발주업무, 배송업무에서도 최소의 재고량을 유지하면서 화물을 필요한 곳에 신속 · 정확하게 수송한다. 따라서 첨단 무역 · 물류정보망 구축으로 복합운송기능을 특화해야 한다.

세계화 기업은 자사의 물류거점을 선정하는 데 있어 위치, 운송망, 시장규모 등 다양한 요인을 고려한다. 그러나 최근 중요한 요인으로 부각되고 있는 것이 물류정보시스템의 구축이다[45]. 물류 정보시스템은

---

42) 한철환 · 우종균(2004), p.122.

43) 정봉현(2005), p.248.

44) 정봉현(2005), p.249.

통관체계, 물류체계, 입주지역의 관리·운영체계 등을 포함하는 것으로 투자 후 자유롭고 편리한 물류·경영 환경을 수행할 수 있는가를 판단하는 기준이 된다. 따라서 항만, 공항과 배후 관세자유지역을 연계하는 전자시장(E-market place)를 개발하고 통관, 운송, 물류서비스는 물론 전자상거래, 결재, 마케팅 등을 통합적으로 수행할 수 있는 기반을 조성해야 한다. 이것은 결국 광양항 인터넷 종합물류정보시스템의 구축으로 가능하다. 광양항 인터넷 물류정보센터를 중심으로 모든 해운·항만 관련 물류정보·서비스가 처리되는 것이다[46]. 우선적으로 광양항의 물류관련 업체 간에 가상물류시장을 구축하여 기존의 물류거래 활동을 전자물류로 수행하는 것이 매우 중요하다. 이를 위하여 수익성 있는 운영모델을 도입하고 기관 간에 전자문서의 양식과 기술표준화를 추진하며, 국제물류 정보망과의 연계성을 강화한다. 이것은 결국 광양항이 인터넷 해운·항만 물류정보시스템으로 발전하게 되며, 복합운송체계 구축의 토대가 된다.

요 약

1. 현대 항만은 상업·산업 활동의 중심지이며 물류·분배의 거점 기지가 된다. 항만에서 물류기능이 강화됨에 따라 화물운송시스템을 효율화시키려는 노력이 급증하고, 물류부문의 발전은 항만부문에도 많은 영향을 준다. 이에 따라 항만 배후단지의 조성이 필요한 제3세대 항만이 출현하고, 이외에 항만물류, 배후단지 및 도시기능이 조화되어 항만의 공간기능이 확대된 제4세대 항만이 등장하고 있다.
2. 항만배후단지는 항만과 그 배후지역을 연계하여 물류기능을 강화하며, 항만의 고유기능을 지

45) 우종균(2002), p.86.
46) 장흥훈(2004), p.214.

원하는 항만관련 시설 및 산업이 집적화된 공간이다. 이러한 배후단지는 물류, 가공 · 조립 · 포장, 상업 · 업무, 연구 · 벤처시설 및 항만친수 · 녹지기능을 수행한다.

3. 복합운송체계는 전국 · 지역의 물류단지 또는 터미널을 중심으로 화물을 간선과 지선, 또는 2가지 이상 교통수단을 연계하여 화물을 운송한다. 복합운송체계의 구축은 항만 배후단지의 활성화를 도모하고 물류체계의 효율화를 유도한다. 이러한 복합운송체계는 항만 배후단지에 접근성, 연계성 및 운송수단의 전환성을 확보하여 항만배후단지의 경쟁력을 좌우하는 결정요인이 된다.

4. 광양항은 2002년에 제2-1 단계 터미널이 개장하여 현재 6개의 운영사가 8개의 선석을 운영한다. 2011년에는 제3단계 개발이 완료되어 총33개의 선석이 확보될 계획이다.

5. 광양항의 컨테이너 물동량은 1998년 59천TEU에서 2008년에는 1,810천TEU에 이르는 40.8%의 급증세를 기록하였고, 2020년에는 16,939천TEU로 증가하여 20.5%의 신장세를 보일 전망이다. 2001년 광양항 국내물동량의 83.0%는 도로운송이 담당하였고, 화물의 기 · 종점별로는 전남 · 북권의 물동량이 총물동량의 78.6%를 점유하였다.

6. 광양항에는 동측 항만배후단지와 서측 항만배후단지가 있다. 동측 배후단지는 2004-2008년에 걸쳐서 국토해양부와 광양시가 2,857억원을 투자하여 2008년에 준공하였다. 서측 배후단지는 2007-2012년 동안에 1,934천㎡ 면적에 국토해양부가 3,875억원의 예산으로 2012년에 완공할 계획이다.

7. 광양항 배후단지는 도로측면에서 항만 배후도로망의 개선대책 미흡, 부산-광양간 화물전용도로의 부족 및 호남권 배후물류시설의 미비 등의 문제점이 있다.

8. 철도수송을 보면, 화물의 철도운송실적 저조, 전라선 철도용량의 부족과 낙후현상, 항만연계 철도복합 운송시설의 부족

및 호남권 내륙화물기지 시설 부족 등의 문제가 파악된다. 연안수송에서도 연안전용선 개발 및 전용선 부족, 연안 전용선석과 전용물류장비의 부족, 및 일괄 수송체계의 미비 등이 문제점이 드러나 있다.

9. 세계 선진국들은 복합운송체계를 개선하기 위해서 복합운송 기반시설의 개발과 연계성 강화, 세계적 전문물류업체의 유치, 관세자유지역의 도입과 고도의 물류서비스 제공 등 복합운송전략을 시행하고 있다. 세계화의 진전, 정보화의 진행 및 세계 물류서비스의 강화 속에 복합운송체계의 국제물류 동향도 크게 변모하는 상황에 놓여있다.

10. 최근에 전문 물류업체의 활용과 국제 복합운송수요의 확대로 세계적인 전략적 복합운송체계가 형성되고 있다. 이러한 경우에 광양항 배후단지의 복합운송체계는 내부적으로 강점과 약점, 외부적인 측면에서 기회와 위협의 요소를 맞이하여 전략적인 정책방향이 요망된다.

11. 광양항 복합운송체계의 목표는 광양항 배후단지에 항만전체의 물류서비스 효율을 극대화하여 배후단지를 물류거점화하고, 복합운송의 거점기지로 만드는 것이다. 이를 토대로 광양항 배후단지에 종합적인 복합운송체계의 형성 전략을 거시적·종합적인 관점에서 제시할 수 있다.

12. 기반시설 확충과 연계성 강화이다. 이들 전략에는 간선도로망 연결, 동측 연결도로망의 구축, 서해안 간선철도망의 조성, 수도권 우회철도, 광양제철 인입선, 광양철송장 배치, 항만·공항 물류정보시스템, 배후단지의 물류센터 유치 등이 들어있다.

13. 복합운송지원 항만시설의 확충이다. 이에는 초대형 기항시설의 건설, 피더선 전용부두의 조성, 대형 하역크레인의 확보 및 초고속선 접안시설 확충 등의 방안들이 포함되어 있다.

14. 복합운송체계 기술의 개발전략이 필요하다. 이를 위해서는

부산-광양 간 화물전용도로의 건설, 콤비로드 도입, 철송장의 환승작업 및 화물이송작업 기술, 연안전용 선석의 건설, 연안전용 초고속선의 건조 등의 전략들이 강구되어야 한다.

15. 국제 항만네트워크를 확충할 필요가 있다. 필요한 주요대책은 국적선사 항만네트워크의 구축, 정부당국의 인센티브 제공·지원제, 광양항 물동량의 증대방안, 광양-일본서안 항만 간 네트워크, 배후단지 물류센타의 유지 등을 포함한다.

16. 세계적 복합·전문물류업체를 유치하고 육성한다. 이것은 중앙정부(국토해양부)에 의한 복합운송업체의 관리, 복합운송업체의 통관업진출, 복합운송업체의 제휴·합병에 대한 지원제도의 시행 및 업체의 해외 물류네트워크 구축 지원 등에 의하여 달성될 것이다.

17. 항만배후단지 개발시 물류기능을 강화한다. 항만배후단지를 광양항 컨테이너터미널의 개장과 연관해서 조기에 개장하고, 배후단지에 물류센터를 조성한다.

18. 복합운송체계에 물류정보화를 이용한다. 이를 위하여 가상물류시장의 구축, 운영모델의 도입, 전자문서 양식의 표준화, 국제물류 정보망과 연계 등의 대책을 강구한다.

중요개념

항만배후단지	복합운송시스템	복합물류단지
내륙연계수송	집·배송단지	일반·복합화물터미널
내륙컨테이너기지	전자상거래	배후연계수송
물류센터	화물전용도로	관세자유지역
물류중심기지화	초고속피더네트워크	피더선전용부두
항만네트워크	복합운송업체	물류정보화
공급경로관리(SCM)		

연습문제

1. 항만에서 물류운송시스템의 여건이 항만에 미치는 영향과 항만기능의 변화내용에 대하여 말하라.
2. 항만배후단지의 개념과 기능을 살펴보고, 복합운송체계의 과정과 특성에 관하여 설명하라.
3. 복합운송체계는 항만배후단지에서 왜 중요하며, 항만배후단지의 경쟁력과 무슨 관계를 형성하고 있는가?
4. 광양항의 물동량 수송실적과 전망을 알아보고, 전반적으로 광양항 배후단지는 어느 정도 개발되고 있는지 살펴보라.
5. 도로, 철도, 연안운송을 중심으로 광양항 복합운송체계의 문제점을 분석하고, 외국의 복합운송정책은 무슨 특성을 가지고 있는가?
6. 복합운송체계의 국제적인 물류동향을 알아본 다음에, SWOT방법으로 광양항 복합운송체계를 진단하라.
7. 광양항 복합운송체계의 기반시설을 확충하고 연계성을 강화하기 위한 전략을 간선도로망, 철도망, 항만·공항 복합운송체계 부문별로 설명하라.
8. 복합운송체계를 지원하는 항만시설의 확충 및 복합운송체계 기술의 형성방안에 대하여 말하라.
9. 광양항만 네트워크의 확충 및 세계적인 종합물류·복합운송업체를 육성하고 유치하기 위한 전략은 무엇인가?
10. 광양항 배후단지를 조기에 개발하여 광양항 물류거점기능을 활성화하기 위한 전략들을 자세히 언급하라.
11. 물류정보화 기술을 이용하여 광양항 복합운송체계를 발전시키기 위한 전략들을 설명하라.

News

광양항 물류중심지로 뜬다

전남 광양항에 공공 부문과 민간 부문이 함께 참여하는 제3섹터 방식의 종합 물류 회사가 설립될 전망이다. 광양시와 컨테이너부두공단이 추진하고 있는 이 회사가 설립되면 광양항의 물류 서비스 기능이 대폭 강화돼 광양항 활성화에 크게 기여할 것으로 기대된다. 15일 광양시에 따르면 컨부두 공단과 함께 민간 자본이 참여하는 (가칭)광양항 종합물류회사를 이르면 올 상반기안에 설립할 예정이다.

광양시와 컨부두 공단이 물류 회사 설립에 본격 나선 것은 지난해부터로 광양항에 포워딩(복합 운송 주선업) 기능이 사실상 없을 뿐 아니라 민간 업체들의 물류 서비스 질마저 떨어져 관련 기관의 유치 노력에도 불구, 물동량이 좀처럼 늘지 않고 있다는 판단에서 비롯됐다. 포워딩업은 화주와 선사를 직접 연결해 주는 사업이나 광양항에는 관련 업체가 없는 상태다. 포워딩업은 화주가 선사를 선택하는 단계부터 시작해 운송, 통관은 물론 상대방 창고에 이르기까지 전반적인 물류 서비스 기능을 하는 것이다. 시는 공공부문 주도로 회사를 설립할 경우, 이윤 추구가 절대 목적이 아니기 때문에 서비스의 질을 대폭 높일 수 있을 뿐 아니라 이는 곧 다른 민간 업체들의 서비스 질 향상의 계기로 작용할 것으로 보고 있다.

광양시는 이를 위해 지난해 9월 한국해양수산개발원(KMI)에 회사 설립 타당성 등에 관한 용역을 의뢰, 최근 KMI는 지방공기업 또는 공단 형태보다는 제3섹터 방식이 가장 적절하다는 분석을 내놨다. 이에 따라 시는 오는 18일 최종 용역 보고서가 제시되는 대로 컨공단과 해양수산청, 상공회의소 등 유관기관을 상대로 설명회를 갖고 컨부두 공단과 투자 지분, 운영 형태 등을 구체적으로 결정한 뒤 회사 설립에 박차를 가할 방침이다. 이런 가운데 시는 지난해 화물 연대 파업으로 물류 기능이 마비된 점을 감안, 당초 사업 범위에 화물 운송업을 포함했으나 현재 운송사업자의 공급 과잉으로 더 이상 증차가 어려울 뿐 아니라 관 주도 사업으로 인한 민원 발생이 우려돼 이를 장기 검토 사항으로 돌린 것으로 알려졌다.

이에 따라 광양항 종합물류회사는 일단 물류 시설 운영업과 물류 서비스업을 주요 타깃으로 설정, 출범하게 될 전망이다. 물류 시설 운영업은 냉동, 냉장 창고업과 일반 창고업, 화물 터미널 운영, 컨테이너 야적장업, 내륙 기지업 등 창고 보관업이 주요 사업이 된다. 또 물류 서비스업으로는 화물차 운송 주선, 포워딩업, 통관업, 화물 경비업, 하역 노무 공급업, 컨테이너 임대업을 할 계획이다. 이와 관련, 광양시의 한 관계자는 "현재 초기 자본금을 118억원 정도로 예상하고 있다"며 "그러나 해양수산청이 광양항에 건축 중인 냉동 창고와 물류 센터 등을 위탁 운영할 경우 자체 창고를 갖출 필요가 없어져 자본금을 38억원 정도로 절감할 수 있을 것"이라고 설명했다.

그는 또 "복합 운송 주선이나 창고 운영 등에는 많은 인원이 필요 없어 20명 내외의 적은 인력으로도 운영 할 수 있다"며 "포워딩업 진출로 소위 개미 화주로 불리는 소량 화물까지도 취급이 가능해 광양항 물동량 유치에 큰 도움이 될 전망"이라고 말했다.

【자료】 세계일보 2005년 2월 15일

참고문헌

1. 강영문, 광양항의 국제물류센터 구축을 위한 방안, 여수대학교, 석사학위 논문, 2003.
2. 광양시, 광양항 활성화를 위한 전략적 복합운송체계 구축방안 연구, 2002.
3. 강영문, 컨테이너 운송시대의 항만물류체계 개선과 자유항 도입사례, 제1회 광양항 국제포럼, 1998.
4. 강영문, 해운업의 구조적 변화와 항만산업의 미래, 제2회 광양항 국제포럼, 2002.
5. 교통개발연구원, 21세기 국가물류정책의 비젼과 전략 -국가물류모델부문-, 2000.
6. 교통개발연구원 · 국제무역물류연구소, 광양항 활성화를 위한 전략적 복합운송체계 구축방안, 주민공청회 자료, 2002. 5.
7. 김경석, 광양항의 효율화를 위한 인프라 구축 방안, 월간 해양한국7월호, 2000. 7, pp.88-103.
8. 김경석 외 5인, 경제자유구역의 물류거점기능 활성화 방안, 국토연 2004-36, 국토연구원, 2004.
9. 김범중, 광양항 및 광양항 배후단지 활성화 방안, 한국해양수산개발원, 2004, pp.1-43.
10. 김형태, 포트세일즈를 통한 광양항의 활성화 방안, 해양한국, 1997, pp.25-58.
11. 김형태 외 2인, 광양항 컨테이너 부두 조기활성화 방안, 정책자료 145, 해운산업연구원, 1996.
12. 김태식 역, 유럽의 복합운송정책 추진 사례와 동북아시아에의 시사점, 월간교통 통권 67호, 교통개발연구원, 2003, pp.17-25.
13. 길광수 · 박선현, 항만 배후단지 개발관련 법 · 제도 비교연구, 기본연구 2003-10, 한국해양수산개발원, 2003.
14. 마문식, 광양항의 적기개발과 활성화를 위한 정책지원 긴요, 해양수산

동향 제1092호, 한국해양수산개발원, 2003, pp.1-8.
15. 박태원・최중희, 항만배후공간의 효율적 이용에 관한 연구 -부산・인천항을 중심으로-, 기본연구 2001-16, 한국해양수산개발원, 2001.
16. 박용안, 복합운송주선업의 육성시급, 동북아 물류중심화의 부문별 전략점검, 지구촌 해운・물류 특집 제7호, 한국해양수산개발원, 2002, p.9.
17. 백종실, 아시아 주요국 항만배후지 물류거점화정책 연구, 기본연구 1999-14, 한국해양수산개발원, 1999.
18. 백종실, 고속철도 개통 후 철도화물수송체계 개선방안연구, 해양정책연구 제19권 2호, 한국해양수산개발원, 2005a, pp.162-210.
19. 백종실, 유럽의 복합운송정책 동향, 월간 해양수산 통권 제245호, 한국해양수산개발원, 2005b, pp.41-56.
20. 백종실, 동북아 물류중심지화 실현을 위한 종합물류기업을 육성해야, 월간 해양수산 통권 244호, 2005c, pp.1-5.
21. 서상범외 2인, 물류산업 경쟁력 강화를 위한 종합물류업 활성화 방안, 연구총서 2004-11, 교통개발연구원, 2004.
22. 순천광양상공회의소, 광양항의 국제물류거점화를 위한 벤치마킹 연구, 2003.
23. 양창호외 5인, 항만-내륙 간 첨단 연계운송시스템 개발연구, 기본연구 2002-10, 한국해양수산개발원, 2002.
24. 우종균, 국제 복합운송체계의 변화・확대에 대응한 우리나라의 국제복합운송 거점화 전략, 월간 해양수산 통권 제210호, 한국해양수산개발원, 2002a, pp.71-88.
25. 우종균, 해양지향적 산업・물류지대 개발전략 필요: 동북아 물류중심화의 부문별 전략 점검, 지구촌 해운・물류 특집 제7호, 한국해양수산개발원, 2002b, p.13.
26. 윤주한・윤강술, 광주・전남지역 무역산업과 광양항을 연계한 국제물류거점화 방안, 산업경제연구 제13권 제4호, 2000, pp.255-276.
27. 이성우, 우리나라 항만배후단지의 개발방향과 전략, 월간 해양수산 통권 제215호, 한국해양수산개발원, 2002, pp.33-47.

28. 임종섭·김태우, 광양항의 동북아 중심항 전략에 관한 연구, 물류학회지, 제12권 2호, 2002, pp.165-183.
29. 장흥훈, 광양항의 Global E-Port 전략에 관한 연구, 통상정보연구 제6권 제2호, 2004, pp.193-216.
30. 정봉현, 광주·전남지역 물류비용 절감을 위한 화물연계수송체계의 구축방안, 경영논총 제22집, 전남대 경영대학원, 1997a, pp.27-59.
31. 정봉현, 전남지역 발전을 위한 광양항의 물류단지화 방안과 지역경제효과, 산업경제연구 제21집, 전남대학교 기업경영연구소, 1997b, pp.69-99
32. 정봉현, 정보화 시대에 광양항 물류정보체계의 고도화 방안, 항만경제학회지 제15집, 1999, pp.155-178.
33. 정봉현·최정우, 동북아시대 광양항의 운영실태와 장기발전 방안, 한국항만경제학회, 제20권 제1호, 한국항만경제학회, 2004a, pp.21-42.
34. 정봉현·최정우, 광양항의 물류중심기지화 정립방안, 한국지역개발학회지, 제16권 4호, 한국지역개발학회, 2004b, pp.73-94.
35. 정봉현, 21세기 종합물류 정보망의 구축실태와 발전방향, 전남대학교 출판부, 2005a.
36. 정봉현, 지방항만도시 배후지역의 화물복합운송체계 형성전략, 항만경제학회지 제21권 2호, 한국항만경제학회지, 한국항만경제학회, pp.239-270, 2005b.
37. 정필수·남금천, 환황·발해권역 물류중심화와 광양항 이용활성화 방안, 동북아경제연구 제9권 제2호, 1998, pp.57-81.
38. 재정경제부 외 17개 정부기관, 국가물류체계 개선대책: 대량수송망 구축과 물류시장 선진화 중심, 2004.
39. 진형인, 복합운송의 효율화를 위한 수송체계의 개편방안, 로지스틱스연구 제5권 2호, 1997, pp.115-135.
40. 진형인, 광양항 배후단지의 국제물류 거점화 방안, 한국해운학회지 제26호, 1998, pp.255-281.
41. 최정규, 광양항의 동북아지역 Hub-Port로써 비교우위요인에 관한 연

구, 원광대학교, 박사학위 논문, 1998.
42. 한국개발연구원(KDI) · 한국해양수산개발원, 광양항 항만배후단지 개발사업, 2002년 예비타당성 조사보고서, 공공투자관리센터, 2002.
43. 한국해양수산개발원, 항만물동량 수정예측, 2001.
44. 한국컨테이너부두공단, 광양항 활성화를 위한 설문조사결과, 2003.
45. 한철환 · 우종균, 북중국 항만발전이 우리나라 환적화물 유치에 미치는 영향, 기본연구 2004-10, 한국해양수산개발원, 2004.
46. 황선범, 경제자유구역의 이해와 광양시 지역경제활성화 방안", 광양시 내부자료, 2003.
47. 홍성인, 광양항 컨테이너 터미널의 활성화 방안에 관한 연구", 한국해양대학교, 석사학위 논문, 2002.
48. 한국해양수산개발원(KMI), 광양항 항만배후지 수익성 분석 및 제3섹터 법인 설립방안 연구, 2001.
49. 한국해양수산개발원, 항만물동량 수정예측, 2001.
50. 한국컨테이너부두공단, 2008년 전국항 컨테이너화물 유통추이 및 분석, 2009, 8.
51. 해양수산부, 제2차 전국항만, 2001.
52. 해양수산부, 항만배후단지개발 종합계획, 2002.
53. 해양수산부, 해양수산백서, 2004.
54. Drewry, Global Container Terminals: Profit, Performance and Prospects, 2002.
55. Fleming, D.K., On the Beaten Track: a View of US West-Coast Container Port Competition, Maritime Policy and Management, Vol. 16 No.2, 1989, pp.93-107.
56. Fleming, D.K. & Yehuda Hayuth, Special Characteristics of Transportation Hubs: Centrality and Intermediacy, Journal of Transport Geography, Vol. 2 No.1, 1994, pp.3-18.
57. Gooley, T.B., The Changing Face of Asia: How it Affects Logistics, Logistics Management and Distribution, February, 1988.

58. LLP, Port Management and Operation, 1999.
59. United Nation, Framework for the Development of National Shipping Policies, 1999.
60. UNCTAD, 1992, Port Marketing and the Challenge of the Third Generation Port, 1992.
61. Yehuda Hayuth, Intermodality: Concept and Practice, Lloyd's of London Press Ltd, 1987, pp.84-86.
62. 광양항 홈페이지 http://www.portgy.com
63. 여수지방해양항만청 http://yeosu.mltm.go.kr

제 11 장

호남광역경제권과 교통 SOC의 구축방안

광역경제권은 지역경제의 성장과 개발차원에서 성장거점의 네크워크 및 광역적 성장거점이다. 이런 입장에서 광역경제권과 교통 SOC에 대한 관계와 역할을 이론적으로 살펴본다. 이를 가지고 광역경제권 정책을 알아보고 호남광역경제권의 현황, 교통 SOC 실태와 계획을 전반적으로 알아본다. 마지막으로 호남광역경제권을 발전시키기 위한 주요방향을 제시하고, 교통 SOC의 구축방향을 계획과 관리측면에서 종합적으로 제시하고자 한다.

제11장 호남광역경제권과 교통 SOC의 구축방안

11.1. 광역경제권과 교통 SOC의 기본이론

11.1.1. 광역경제권과 교통 SOC의 개념

1) 광역경제권의 개념과 필요성

광역경제권은 대·중·소도시를 중심으로 주변지역을 포함하여 형성된 대도시권을 기반으로 기존 행정구역을 넘어서 지역경제발전을 목적으로 지방정부 간 또는 중앙·지방정부 간 공동사업을 추진하는 경제적 활동영역이다[1]. 광역권은 지역경제 성장 및 개발 차원에서 성장거점의 네트워크이며 광역적인 성장거점이다. 광역경제권은 하나 이상의 도시정부를 포함하면서 2개 이상의 지방정부 행정구역을 넘어서는 기초-지역정부 간 협력체계를 포함하는 농촌지역 또는 대도시권 주변지역 등의 배후지역을 포함한 경제활동지역이다. 광역경제권의 특성은 서비스, 산업, 사회적 또는 물리적 기반시설 하에서 작동하는 것이다. 특히 지역민의 일상생활과 밀접한 관계가 있는 교통, 지역개발, 공간계획, 주택정책, 관광여가 및 교육과 밀접한 국가 및 지역정책을 시행하기 위한 지역 또는 도의 공간적 단위는 크다.

기존의 균형개발정책은 행정구역 단위에 집착한 백화점식 사업전개,

1) 정봉현(2008), p.2.

지역 간 사업의 중복, 시도별 균등배분의 정책, 수도권·지방 간 정책의 갈등, 지역민간투자의 저조의 문제가 노출되었다. 이것은 결국 해외지역과의 경쟁에서 비교열위에 처해지며 중앙정부로부터 예산확보 경쟁의 치중, 중앙정부 의존관행의 지속, 지역역량발휘의 부족 등의 문제를 파생시켰고, 이를 해결하기 위하여 광역경제권 개발정책이 도입되었다[2]. 따라서 고속화·정보화의 진전에 따른 국민생활 및 경제활동의 공간적 광역화에 대응하여 개별 행정기구의 경계를 넘는 지역 간 연계 및 통합을 기반으로 경제권을 육성할 필요가 있다[3].

2) 교통 사회간접자본(SOC)의 개념과 역할

사회간접자본(SOC: social overhead capital)은 자본시설과 공공적 사업을 포함하고 경제발전과 국민복지 증진에 직접 기여하며, 모든 생산활동에 필요한 기초적 서비스를 제공하는 국민경제의 물적 기반시설이다[4]. SOC는 공통적·간접적으로 생산자본의 생산력을 높이는 재화로서 사회적인 간접자본의 특성 및 공공부문에 의하여 공급되는 특성이 있다. 협의의 SOC는 사회경제적 필요성에 따라 공공부문이 제공하는 시설로서 공급주체를 기준으로 정의한다. 여기에는 도로, 항만, 토지개량 등 정부가 직접 제공하는 부문과 철도, 전기 등 정부투자기관이 제공하는 시설도 포함한다. 광의 개념은 기능적 관점에서 협의의 SOC 시설과 비슷한 기능을 가진 민간시설도 들어간다. 사회간접자본에 대한 민간투자법에 근거하여 교통부문의 사회간접자본에는 도로, 철도, 항만 및 공항 등이 포함된다. 교통 SOC는 생산·유통비 절감, 시장성의 확대, 공업입지 여건의 향상, 지역 간 교류증대 및 지역성장잠재력 강화 등 국민경제적으로 생산활동의 간접지원, 투자촉진, 경제개발의 촉진, 거시 재정정책의 수단, 기술혁신의 촉진 및 지역격차 해소 등의 역할이

2) 김은경(2008), pp.85-86.

3) 지역발전위원회 http://www.balance.go.kr.

4) 부산발전연구원(2008), pp.7-10.

있다.

11.1.2. 광역경제권과 교통 SOC 투자의 관계

지역적으로 사회간접자본의 투자는 지역경제의 성장에 보통 긍정적인 효과가 있다. 한편 지역경제의 성장은 사회간접자본의 수요증가를 유발한다[5]. 그러나 한국에서 교통 SOC의 투자는 정책적으로 결정되는 것이 강하였다. 이것은 교통수요가 많고 교통혼잡이 심한 성장지역에 교통투자를 증가해야 한다는 사회적 의사결정구조(정치)가 반영된 결과이다. 또한 교통 SOC의 네트워크 특성으로 공간적인 파급효과는 해당지역과 타지역에 영향을 미친다. 산업생산의 측면에서 교통 SOC 투자로 인한 지역간 접근성의 제고는 해당지역의 산업생산성을 증가시킨다. 외형상으로 발전지역은 많은 교통 SOC를 보유하고, 저개발 지역은 교통 SOC 시설이 상대적으로 부족하다. 그래서 한 지역의 발전 및 경쟁력의 강화를 위해서는 교통 SOC 투자가 유효한 지역발전정책의 수단으로 사용되고 있다[6].

광역적 기간 인프라(SOC) 구축은 5+2 광역경제권의 6대 발전전략의 하나이다. 광역경제권의 자생적 성장기반은 광역권 내·외부에서 원활한 교통·물류의 흐름에 의하여 좌우된다. 이를 위하여 광역경제권의 간선·순환도로망의 구축, 철도의 복선화·전철화 사업을 추진한다. 광역경제권의 글로벌화를 위하여 공항과 항만을 확충한다. 광역경제권이 시·도의 통합적 발전을 지향하므로 광역경제권 내·외부를 연결하는 간선·순환교통망과 공항의 확충은 매우 중요하다. 선도사업인 인프라의 확충은 고용창출, 지역경제의 성장과 광역경제권의 발전을 추진하므로 도로·철도·공항의 신·증설에 대한 정책적 지원을 요구하고 있다.

5) 안홍기·김민철(2006), pp.22-24.
6) 부산발전연구원(2008), pp.10-12.

〈표 11.1〉 교통 SOC 투자와 광역권산업의 성장관계

역 할	성장효과의 세부 경로
생산 · 유통비 절감	■ 생산 · 유통비 감소 → 가격하락 → 기존시장수요 증가 → 생산량 증가
시장성의 확대	■ 생산 · 유통비 감소 → 가격하락 → 판매시장 확대 → 생산량 증가
공업입지여건의 향상	■ 신규기업 증가 → 지역생산의 증가
지역간 교류증대	■ 제반서비스 증가 → 지역서비스산업의 생산증가
지역성장잠재력 강화	■ 사회간접자본의 투자증가 → 지역경제 성장잠재력의 향상

자료: 안홍기 · 김민철(2006); 부산발전연구원(2008)

11.1.3. 광역경제권과 교통 SOC 연구의 고찰

기존 문헌의 이론적 고찰은 연구의 독창성과 차별성을 강구하는 데 도움이 된다. 김찬성(2008)은 교통측면에서 5+2 광역경제권 설정의 의미와 과제를 연구하여 교통과 토지이용 간 연계정책방향을 제시하였다. 이훈기(2008)는 광역경제권 설정에 따른 국가기간교통망계획의 보완방향을 강구하였다. 이상용(2008)은 대경광역경제권을 사례로 하여 광역경제권의 발전방향과 도시 · 교통부문의 과제를 살펴보았다. 윤대식(2008)은 대경광역경제권의 형성과 교통인프라 구축방향을 모색하였다. 정웅기 · 최영은(2008)은 대경광역경제권의 지역발전 거점육성과 교통 · 물류망 구축방향을 거시적으로 제안하였다. Phang(2003)은 항만, 철도 등의 교통기반시설투자에 있어서 전략적 개념에 입각하여 싱가폴의 창이공항과 MRT 시스템 개발에 대한 의사결정이 비용편익분석의 결과에 따라 어떻게 변화하는 지를 분석하였다. Stevens et.al(2006)은 기반시설투자의 편익, 장기적 여건 및 소요전망, 기반시설 간 상호관계와 시너지, 정책과제 등을 연구하면서 시설투자가 민간과 가계가 누리는 삶의 질 향상에 기여하는 가치효과를 간과하는 것을 지적하였다.

이상의 연구들은 주로 신정부의 광역경제권 설정에 따른 교통부분의 과제와 구축방향을 정책적·기술적인 관점에서 파악한 것에 불과하다. 이 연구는 광역경제권의 국가기간 교통망계획에 대한 종합적인 분석도 미흡하고, 광역경제권의 교통 SOC 투자실태도 파악하지 못하고 있다. 따라서 교통 기반시설의 투자와 광역경제권 발전을 도모하는 지역개발사업과 연계된 효율적인 교통 SOC 시설의 투자 및 추진방안이 강구되어야 한다.

〈표 11.2〉 광역경제권과 교통SOC 연구의 고찰

저자(년도)	연구제목	주요특성
김찬성(2008)	교통측면에서 5+2광역경제권 설정의 의미와 과제	■ 이론적·기술적 연구 ■ 교통·토지이용간 연계성 제안
이훈기(2008)	5+2광역경제권 설정에 따른 국가기간교통망계획의 보완방향	■ 계획제도의 정책연구 ■ 국가기간교통망 계획의 보완책
윤대식(2008)	대구경북 광역경제권 형성과 교통인프라 구축	■ 사례중심의 정책연구 ■ 교통인프라의 구축방향 모색
정웅기·최영은(2008)	대경 광역경제권 지역발전 거점육성과 교통물류망 확충	■ 사례중심의 정책연구 ■ 교통·물류망 확충사업의 정리
이상용(2008)	광역경제권 발전방향과 도시·교통부문의 과제	■ 사례중심의 정책연구 ■ 대경권사례의 교통사업과 방향
Phang(2003)	싱가폴 공항과 철도기반시설의 전략적 개발	■ 사례중심의 분석적 연구 ■ 교통투자의 전략적 의사결정
Stevens et.al (2006)	2030년 세계적 기반시설개발사업의 횡단적 전망: 전화, 공로교통, 수로 및 전력	■ 사례중심의 정책 연구 ■ 정책목표의 기간·기관별 조율

자료: 각 저자

11.2. 호남광역경제권 형성과 교통 SOC의 실태분석

11.2.1. 정부 광역경제권정책의 내용

1) 정부의 5+2 광역경제권의 설정

정부 광역경제권의 발전구상은 행정구역을 초월하여 지속적 경제성장, 지역간 공동발전, 실질적 지방분권이 삼위 일체화된 "창조적 광역

구분	내용
비전	글로벌 경쟁력 구비 지역경제 · 지역간 공동발전
발전 요소	■ 리딩공간, 리딩산업, 선도프로젝트 ■ 광역지식클러스터, 광역인프라, 광역거버넌스
설정 기조	■ 행정구역 초월, 창조적 지역협력 ■ 광역권 신성장동력의 구축 ■ 특성화 발전을 통한 성장, 분권과 통합
권역 설정	■ 5대 광역경제권(수도권, 충청권, 호남권, 대경권, 동남권) ■ 2대 특별광역경제권(강원권, 제주권)
발전 전략	■ 광역적 연계사업 활성화, 광역적 기간 인프라 ■ 수도권 · 지방의 공동발전 ■ 규제개혁 · 시장친화적 지역경제 ■ 낙후지역의 신발전지대화 ■ 분권 · 통합적 행재정제도

광역경제권 구분도

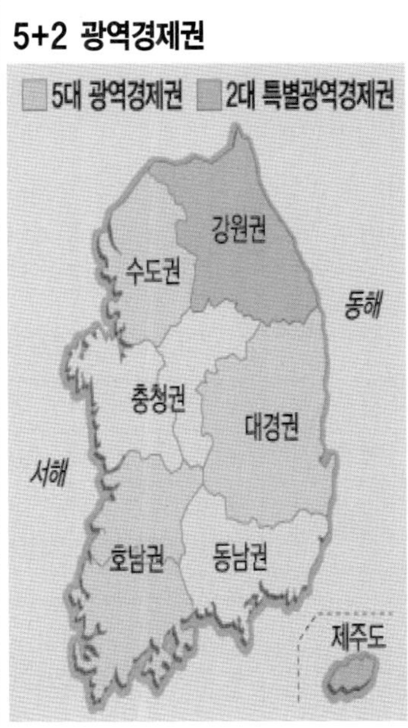

자료: 이원섭(2008a); 지역발전위원회 http://www.balance.go.kr

〈그림 11.1〉 정부의 광역경제권 설정내용

발전"을 추구하는 글로벌 경쟁력의 확보가 목표이다. 이를 위한 발전요소에는 리딩공간, 리딩산업, 광역지식클러스터, 광역인프라, 선도프로젝트, 광역거버넌스 등이 포함되어 있다[7]. 광역경제권을 달성하기 위한 4대 기조는 행정구역을 초월한 지역 간 창조적 지역협력, 특성화 발전을 통한 성장, 광역권 신성장 동력의 구축, 분권·통합적 광역시스템의 구축 등이다.

광역경제권 설정의 주요 원칙은 해외경제권과의 경쟁에서 우위를 차지하기 위하여 인구규모가 500만명 정도가 되도록 "규모의 경제"를 실현하였다. 5대 광역경제권은 수도권, 충청권, 호남권, 대경권, 동남권 등이며, 2대 특별광역경제권은 강원권과 제주권이다.

2) 호남광역경제권의 비전과 전략

호남광역경제권의 발전비전은 21세기 문화예술과 친환경 녹색성장의 창조지역이다. 세계수준 해양문화·관광 레저벨트 개발과 신재생에너지, 식품산업 등 저탄소 녹색산업의 육성 등이다[8]. 신재생에너지 선도산업의 핵심프로젝트는 '동북아 태양광산업 클러스터 조성사업'과 '서

〈표 11.3〉 호남광역경제권의 발전전략과 선도산업

구 분	세부 내용
발전비전	■ 21세기 문화예술과 녹색산업의 창조지역
발전전략	■ 세계수준 해양문화·관광 레저벨트 개발 ■ 신재생에너지, 식품산업 등 저탄소 녹색산업 육성
선도산업	■ 신재생에너지-동북아 태양광산업, 클러스터 조성산업, 서해안 풍력산업, 허브구축산업 ■ 친환경 부품소재산업-친환경 광기술기반, 융합부품 소재육성산업, 고효율·저공해·친환경 하이브리드, 자동차 부품소재산업 육성사업

자료: 기획재정부·국토해양부(2008); 전남일보(2009.5.7)

7) 부산발전연구원(2008), pp.10-12.

8) 기획재정부·국토해양부(2008), p.7.

남해안 해상풍력 산업허브 구축사업'이다. 태양광산업 클러스터 조성사업에는 신성장동력·기술청사진 특화분야로 신재생에너지 태양전지 및 태양광 관련 사업이 육성된다[9].

11.2.2. 호남광역경제권의 현황과 교통 SOC 투자

1) 호남광역경제권의 현황

호남광역경제권은 다른 광역경제권에 비하여 인구, 생산·소득 및 재정 여건 등 경제력과 성장잠재력이 전반적으로 낮다[10]. 2005년도 전국의 점유비를 보면 면적은 20.6%, 인구 10.6%을 보이고 있다. 이를 테면, 호남광역경제권은 전국에서 지역내총생산 10.2%, 제조업체수 6.2%, 제조업고용자 7.1%, 지방세 징수액 7.0%의 비중을 차지하여 면적·인구의 비중보다 낮은 수준이다. 이것은 호남광역경제권의 경제력이 수도권을 제외한 충청권, 대경권, 동남권보다 상대적으로 경제력이

〈표 11.4〉 호남광역경제권의 경제력 비중(2005)

구 분	단위	호남광역경제권(a)	전국(b)	비중(a/b)
면 적	㎢	20,628	99,646	20.6%
인 구	인	5,021,548	47,278,951	10.6%
제조업체수	수	6,990	122,973	6.2%
제조업고용자	인	202,357	2,865,549	7.1%
지방세징수	백만원	2,530,104	35,977,359	7.0%
지역내총생산	백만원	83,504,218	817,811,875	10.2%
제조업 부가가치액	백만원	27,481,800	262,797,918	10.5%
총사업체수	수	342,150	3,147,359	10.9%

자료: 대통령직 인수위원회(2008.1.24.); 통계청(2006)

9) 김현철(2009), pp.216-218.
10) 임형섭(2008), pp.12-13.

취약한 상태임을 보여준다. 따라서 호남광역경제권은 과거의 경제발전 과정에서 상대적으로 낙후되어 지역산업, 경제 및 재정여건 등 경제력은 물론 사회간접자본, 과학기술 및 인력개발 등 제반사회경제적 여건들이 전반적으로 취약한 상태에 있다[11].

2) 호남광역경제권의 교통 SOC 투자실적

교통 SOC의 투자현황을 2007년 기준으로 보면, 수도권의 비중이 33.3%로 집중되어 있다[12]. 전국 대비 광역경제권별 비중은 수도권에 이어 동남권(19.9%), 호남권(15.8%), 충청권(10.3%), 대경권(7.7%), 강원권(7.1%)의 순서로 나타났다. 2000-2007년 동안의 전국 교통 SOC 투자액은 연평균 2.7%의 증가세를 보여주었다. 광역경제권별 연평균 증가추세는 동남권 7.6%, 수도권 6.1%로 높게 기록되었다. 이어서 강

〈표 11.5〉 광역경제권별 교통 SOC의 투자실적

(단위: 억원, %)

구 분	2000		2005		2007		평 균 증가율
	투자액	비중	투자액	비중	투자액	비중	
수도권	52,236	26.4	62,026	29.7	79,451	33.3	6.1
강원권	14,805	7.5	15,819	7.6	16,986	7.1	2.0
충청권	32,758	16.5	29,155	14.0	24,481	10.3	-4.1
호남권	34,074	17.2	34,577	16.5	37,771	15.8	1.5
대경권	28,095	14.2	23,753	11.4	18,286	7.7	-6.0
동남권	28,323	14.3	39,520	18.9	47,327	19.9	7.6
전 국	198,192	100.0	208,960	100.0	238,406	100.0	2.7

비고: 투자액은 공사액의 기준; 연평균증가율은 2000-2007년 동안임; 교통 SOC는 도로, 철도, 공항, 항만 포함.

자료: 통계청 국가통계포털 http://www.kosis.kr, 건설업통계조사보고서

11) 이건철(2008), pp.17-21.

12) 국토연구원(2006), pp.65-67.

원권 2.0%, 호남권 1.5%의 신장추세를 보였으나, 대경권과 충청권은 각각 6.0% 및 4.1%의 감소추세를 보여주었다. 그러나 호남권의 전국대비 투자비중은 2000년 17.2%에서 2007년 15.8%로 오히려 감소하였다.

3) 호남광역경제권 교통 SOC의 부문별 투자

2000-2007년 동안에 호남권의 도로투자 증가율은 2.1%로 전국평균 1.7%보다 조금 높다[13]. 호남권 철도투자액의 전국 대비 점유비는 2000년 10.0%에서 2007년에 5.9%로 감소하여 전국 철도투자 연평균증가율 2.5%의 수준에도 못 미친다. 이것은 호남광역경제권에서 호남고속철도의 신속착공 및 전라선의 복선·전철화, 경전선 개량화사업이 매우

〈표 11.6〉 호남광역경제권의 교통 SOC의 분야별 투자

(단위: 억원, %)

구 분		2000		2005		2007		평균증가율
		투자액	비중	투자액	비중	투자액	비중	
호남권	도로	25,830	18.7	29,087	17.9	29,906	19.2	2.1
	철도	3,838	10.0	1,930	6.9	2,674	5.9	-5.0
	항만	4,016	29.6	3,117	24.0	4,721	15.2	2.3
	공항	390	4.8	443	7.7	469	8.0	2.7
	소계	34,074	17.2	34,577	16.5	37,771	15.8	1.5
전국	도로	137,971	100.0	162,123	100.0	155,696	100.0	1.7
	철도	38,492	100.0	28,128	100.0	45,679	100.0	2.5
	항만	13,562	100.0	12,971	100.0	31,135	100.0	12.6
	공항	8,167	100.0	5,737	100.0	5,896	100.0	-4.5
	소계	198,192	-	208,960	-	238,406	-	2.7

비고: 투자액은 공사액의 기준; 연평균증가율은 2000-2007년 동안임
교통 SOC는 도로, 철도, 공항 및 항만을 포함함.
자료: 통계청 국가통계포털 http://www.kosis.kr, 건설업통계조사보고서

13) 국토연구원(2006), pp.65-67.

중요함을 시사한다. 동기간에 호남권의 항만투자액 전국 대비 비중은 2000년 29.6%에서 2007년에 15.2%로 감소하여 광양항, 목포항 및 군산항에 대한 지속적인 투자가 요구된다[14]. 호남권의 전국대비 공항투자액의 점유비는 2007년 4.8%에서 2007년 8.0%로 증가하였고 이것은 전국에서 4번째 순서이다.

4) 호남광역경제권의 총교통수단 승객통행량

도로, 철도, 해운 및 항공 등 모든 교통수단의 광역경제권 간 승객통행량은 인구 1인당 하루 1.6통행이다. 수도권 내부 통행은 전국 통행의 61%를 차지하며, 기타 광역경제권 내부통행도 모두 10만이상 통행하였고 동남권, 대경권, 충청권, 호남권, 강원권 및 제주권의 순서로 보여주었다[15]. 수도권↔충청권, 수도권↔강원권도 일평균 10만이상 통행을 보였다. 호남광역경제권의 총통행량은 전국 통행량의 6.5%를 점유하며,

〈표 11.7〉 광역경제권 간 총교통수단 승객통행량

(단위: 천통행/일)

구 분	수도권	강원권	충청권	대경권	호남권	동남권	제주권	합계
수도권	39,931	132	321	44	77	60	9	40,574
강원권	156	270	24	14	3	5	0.1	472
충청권	344	20	4,252	42	75	20	1	4,755
대경권	45	13	42	5,241	16	153	1	5,511
호남권	81	3	83	17	4,005	45	2	4,236
동남권	61	4	20	155	45	9,026	3	9,315
제주권	9	0.1	1	1	3	3	122	139
합 계	40,628	442	4,743	5,514	4,224	9,312	139	65,003

자료: 한국교통연구원 국가교통DB센터, 전국지역 간 여객OD, 화물OD의 현행화, 2008

14) 부산발전연구원(2008), pp.27-32.

15) 김찬성(2008), pp.7-14.

광역경제권의 내부통행이 전체의 95.0%를 보여준다. 호남권↔수도권, 호남권↔충청권의 통행이 각각 1.5% 및 2.0%를 점유한다. 따라서 호남권과 타광역권 간에 도로 및 철도망 체계가 미발달하고 경제활동의 교류가 적게 나타나고 있다.

11.2.3. 호남광역경제권 교통 SOC 계획의 검토

1) 국가기간교통망 SOC 계획의 검토

국가기간교통망계획은 도로, 철도, 공항, 항만 등 모든 국가기간교통시설에 대한 장기 종합교통계획이다[16]. 2007년 수립된 국가기간교통망 제1차 수정계획은 글로벌 교통·물류네트워크 확충계획의 제시, 국가교통체계의 투자효율성 강화, 국내외 여건부응 국가교통체계의 재정립 등의 특징을 가지고 있다. 국가기간교통망계획은 이전 계획과 비교하여 고속국도와 철도의 신설계획 연장은 감소하고 일반국도와 전철화의 비율은 증가하는 결과를 보여준다. 이것은 경합된 구간의 투자조정에 따라서 신설·확충계획은 조정되고, 그 대신 기존 교통시설의 확충·개량사업에 치중한 결과이다. 또한 글로벌 세계시장의 통합화 추세에 국가경쟁력을 강화하기 위한 항만·공항의 처리능력이 증가하고 있다.

호남권의 국가기간교통망 계획은 간선도로망에 7개, 간선철도망사업에 고속철도 1개, 일반철도 7개, 광역철도 4개 사업이 포함되어 있다. 배후수송망 사업은 광양항, 새만금 신항, 목포항 및 호남권 복합물류터미널 개발사업과 관련되어 있고, 거점항만 개발과 공항개발도 들어가 있다.

16) 교통체계효율화법 제3조.

〈표 11.8〉 호남권의 국가기간교통망(SOC) 사업계획

<table>
<tr><th>분 야</th><th colspan="2">구 분</th><th>세 부 내 용(km)</th><th>비고</th></tr>
<tr><td rowspan="5">간 선
도로망
(7×9)</td><td colspan="2">남북 제1축</td><td>강화-인천-군산-목포 : 370.5</td><td></td></tr>
<tr><td colspan="2">남북 제2축</td><td>문산-서울-천안-광주-완도: 392(경부, 천안-논산, 호남)</td><td></td></tr>
<tr><td colspan="2">동서 제7축</td><td>군산-대구-영천-포항(경부): 294</td><td></td></tr>
<tr><td colspan="2">동서 제8축</td><td>무안-광주-남원-고령-대구(88): 224, 지선: 고창-담양, 광주순환선</td><td></td></tr>
<tr><td colspan="2">동서 제9축</td><td>목포-순천-마산-부산(남해): 292, 지선: 고서-순천</td><td></td></tr>
<tr><td rowspan="7">간 선
철도망
(6×6)</td><td colspan="2">고속철도</td><td>호남고속철도(오송-목포) : 231</td><td>P</td></tr>
<tr><td colspan="2" rowspan="4">일반철도</td><td>전라선(익산-순천) 복선전철화: 154, 전라선(순천-여수) 전철화: 40</td><td>I, I</td></tr>
<tr><td>경전선(동순천-광양-진주-삼랑진) 복선전철화: 168</td><td>P</td></tr>
<tr><td>경전선(순천-송정리) 복선전철화: 97, 경전선(보성-임성리) 단선전철: 79</td><td>P, P</td></tr>
<tr><td>군산선(익산-대야) 복선전철화: 17, 목포-군산 철도건설: 150</td><td>P</td></tr>
<tr><td colspan="2" rowspan="2">일반/광역철도</td><td>대구-광주 단선철도: 200, 김천-전주 단선철도: 97</td><td>R</td></tr>
<tr><td>새만금-군산 단선전철: 24</td><td>R</td></tr>
<tr><td rowspan="9">배 후
수송망</td><td rowspan="2">광양항</td><td>도로</td><td>서측배후도로:11, 컨부두-초남도로: 10, 여수국가산단진입로: 9
광양-전주 고속도로: 118</td><td>I, I
I, I</td></tr>
<tr><td>철도</td><td>율촌 제1산단 인입철도: 5, 광양항 컨부두 서측인입철도</td><td>P, I</td></tr>
<tr><td rowspan="2">새만금
신 항</td><td>도로</td><td>새만금-무주 고속도로</td><td>R</td></tr>
<tr><td>철도</td><td>새만금-군산 철도</td><td>R</td></tr>
<tr><td rowspan="2">목포항</td><td>도로</td><td>목포 북항-목포 신항: 4</td><td>P</td></tr>
<tr><td>철도</td><td>목포 신항 배후철도: 9</td><td>I</td></tr>
<tr><td rowspan="3">호남권
복합물류
터미널</td><td>고속도</td><td>호남고속국도 장성 IC: 24, 서해안고속국도 고창 IC: 7</td><td></td></tr>
<tr><td>국도</td><td>국도 1호선: 4, 국도 24호선: 5</td><td></td></tr>
<tr><td>철도</td><td>호남선 화물전용 인입선 안평역: 3</td><td></td></tr>
<tr><td rowspan="2">항만</td><td colspan="2" rowspan="2">거점항만개발</td><td>군장항 39선석(2011)→45선석(2019), 목포항 9선석(2011)→12선석(2019)</td><td>P, P</td></tr>
<tr><td>광양항 24선석(2011)→40선석(2019), 새만금 신항</td><td>P, R</td></tr>
<tr><td>공항</td><td colspan="2">거점 소형공항</td><td>무안공항신설, 김제공항 구상, 군산공항 기능유지</td><td></td></tr>
</table>

비고: I 시행중, P 계획중, R 검토중을 의미함.

자료: 국가기간교통망계획 제1차 수정(2007)

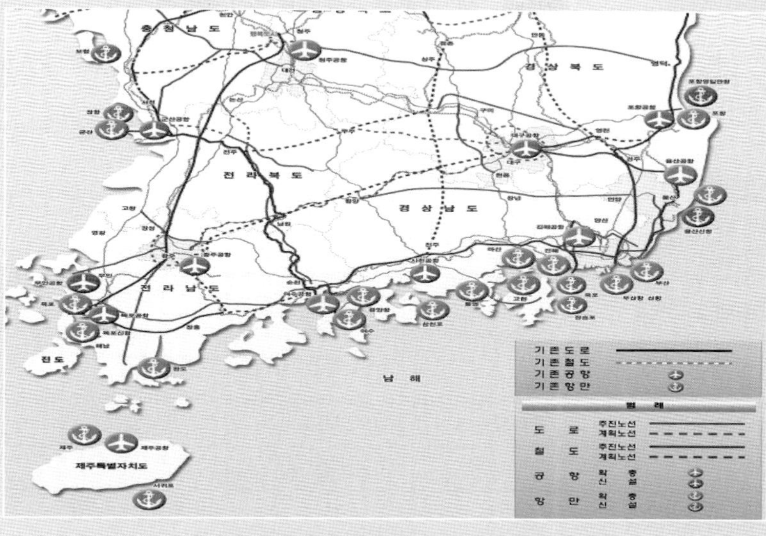

〈그림 11.2〉 호남광역경제권의 기간교통망계획도

2) 호남광역경제권 교통 SOC계획의 검토

광역경제권은 경제・사회・문화・정치 등 다양한 관점에서 공통점을 가지면서 통합적인 단일의 경제단위로서 기능한다. 호남광역경제권에서는 교통기반시설의 방향을 도로망, 철도망, 공・항만, 해양・내륙 관광기반 부문별로 설정하였다. 중요한 정책방향에는 성장거점 연결 간선도로・순환망의 구축, 거점도시 간 연결 기간철도망의 구축, 광역권 간 연결 공항・항만의 확충, 광역권 관광기반시설의 확충 등이 포함된다[17]. 호남광역경제권의 교통 SOC 선도사업은 새만금의 조기개발 (새만금신항 건설, 군산공항 확장), 여수EXPO의 기반시설 확충, 서남해안 다도해 개발 촉진, 호남고속철도의 건설 및 광주외곽순환도로의 구축 등이다.

17) 기획재정부・국토해양부(2009).

〈표 11.9〉 호남광역경제권의 교통 SOC계획

교통 SOC 사업	담당부서	진행상황	완공계획	2009착공가능
새만금 조기 개발 (새만금신항 건설, 군산 공항 확장)	농림수산식품부 국토해양부	구상중		
여수EXPO의 기반시설 적기확충	국토해양부	구상중		
서남해안 연육교 (압해-암태, 화양-적금 연육교)	국토해양부	압해-암태: 공사중	2015	
		화양-적금: 공사중	2012	
호남고속철도 건설	국토해양부	기본설계중		○
광주외곽순환도로 구축	국토해양부	타당성조사중		○

자료: 김재영(2008)

3) 호남광역경제권 교통 SOC계획의 문제점

중앙정부는 호남광역경제권을 견인할 투자사업으로 37조 2,600억원에 걸쳐 5개 사업을 선정하였고, 2009년에 1조 4,368억원의 예산이 계획되어 있다. 이것은 기존 국가기간교통망 계획과 정합성 및 연계성의 측면에서 문제점이 있다[18]. ① 선도사업의 선정기준이 불명확하다. 선도사업은 지방자치단체가 요구한 투자사업으로 사업의 선정기준이 명확하지 못하다. 국가기간교통망계획에서는 효율성과 형평성을 고려하여 사업을 선정하고, 시행시기도 전·후반기로 구분하여 투자의 효과성을 강조한다. 그러나 광역경제권의 선도사업은 네트워크상의 연계성, 비용-편익분석, 지역경제효과 등 사업선정의 평가기준이 명확하지 못하다. ② 국가기간교통망 목표와 정합성의 문제이다. 선도사업은 도로관련 사업이 총30개 사업의 47%인 14개로서 차량교통 소통에 주안점을 두고 있다. 이것은 국가기간교통망 계획의 지속가능 교통목표와 상충된

18) 이훈기(2008), pp.15-22.

다. 도로부문의 에너지 수송원단위가 높아 교통체계의 비효율성과 대기 오염을 더욱 유발한다. 즉, 국가기간교통망 계획에서 제시된 철도수송 분담율 증가의 방향과는 상치되어 선도사업과 국가기간교통망 사업간에 정합성을 확보하는 것이 중요하다.

③ 재원조달방안의 문제이다. 광역경제권 30개 선도사업에 약 118조원, 국가기간교통망계획에 410조원 등 막대한 투자재원이 필요하다. 최근 폐지가 논의되는 교통·에너지·환경세 등의 세원은 SOC 재원확보에 크게 기여하였다. 정부의 국가재정운영계획(2008-2012)에서 SOC분야 예산증가율이 7.3%인 점을 감안하면 SOC 사업추진에 대한 중앙정부의 의지는 강하다. 이것은 이전 참여정부의 SOC 증가율 2-2.5%의 수준을 상회하는 수치이다. 과거에 교통 SOC 관련 특별회계가 폐지되어 일반회계에 의존하였던 10년 동안 SOC분야의 재원규모는 낮은 실정이었다.

④ 광역경제권 간 교통망의 연계성 검토이다. 광역경제권의 30개 선도사업은 일부를 제외하고는 성격상 광역경제권에서 대부분 추진된다. 이는 광역경제권 내에서 경제적 효과를 유발하는 선도적 사업을 선정하였기 때문이다. 따라서 광역경제권 간 교통망을 중장기적으로 연계시키는 목표 및 방향설정과 전략이 요구된다.

〈표 11.10〉 광역경제권 교통 SOC계획의 문제와 과제

항목/계획	국가기간교통망	광역경제권	특성
선정기준	효율성, 형평성, 투자효과성	네트워크연계, 비용편익비, 지역효과	불명확
계획목표	지속가능성 지향; 철도망 강조	차량통행속도 향상; 도로망 강조	정합성
재원조달	특별회계; 교통·에너지·환경세	관련 특별회계 폐지; 일반회계 의존	한계성
교통망연계	경제권간 연계교통망	경제권내 연결성	미연계성

자료: 이훈기(2008)

11.3. 호남광역경제권 교통 SOC의 구축방안

11.3.1. 교통 SOC 구축의 고려사항과 방향

1) 교통 SOC 구축의 고려사항

호남광역경제권에서 교통 SOC를 잘 구축하기 위해서는 지역특성, 공간구조, 통행행태, 녹색교통 및 교통수요특성 등을 고려해야 한다[19]. 호남광역권의 교통망체계는 도시 정주여건과 지형특성을 고려하면, 동서간 물류망은 도로망, 도시권의 광역망은 경전철이 적합하다. 호남권 공간구조도 광주대도시권 및 전주시를 근간으로 재편되고, 대도시의 외연적 도시확장과 통행거리의 증가가 계속되고 있다. 호남광역권내의 여객과 화물통행량이 각각 95%와 79%를 점유하여 광역권내부의 교통투자 및 광역권 유출·입 지점의 교통관리가 중요하다. 교통망의 개발도 환경친화적인 녹색교통체계로 구축하고, 지역적으로 서해안축 및 남해안축의 교통축을 검토한다. 광역권에서는 기존 도로·철도망과 연계되는 부도심을 통과하는 환상형 광역경전철도 고려할 수 있다. 지선에서는 자전거·보행중심의 환경친화적 교통체계를 구상한다. 수요대응형 교통체계를 고려하면, 호남고속철도 및 광주외곽순환도로의 건설을 검토하는 것이 필요하다.

2) 호남광역경제권의 교통 SOC 구축방향

호남광역경제권의 국가기간교통망 계획에서는 광역권의 SOC 계획을 반영하는 연계목표와 추진전략을 설정해야 한다. 광역권 간 격차를 완화하는 SOC 확충전략이 국가기간교통망계획에 반영되어야 한다. 국가기간교통망 및 광역경제권 SOC 사업을 동시에 추진하도록 투자재원을 확보한다. 중앙정부의 지역개발사업과 연계되는 광역권 SOC 사업을 전략적으로 추진하는 것이 중요하다.

---

19) 황상규·김찬성(2008), pp.33-41.

〈표 11.11〉 호남광역경제권 교통 SOC의 고려요소와 구축방향

<table>
<tr><th>고려요소/방침</th><th>측면</th><th>구축방향</th></tr>
<tr><td rowspan="2">〈고려요소〉
■ 지형, 공간구조, 통행특성
■ 환경친화적 교통
■ 수요대응형

〈기본방침〉
■ 계획목표와 실행전략 설정
■ 전략적 교통 SOC 확충
■ 투자재원의 확보
■ 지역사업연계 SOC 투자</td><td>계획
시설</td><td>■ 성장거점지역 배후교통망의 확충
■ 성장거점지역 간 연계교통망의 구축
■ 광역경제권 간 연계교통망의 형성
■ 광역권 성장기반 교통결절점의 확충</td></tr>
<tr><td>운영
관리</td><td>■ 국가·지역차원 교통 SOC 사업의 연계추진
■ 교통 SOC 투자예산과 지역개발사업의 연계집행
■ 교통 SOC 투자연계 지역개발사업의 추진체계 구축
■ 교통 SOC 투자 및 지역개발사업의 제도적 정비
■ 국가기간교통망 SOC 계획과 광역경제권 전략의 보완·반영</td></tr>
</table>

자료: 황상규·김찬성(2008); 김현철(2008)

계획·시설의 입장에서 교통 SOC의 구축방향은 거점지역의 배후교통망 형성, 거점지역 간 연계교통망의 확충, 광역경제권 간 연계교통망의 형성 및 광역권 성장기반 교통결절점의 확충 등으로 설정한다. 운영·관리의 시각에서 교통 SOC의 구축방안에는 국가·지역차원 교통 SOC 사업의 연계추진, 교통 SOC 투자예산과 지역개발사업의 연계집행, 교통 SOC 투자연계 지역개발사업의 추진체계 구축, 교통 SOC 투자 및 지역개발사업의 제도적 정비, 국가기간교통망 SOC 계획과 광역경제권 전략의 보완·반영 등이 포함된다.

11.3.2. 계획면의 호남광역경제권 교통 SOC사업 구축방안

1) 광역권내 성장거점지역 배후교통망의 확충

호남광역권의 성장거점지역에서 배후지역 도로망과 철도망을 확보하는 것은 성장동력을 확보하기 위한 최우선적인 과제이다. ① 광주 제3순환도로망의 구축이다. 총연장 102.4km에 이르는 광주시와 나주·장

성·화순·담양 등을 연결하는 순환도로망은 광주권의 경제통합을 촉진하고 광주권에서 물류비 절감, 산업경쟁력 강화 및 도시기능 효율성 향상에 기여할 것이다. ② 새만금-무주 간 도로망의 건설로 새만금 신항의 배후교통망을 확충한다. ③ 광주-완도 간 고속국도는 총연장 75km, 왕복 2차로 사업이며, 1조 7천억의 사업비가 소요된다. 이 도로는 국가기간교통망 남북 2축상 미개통 구간인 광주-완도 간을 연결하여 전남 중서부권의 개발을 촉진하고 광주권과의 연결성을 증대시킨다.

④ 서남해안 연육교(압해-암태, 화양-적금)의 건설이다. 신안군의 국도 2호선 구간에 있는 압해-암태 간 총연장 10.8km, 평면 2차로 사장교는 5,911억원 사업비로 2020년까지 완공할 계획이다. 총연장 18km의 여수시 화양-적금 연육·연도교는 여수·고흥반도를 연결하는 사업이다. 총사업비는 4,800억원이 소요되고 2013년에 완공될 전망이며, 이 사업은 지역의 해양관광 및 고흥우주센터의 활성화에 기여할 수 있다. ⑤ 광주권 광역철도망은 광주도시철도 1호선을 화순과 나주까지 연장하는 방안이다. 철도망의 연장은 광주-화순 구간은 10㎞, 광주-나주 연결은 16㎞이다. 이 사업은 광역교통체제의 형성, 교통편의 증진, 지역경제의 활성화 및 대도시권의 형성 등의 효과를 유발할 것이다.

2) 성장거점지역 간 연계교통망의 구축

호남광역권에서 전주·새만금권, 목포권, 광양만권, 광주대도시권 등 성장거점 간 상생발전을 도모하기 위해서는 성장거점지역 간 연계교통망을 확충하는 것이 중요하다. ① 새만금·지리산권 국도 21호선 건설이다. ② 서남해안도로의 건설이다. 서남해안의 관광일주 도로인 국도 77호선의 군산-목포-여수 간 도로망을 개설한다. ③ 광양-전주 간 고속국도이다. 전북 전주-전남 광양을 연결하는 총연장 118km 고속국도는 호남광역권 내륙지원의 개발도모, 지리산·남해안 관광벨트의 개발촉진 및 광양항의 활성화에도 기여할 전망이다.

④ 익산-순천 간 복선전철화 사업이다. 이 사업은 전라선 개량으로

익산-순천 154km 구간을 2002-2011년에 복선 · 전철화해서 평균운행속도가 150-180km되어 수송시간이 단축된다. 이 사업으로 전라선의 통행시간 단축, 광양만권의 수송효율화, 지역개발의 촉진 및 2012 여수시 세계박람회의 활성화에도 크게 기여한다. ⑤ 서해안 철도(군산-목포)의 구상이다. 서해안 철도는 전남 목포-전북 군산-충남 예산-경기 야목-인천을 연결하는 서해안 간선철도망이다. 이 노선은 물류비의 절감, 서해안지역의 발전촉진, 유라시아 대륙철도망(TSR, TCR)과 연결, 서해안지역의 성장중심지 부각에 기여할 것이다.

3) 광역경제권 간 연계교통망의 형성

① 군산-대구-포항 간 181㎞ 고속도로 건설에 4조 9000억원이 투입된다. ② 호남고속철도 건설(오성-목포)은 호남권 성장과 국토균형발전을 도모하는 국가 기간철도망 사업이다. 오송-익산-광주-목포 간 총연장 231km의 호남고속철도는 11조 3,382억원의 예산이 소요될 전망이다. 1단계인 오송~광주송정 구간은 2014년, 2단계 구간 광주송정-목포 구간은 2017년에 완공할 계획이다. ③ 남해안 고속전철화(목포-광양-부산)의 구상이다. 이 철도망은 총연장 347km로 국토남단의 동 · 서 횡단 고속철도망을 구축하며, 연결구간은 목포-순천-진주-부산 등으로 구성된다. 부산-목포축을 제2 수도권축으로 육성하고 남해안 선벨트사업과 연관하여 남해안을 산업 · 물류 · 관광 · 문화의 중심지로 육성한다. ④ 광주-대구 간 철도망은 광주-순창-함양-고령-대구 등을 경유하는 총연장 200km의 간선철도망으로 사업비는 3조 6천억원으로 추정된다. ⑤ 경전선 복선전철화(광주-순천-삼랑진) 사업이다. 경전선은 송정리-부산을 연결하는 철도노선으로 진주-광양 구간 56.1km은 1조 6천억원의 예산으로 2012년에 복선 전철화될 것이다. 진주-삼랑진 구간은 3,946억원의 예산이 소요되며 2013년에 복선전철화될 것이다.

4) 광역권 성장기반 교통결절점의 확충

① 호남고속철 역세권(익산, 정읍, 광주, 목포)의 개발이다. 호남고속

철도 역세권은 지역별 특성화개발, 토지이용의 고도화, 대중교통 중심 지화를 통하여 개발하는 것이 좋다. KTX 경제권계획을 통하여 광역경 제권으로 참여한다. KTX 역세권이 광역경제권의 핵심으로 개발되며, 이에는 대도시권의 역세권을 유도하여 개발한다.

② 무안공항을 동북아 거점공항으로 육성하는 것이다. 총사업비 3017억원이 투입된 무안공항의 2008년도 이용객수는 13만명으로 공항 수용능력 대비 2.5%에 불과하다. 무안국제공항을 활성화하기 위해서는

〈표 11.12〉 호남광역경제권 KTX 역세권의 개발계획

구 분		익산역세권	정읍역세권	광주역세권	목포역세권
위 치		▪ 익산시 창안동	▪ 정읍시 연지동	▪ 광주시 송정동	▪ 목포시 옥암동
역사종류		▪ 복합역사, 환승역	▪ 통합역사, 종착역	▪ 복합역사, 환승역	▪ 통합역사, 종착역
개발유형		▪ 기존도시형	▪ 신시가지형	▪ 기존도시형	▪ 신시가지형
도입기능		▪ 업무 · 상업 · 주거기능 ▪ 역사주변 재개발	▪ 주거 · 상업 · 물류기능 ▪ 부도심 지역	▪ 상업 · 주거 · 문화기능	▪ 업무 · 상업기능
개발방향	교통거점화	▪ 연계 · 환승체계	▪ 연계교통체계	▪ 연계 · 환승체계	▪ 연계교통체계
	지역특성화	▪ 첨단문화산업	▪ 관광 · 농업	▪ 첨단녹색, 문화예술	▪ 신재생에너지
	고밀화개발	▪ 2차역세권범위	▪ 역사부지	▪ 배후지역 범위	▪ 1차역세권
	대중교통화	▪ 대중교통중심 지구	▪ 복합환승센터	▪ 대중교통중심 지구	▪ 복합환승센터
추진체계		▪ 국토해양부-제도 지원 ▪ 익산시-계획수립 ▪ 공사(단)-사업시행	▪ 국토해양부-제도 지원 ▪ 정읍시-계획수립 ▪ 공사(단)-사업시행	▪ 국토해양부-제도 지원 ▪ 광주시-계획수립 ▪ 공사(단)-사업시행	▪ 국토해양부-제도 지원 ▪ 목포시-계획수립 ▪ 공사(단)-사업시행

자료: 정봉현(2007); 오재학(2009); 구자훈 · 백운수(2009)

〈표 11.13〉 호남광역경제권의 교통 SOC 계획

주요방향	분야	번호	교통 SOC 사업명	계획반영	
				국가기간 교통망	광역 경제권
성장거점 배후교통망 (A)	도로	A1	광주 제3순환도로망: 102km	R	P
		A2	새만금-무주 고속도로	P	R
		A3	광주-완도 간 고속국도	P	
		A4	서남해안 연육교(압해-암태, 화양-적금)		P
	철도	A5	광주권 광역철도망		R
		A6	군산선(익산-대야) 복선전철화	P	
		A7	새만금-군산철도건설	P	
성장거점 간 연계교통망 (B)	도로	B1	새만금·지리산권 국도21호선 건설	P	
		B2	군산-목포-여수 간 서남해안도로	P	
		B3	광양-전주 간 고속국도	I	
	철도	B4	익산-순천 간 복선전철화	I	
		B5	서해안 철도(군산-목포)	P	
광역경제권 간 연계교통망 (C)	도로	C1	군산-대구-포항 간 고속국도	P	
	철도	C2	호남고속철도 건설(오성-목포)	P	P
		C3	남해안고속철도(목포-광양-부산)	R	
		C4	광주-대구 간 철도망	P	
		C5	경전선 복선전철화(광주-순천-삼랑진)	P	
성장기반 교통결절점 (D)	철도	D1	호남고속철 역세권(익산, 정읍, 광주, 목포)		P, R
	공항	D2	무안공항 활성화	I	
		D3	군산공항 확장		P
	항만	D4	광양항·군산항 확충	I	
		D5	새만금 신항건설		P

비고: I-시행, P-계획, R-검토·고려의 단계를 의미함

자료: 국가기간교통망 제1차 수정(2007); 지역발전위원회(2008); 김현철(2008)

최고수준의 항공사 지원, 여행사 인센티브, 공항시설 개선, 호남고속철도의 무안경유, 국제·국내선 항공 노선 및 저가항공기의 취항추진 등 제반대책을 강구해야 한다. ③ 군산공항의 확장으로 국제선에 필요한 연장 4km의 활주로 1기를 추가로 설치한다. 이것은 새만금사업의 기반시설로서 제4차 공항개발 중장기종합계획에 반영하는 것도 필요하다.

④ 광양항·군산항의 확충이다. 광양항은 동북아 물류중심 항만과 환적항의 기능을 가지며, 2020에는 12,004천TEU를 처리할 전망이다. 광양항은 2020년까지 5만톤급 × 29선석, 2만톤급×5선석 총 34선석을 개발할 예정이다. 군산항은 최대 5만톤급 35선석의 시설을 확보할 계획이다. 2007-2011년 동안에 약8,000천억으로 잡화부두 2선석, 자동차부두 1선석, 모래부두 1선석을 확충할 전망이다. ⑤ 새만금 신항만은 수심 20-25m의 대형항만으로 2020년까지 24선석의 다기능 복합항만을 건설한다. 이 항만에는 식품원료의 조달과 가공, 생산을 집적화한 식품전용항만의 기능이 추가되고 신규물동량의 창출에 주력한다.

11.3.3. 관리면의 호남광역경제권 교통 SOC 사업 구축방안

1) 국가·지역차원 교통 SOC 사업의 연계추진

호남광역경제권의 교통 SOC 투자사업과 지역개발사업을 연계·통합하여 추진하는 체계를 구축한다. 지역발전의 교통 SOC 사업은 중앙부처, 지자체의 기존 지역개발사업과 연계한 투자계획을 마련하는 것이 필요하다. 시군의 산업계획, 택지개발사업, 주거환경개선사업과 국가교통 SOC 투자사업을 연계하면 사업성이 제고된다[20]. 중앙정부의 관광·문화사업과 시군의 기반시설확충·정비사업과 연계하여 추진하는 방안도 강구할 수 있다.

---

20) 김재영(2009), p.12.

2) 교통 SOC 투자예산과 지역개발사업의 연계집행

지역개발사업이 수요부족으로 타당성 확보가 어려운 경우에 투자확대방안이 강구되어야 한다. 개별사업 중심의 타당성·경제성 평가는 수요창출이 곤란한 지역개발사업은 많이 제외하고 있다. 한국에서 수도권과 대도시권에 집중되어 이것과 경쟁하여 수요를 확보하는 지역개발사업은 거의 없다. 왜냐하면 지역은 도시서비스 기반이 수도권 및 대도시권에 비하여 열악하여 지역기반시설의 확충 없이 수요를 창출하기는 불가능하다. 따라서 지역개발사업의 예산집행체계를 개선하여 지역개발사업을 교통 SOC 기반시설 확충사업과 연계하여 수요창출이 가능하도록 유도해야 한다.

3) 교통 SOC 투자연계 지역개발사업의 추진체계구축

국가가 교통 SOC를 투자해도 지역개발사업의 지연과 방치로 교통투자의 효율성이 떨어지고 있다. 지방자치단체가 중앙정부의 교통 SOC를 기반으로 지역개발사업을 추진하는 데는 토지·예산의 확보에 어려움이 많기 때문이다. 따라서 지역개발사업의 효율적인 추진을 위하여 지역주민과 산업이 협력해서 지역개발사업을 교통 SOC 투자와 연계하는 추진체계를 구축해야 한다[21]. 이것은 교통 SOC 투자의 효율성을 제고하고 지역개발사업을 추진하는 시너지 효과를 발생시킨다. 연계체계의 사례로는 수익+비수익, 수요창출+수익대응형 사업, 종합사업+단계별사업 연계 등을 고려할 수 있다.

4) 교통 SOC 투자 및 지역개발사업의 제도적 정비

교통 SOC 투자 및 지역개발사업의 제도적 정비에는 조직구성, 예산집행의 개선 및 성과평가체계 등이 고려된다. 교통 SOC 투자사업과 지역개발사업이 유연하게 추진되도록 중앙부처 및 지자체에 담당기구를 설치하며, 자율적으로 지역개발사업을 추진한다. 중앙정부의 교통 SOC

21) 김재영(2007), pp.6-7.

예산을 지방자치단체에 포괄적인 보조금 형태로 지원하는 예산집행체계의 개선이 필요하다. 지방자치단체에 자율적으로 교통 SOC 예산과 지역개발사업을 연계하여 운영하도록 지역개발사업에 대한 성과평가체계를 구축하는 것이 좋다. 이것은 지방자치단체의 책임성을 강화하고 사업의 효율성을 확보하는 효과가 있다.

5) 국가기간교통망 SOC 계획과 광역경제권 전략의 보완·반영

정부의 광역경제권 전략을 국가기간교통망 계획에 보완하여 반영하는 것이 필요하다. 이를 위하여 국가기간교통망계획에서 광역경제권이 지향하는 목표를 반영하여 방향과 추진전략을 다시 설정한다. 호남광역경제권의 경쟁력을 강화하기 위해서는 광역권의 자생적 발전구조를 유도하는 광역권에 적절한 SOC 시설을 확충해야 한다. 또한 광역경제권 SOC 선도사업을 병행하여 추진하는 투자재원의 확보방안을 강구한다. 이를 위하여 교통·환경·에너지세가 폐지되는 경우에 시나리오별 다양한 재원확충방안을 강구하는 것이 좋다. 중앙정부의 추진사업과 연계되는 광역경제권 활성화사업을 발굴하여 국가와 광역경제권이 상호 발전하는 계획을 마련하는 것도 중요하다.

〈표 11.14〉 호남광역경제권 교통 SOC의 관리측면 구축방안

주요방안	실천전략	시행효과
국가·지역차원 교통 SOC 사업의 연계추진	▪ 교통 SOC·지역개발사업의 패키지화: 광역 SOC(국토해양)+소득증대(행안부)+지역활성화(지자체) ▪ 지역사업의 패키지화: 정부(관광문화)+향토산업(지자체)+서비스산업(민간부문)	▪ 교통 SOC 통합투자와 지역경제성장 시너지효과 ▪ 국가·지방 교통망의 연계추진 및 시너지효과
교통 SOC 투자예산과 지역개발사업의 연계집행	▪ 예산집행체계: 사업연계형 교통 SOC와 지역개발사업의 패키지화 ▪ 교통 SOC 투자+첨단산업단지+주거환경개선사업 ▪ 종합성과중심 예산집행: 지역성장목표 설정, 사업주체의 자율적 추진도모	▪ 지역개발투자사업의 시너지효과 달성 ▪ 교통 SOC 기반 지역개발사업의 수요창출
교통 SOC 투자연계 지역개발사업의 추진체계구축	▪ 정부, 지자체, 민간, 지역주민과 협력체계 구축: 수익+비수익, 수요창출+수익대응형사업, 종합사업+단계별사업 연계 등 ▪ 사업성공율 75% 이상 사업의 종합추진: 민간업체, 지역주민의 대상사업 추진	▪ 투자사업의 성공확률 증가 ▪ 지역주민의 사업참여 활성화 유도
교통 SOC 투자 및 지역개발사업의 제도적 정비	▪ 중앙정부-SOC 기획단, 지자체-SOC계 ▪ 예산집행체계 개선: 투자재원 집행단계의 통합운영 ▪ 지역개발사업의 성가평가체계: 책임성강화, 포괄 보조금의 운영 ▪ SOC 투자와 지역개발연계 관련법의 정비	▪ 교통 SOC 투자사업의 지역참여 제도화 ▪ 투자액별 수익배분, 중앙정부의 수익일정부문 보조
국가기간교통망 SOC 계획과 광역경제권전략 보완·반영	▪ 국가기간교통망 계획과 선도사업 연계의 추진전략 재설정 ▪ 광역경제권 경쟁력 강화목적의 전략적 SOC 확충전략 ▪ 선도사업 병행추진 대비한 투자재원 확보방안 강구 ▪ 중앙정부의 추진사업 연계 광역경제권 활성화사업 발굴	▪ 교통 SOC 통합투자와 지역경제발전 시너지효과 ▪ SOC 투자재원 안정성 확보 ▪ 광역경제권 발전효과 증대

자료: 김재영(2007; 2009); 이훈기(2008)

요 약

1. 정부는 수도권의 경쟁력을 높이고 지역경제의 자생적인 경쟁력을 강화하기 위하여 5+2 광역경제권 발전전략을 핵심적인 지역발전정책으로 추진한다. 광역경제권은 대도시권을 기반으로 기존 행정구역을 넘는 지역경제발전을 목표로 지방정부 간 또는 중앙·지방정부 간 공동사업을 추진하는 경제적인 활동영역이다.

2. 광역경제권에서 교통 SOC 시설의 확충은 광역경제권 발전을 위한 6대 핵심전략의 하나이다. 교통 SOC는 공공부문이 제공하는 국민경제의 물적 기반시설로서 도로, 철도, 항만 및 공항시설이 포함된다.

3. 교통 SOC의 투자는 지역발전과 경쟁력을 강화하는 유효한 지역발전정책의 수단으로 사용되며, 지역성장을 유인하는 효과가 있다. 과거 광역경제권의 교통 SOC 연구는 경제권 형성에 따른 SOC 구축의 거시적 정책 방향을 단순히 언급하고, 시설·관리 측면에서의 미시적인 세부전략 수립은 미흡하였다.

4. 호남광역경제권의 발전비전은 문화예술과 녹색산업의 창조지역이며, 선도산업으로 신재생에너지 및 친환경 부품소재산업을 선택하였다. 호남광역경제권의 기본적인 공간개발은 성장거점 4핵, 3개의 발전축 및 3개의 발전벨트를 기반으로 한다.

5. 호남광역경제권은 경제력과 성장잠재력이 낮은 수준이며, 교통 SOC 수준도 취약하다. 교통 SOC 투자증가는 수도권과 동남권의 수준보다 적다. 도로투자는 평균수준 이상이나 철도투자는 이에 못 미치고 항만투자 수준은 훨씬 적다.

6. 호남광역경제권에서 총교통수단 승객통행량을 보면, 내부통행이 전체의 95%를 점유하는 특성이 있다. 호남광역경제권에는 국가기간교통망 계획에서 도로망 6개 노선, 철도망 9개 노선, 배후수송망 15개 노선, 항만확충 4개, 공항개발 3개항 등의 계획이 구상되어 있다.

7. 호남광역경제권 계획을 보면 교통분야 SOC 사업이 5개 계획되

어 대부분 국가기간교통망 계획에서 2019년 이후 장기 검토된 과제들이다. 양 계획간에는 선도사업 선정기준의 불명확, 국가기간교통망 목표와 상충, 재원조달방안의 미비, 광역경제권 교통망 연계성 부족 등의 문제점이 드러나 있다.

8. 호남광역경제권의 교통 SOC 구축을 위한 기본방침은 계획목표와 실행전략 설정, 전략적 교통 SOC의 확충, 투자재원의 확보 및 지역사업연계 SOC 투자 등을 설정할 수 있다.

9. 계획·시설 측면에서 호남광역경제권 교통 SOC의 구축방안은 성장거점지역의 배후교통망 확충, 성장거점지역 간 연계교통망의 구축, 광역경제권 간 연계교통망의 형성, 광역권 성장기반 교통결절점의 확충 등이 포함된다.

10. 운영·관리 측면에서 호남광역경제권의 교통 SOC 구축방안에는 국가·지역차원 교통 SOC 사업의 연계추진, 교통 SOC 투자예산과 지역개발사업의 연계집행, 교통 SOC 투자연계 지역개발사업의 추진체계 구축, 교통 SOC 투자 및 지역개발사업의 제도적 정비, 국가기간교통망 SOC 계획과 광역경제권 전략의 보완·반영 등으로 제시할 수 있다.

중요개념

광역경제권	지역균형개발정책	사회간접자본
SOC 투자와 산업성장	특별광역경제권	광역지식클러스터
저탄소 녹색산업	광역경제권 선도산업	광역경제권 교통특성
국가기간교통망계획	간선도로·철도망	배후수송망
연계교통체계	환경친화적 교통체계	성장거점지역
광역철도망	서남해안 도로망	호남고속철도
성장기반 교통결절점	KTX 역세권개발	지역개발사업
주거환경개선사업	성과평가체계	광역권 활성화사업
수익대응형 사업	투자액별 수익배분	

연습문제

1. 광역권은 지역경제 성장 및 개발 차원에서 성장거점으로 부각되어 있다. 이를 토대로 광역경제권은 무슨 의미를 가지며, 기존의 균형개발정책과 비교하여 왜 필요한가 설명하라.

2. 사회간접자본(SOC)은 자본시설과 공공사업을 포함한다. 사회간접자본은 어떻게 정의되며, 광역경제권에서 교통 SOC를 투자하면 지역경제의 성장에 무슨 영향을 미치게 되는가?

3. 신정부의 5+2 광역경제권이 가지는 비전과 설정기조를 설명하고, 어떻게 권역이 구분되며 이에 따른 발전전략을 자세히 언급하라.

4. 호남광역경제권의 발전비전을 살펴 본 후에, 그 비전을 성취하기 위한 발전전략과 선도산업에는 무엇이 있는지 설명하라.

5. 호남광역경제권은 다른 광역경제권에 비하여 제반 사회경제수준이 어느 정도인지 알아보라. 또한 호남광역경제권의 투자실적을 전국 수준에서 비교하여 그 실상을 말하고, 특히 교통부문별 SOC 투자수준에 대하여 자세히 설명하라.

6. 국가기간교통망계획은 모든 국가기간교통시설에 대한 장기 종합교통계획이다. 호남광역경제권에는 철도, 간선도로, 항만 및 물류터미널 등과 연관해서 무슨 교통투자 사업이 들어 있는가?

7. 호남광역경제권 교통기반시설의 방향은 무엇이며, 경제권의 선도사업에는 무슨 투자사업이 포함되어 있는가? 또한, 호남광역경제권에서 교통 SOC계획의 문제점은 무엇인가?

8. 호남광역경제권에서 교통 SOC를 잘 구축하기 위한 고려사항을 열거하고, 중요한 구축방향을 이야기하라.

9. 계획·시설의 측면에서 호남광역경제권에 교통 SOC사업을 잘 구축하기 위한 실제적인 방안을 설명하라.

10. 관리·운영의 입장에서 호남광역경제권에 교통 SOC사업을 잘 구축하기 위한 실제적인 방안을 제시하라.

News

광역경제권 선도사업도 호남소외

정부가 역점적으로 추진하고 있는 광역경제권 30대 선도 프로젝트 세부 사업에서도 영호남간의 큰 격차가 벌어지고 있는 것으로 나타났다. 특히 세부 사업 가운데 신규로 추진되는 사업에서는 영남이 호남의 5배에 달하고 신규 사업 총액에서는 무려 20배 가까운 차이를 보이고 있는 것으로 드러나 지역 편중 논란이 제기되고 있다.

10일 국회 기획재정위원회 이용섭(민주. 광주 광산을)의원에 따르면 정부가 지난해 9월 발표한 5+2광역경제권 30대 선도프로젝트 사업은 총 91개 세부 사업으로 구성돼 있으며 전체 사업비 규모는 120조2천260억원이다. 이중 기존에 추진돼왔던 계속사업은 57개(70조6천403억원)이며 신규 사업은 34개(49조5천857억원)로 파악되고 있다.

광역경제권 30대 선도프로젝트에 포함돼 있는 신규 사업 34개 중 호남권(광주 · 전남 · 전북)에 배정된 사업은 3개 사업(광주외곽순환도로, 서남해 연육교, 새만금 신항만)인 반면 대구 · 경북과 부산 · 경남 · 울산이 속해 있는 대경권과 동남권에는 신규 사업이 무려 15개에 이르는 것으로 나타났다. 사업 갯수면에서만 볼 때 영남이 호남에 비해 5배나 많은 것이다. 신규 사업 전체 사업비 규모에서의 격차는 더욱 벌어지고 있는 것으로 나타났다.

영남권 15개 신규 사업의 총 사업비는 23조3천819억 원으로 나타나 30대 선도프로젝트 전체 신규사업비의 47%를 차지하고 있다. 반면 호남권 신규 사업 3개의 사업비는 1조5천104억 원에 그쳐 전체 신규 사업비의 3%에 불과한 실정이다. 더욱이 호남권 신규 사업으로 분류된 3개 사업은 새만금 신항만을 제외하고는 사실상 기존에 추진돼왔던 계속사업으로 봐야 한다는 시각이 지배적이다. 이같은 호남권 신규 사업 규모는 총 사업비를 기준으로 강원권(3조2천억원)의 절반에도 미치지 못해 광역경제권 30대 선도프로젝트에서 호남이 가장 소외되고 있다는 지적이 제기되고 있다.

【자료】 파이낸스 투데이, 2009년 12월 12일

참고문헌

1. 기획재정부 · 국토해양부, 광역경제권 발전 선도프로제트 추진방안, 2008.
2. 구본환, 저탄소 녹색성장시대의 교통 SOC 투자방향, 월간 교통, 제130권, 한국교통연구원, 2008, pp.6-11.
3. 구자훈 · 백운수, KTX 역세권 개발방향 및 법제도 개선방안, KTX 역세권 특성화개발 KOTI 정책토론회 자료집, 한국교통연구원, 2009, pp.54-77.
4. 김동주, 광역경제권 발전전략과 과제, 창조적 국토발전전략 심포지엄 논문집, 국토연구원, 2008, pp.1-22.
5. 김성일, SOC투자의 효율적 추진방향, 특집: 전환기의 SOC 투자전략, 월간 국토, 통권314호, 국토연구원, 2007, pp.31-48.
6. 김시곤, KTX역 중심의 거점 교통연계체계 구축방안, KTX 역세권 특성화개발 KOTI 정책토론회 자료집, :한국교통연구원, 2009, pp.36-53.
7. 김영수, 광역경제권 중심의 지역산업발전전략, 국가균형발전위원회 세미나자료, 산업연구원, 2008, pp.1-35.
8. 김재영, SOC 투자와 건설산업, 특집: 전환기의 SOC 투자전략, 월간 국토, 통권 314호, 국토연구원, 2007, pp.6-14.
9. 김재영, 능동적 SOC투자를 통한 일자리 창출, 월간 국토, 통권326호, 국토연구원, 2008, pp.48-59.
10. 김재영, 미래 성장동력 확충과 일자리 창출을 위한 SOC투자의 새로운 전략, 월간 국토, 통권329호, 국토연구원, 2009, pp.8-17.
11. 김찬성, 교통측면에서의 5+2 광역경제권 설정의 의미와 과제, 특집: 5+2 광역경제권 형성과 교통부문의 과제, 월간교통 통권129호, 한국교통연구원, 2008, pp.6-14.
12. 김철회, 지역경제 활성화를 위한 광역경제권 구축과 지방정부의 역할, 글로벌시대 지역경쟁력 강화와 지역의 역할 프로그램 심포지엄 자료, 서울:산업기술재단, 서울교육문화회관, 2008, pp.301-326.
13. 김현철, 호남권의 광역경제권 추진사업과 정책과제, 지역발전과 광역경

제권에 대한 춘계학술대회 발표논문집, 한국거버넌스학회, 2009, pp.213-231.
14. 김항집, 신정부의 광역경제권 구상과 광주·전남의 발전방향, 광역경제권 토론회자료, 광주·전남지역혁신협의회, 2008, pp.1-36.
15. 대구경북연구원, 광역경제권 중심 지역정책과 대구경북의 대응방안, 2008a, pp.1-45.
16. 대구경북연구원, 광역경제권 구상의 지역적 의미, 2008b, pp.1-45.
17. 박용석, 미래 성장동력 확충을 위한 SOC 투자재원 확보방안, 월간 국토, 통권 329호, 안양:국토연구원, 2009, pp.47-55.
18. 변창흠, 지역경제 활성화를 위한 광역경제권 구축의 필요성과 과제, 글로벌시대 지역경쟁력 강화와 지역의 역할 프로그램 심포지엄 자료, 서울:한국산업기술재단, 2008, pp.269-299.
19. 부산발전연구원, 동남권 SOC 투자사업의 경제성장 기여도 및 유발효과 연구, 미래경제 기획연구, 미래경제연구센터, 2008.
20. 서상범, 글로벌 금융위기와 물류분야의 투자방향, 월간 교통, 제130권, 한국교통연구원, 2008, pp.36-43.
21. 안우영, 광역경제권 특화발전 전략과 교통부문의 과제, 충천권을 중심으로, 특집: 5+2 광역경제권 형성과 교통부문의 과제, 월간교통, 통권 129호, 한국교통연구원, 2008, pp.32-39.
22. 안홍기·김민철, 교통기반시설투자의 지역간 배분과 지역경제성장에 관한 연구, 국토연 2006-35, 국토연구원, 2006.
23. 오병기, 광역경제권의 경제변수 및 재정변수 사이의 인과관계 분석, 한국지방재정논집 제13권 제1호, 한국지방재정학회, 2008, pp.93-123.
24. 오재학, KTX 역세권 특성화개발의 필요성과 추진전략, KTX 역세권 특성화개발 KOTI 정책토론회 자료집, 한국교통연구원, 2009, pp.19-35.
25. 유재윤, SOC투자여건의 변화 전망과 과제, 특집: 전환기의 SOC 투자전략, 월간 국토통권 314호, 국토연구원, 2007, pp.6-14.
26. 윤대식, 대구경북 광역경제권 형성과 교통인프라 구축, 대경포럼」 통권 62호, 대구경북연구원, 2008, pp.29-41.
27. 이건철, 호남광역경제권 발전전략, 전남비전 21, 통권 제21호, 전남발

전연구원, 2008, pp.17-33.

28. 이상용, 광역경제권 발전방향과 도시・교통부문의 과제 - 대구경북 광역경제권의 사례, 특집: 5+2 광역경제권 형성과 교통부문의 과제, 월간 교통통권 129호, 한국교통연구원, 2008, pp.23-31.
29. 이원섭, 초광역경제권 중심의 국토발전방향, 국토정책 브리프 제163호, 국토연구원, 2007.
30. 이원섭, 신정부의 광역경제권 구상: 창조적 광역발전전략, 전남비전 21, 통권 제21호, 전남발전연구원, 2008a, pp.2-16.
31. 이원섭, 광역경제권의 구축방향과 과제, 지역경제제1호, 산업연구원, 2008b, pp.6-25.
32. 이재민, 교통 SOC 투자체계 및 안정적 재원 확보방안, 월간 교통, 제130권, 한국교통연구원, 2008, pp.12-19.
33. 이훈기, 5+2 광역경제권 설정에 따른 국가기간교통망계획의 보완방향, 특집: 5+2 광역경제권 형성과 교통부문의 과제, 월간교통, 통권 129호, 한국교통연구원, 2008, pp.15-22.
34. 이훈기, 미래 성장동력 확충을 위한 교통・물류부문의 중장기 투자방향, 월간 국토, 통권 329호, 국토연구원, 2009, pp.18-26.
35. 임형섭, 광역경제권 발전전력 추진의 고려사항, - 호남경제권 추진을 중심으로-, 포커스 광주 통권 제4호, 광주발전연구원, 2008, pp.3-21.
36. 장기복, 녹색성장을 위한 환경투자의 방향, 월간 국토, 통권 329호, 국토연구원, 2009, pp.27-36.
37. 정경옥, 국내・외 교통시설 투자변화 및 시사점, 월간 교통, 제130권, 한국교통연구원, 2008, pp.44-49.
38. 정봉현, 호남고속철도 정차역의 역세권 개발방향 -광주시 송정리역을 중심으로-, 지역개발연구, 제39권 1호, 전남대학교 지역개발연구소, 2007, pp.79-104.
39. 정봉현, 신정부의 광역경제권 개발정책과 호남권의 발전방향, 경영자과정 교재, 전남대학교 경영대학원, 2008, pp.1-46.
40. 정봉현, 호남광역경제권의 형성과 교통 사회간접자본(SOC)의 구축방안, 한국도시행정학보 제22집 제2호, 한국도시행정학회, 2009.8, pp.3-30.

41. 정웅기 · 최영은, 대경광역경제권 지역발전 거점육성과 교통 · 물류망 확충, 대경포럼」 통권 제65호, 대구경북연구원, 2008, pp.22-30.
42. 정일호, 국토경쟁력 강화를 위한 고속간선도로망 구축방향과 과제, 창조적 국토발전전략 심포지엄 논문집, 국토연구원, 2008, pp.111-130.
43. 정준호, 영국지역정책의 광역화 움직임에 대하여, 지역경제 제1호, 산업연구원, 2008, pp.26-44.
44. 정희윤 외 5인, 수도권 광역경제권 정책의 추진방향에 관한 연구, 시정연 SR-03, 서울시정개발연구원, 2008.
45. 지역발전위원회,이명박정부 지역발전정책 연차보고서, 2008.
46. 황상규 · 김찬성, 교통측면의 광역경제권 설정 및 교통보완대책, 단기수시연구 2008-05, 한국교통연구원, 2008.
47. Barrie Stevens, et.al, A cross-sectional perspective on the development of global infrastructures to 2030, Infrastructure to 2030: telecom, land transport, water and electricity, OECD, 2006.
48. Daniel L. Doran, Asset management: remedy for addressing the fiscal challenges facing highway infrastructure, International Journal of Transport Management 1, 2002, pp.41-54.
49. Sock-Yong Phang. Strategic development of airport and rail infrastructure: the case of Singapore, Transport Policy 10, 2003, pp.27-33.
50. 광주광역시 http://www.gjcity.net
51. 광주발전연구원 http://www.gji.re.kr
52. 지역발전위원회 http://www.balance.go.kr
53. 국토연구원 http://www.krihs.re.kr
54. 국토해양부 http://www.moct.go.kr
55. 교통연구원 http://www.koti.re.kr
56. 전남발전연구원 http://www.gjdi.re.kr
57. 전북발전연구원 http://www.jd.re.kr
58. 전라남도 http://www.jeonnam.go.kr
59. 전라북도 http://www.jeonbuk.go.kr

SOC 관련 사이트: 호남권

광양만권 경제자유구역청	http://www.gyfez.go.kr
광양시청	http://gwangyang.jeonnam.kr
광양항	http://www.portgy.com
광양항 포럼	http://www.gwangyangforum.or.kr
광주광역시	http://www.gjcity.net
광주도시철도공사	http://gwangjusubway.co.kr
광주상공회의소	http://www.kjcci.or.kr
광주발전연구원	http://www.gji.re.kr
공공투자관리센터	http://pimac.kdi.re.kr
교통연구원	ttp://www.koti.re.kr
국토연구원	http://www.krihs.re.kr
국토해양부	http://www.mltm.go.kr
대한상공회의소	http://logistics.korcham.net
새만금사업단	http://www.isaemangeum.co.kr
순천광양상공회의소	http://sgcci.korcham.net
여수세계박람회	http://www.expo2012.or.kr
여수지방해양항만청	http://yeosu.mltm.go.kr
전남발전연구원	http://www.gjdi.re.kr
전라남도	http://www.jeonnam.go.kr
전라북도	http://www.jeonbuk.go.kr
전북발전연구원	http://www.jd.re.kr
지역발전위원회	http://www.balance.go.kr
한국공항공사	http://www.airport.co.kr
한국개발연구원	http://www.kdi.re.kr
한국교통연구원	http://www.koti.re.kr
한국도로공사	http://www.ex.co.kr
한국토지주택공사	http://www.lh.or.kr
한국철도공사	http://www.korail.com
한국철도시설공단	http://www.kr.or.kr
한국컨테이너부두공단	http://www.kca.or.kr
한국해양수산개발원	http://www.kmi.or.kr
호남고속철도사업	http://www.honamktx.org

저 자

- **정봉현**

- 중앙대학교 응용통계학과 경제학사
- 서울대학교 환경대학원 도시계획학 석사
- 영국 Sheffield대학교 대학원 도시·지역계획학 박사, 교통물류전공
- 한국과학기술원·국토연구원·한국해양수산개발원 연구원
- 미국 University of California, Berkeley, ITS 객원연구원
- 영국 University of Sheffield 도시·지역계획학과 객원교수
- 캐나다 University of Waterloo 계획학부 객원교수
- 캐나다 University of Toronto 지리·계획학과 객원교수
- 전 국가교통위원회 위원, 광주지방경찰청 교통운영 심의위원
한국지역개발학회·한국도시행정학회 부회장, 전남대학교 평의원
KBS광주방송·광주MBC·광주방송(KBC) 교통관련 TV토론회 출현
- 현 전남대학교 경영대학 경제학부 지역개발학전공 교수
광주광역시·전라남도 교통영향분석·개선대책위원
광주광역시 도시철도건설 자문위원, 물류정책위원회 위원
광주발전연구원·전남발전연구원 초빙연구위원
대한교통학회 호남·제주지회장, 한국항만경제학회 부회장
- 저서 및 논문실적
『광주지역의 투자환경』(공저), 전남대학교출판부, 2000; 『도시-현대도시의 이해』(공저), 대왕사, 2002; 『21세기 종합물류정보망의 구축실태와 발전방향』, 전남대출판부, 2005; 『21세기 지방대도시 현대교통정책 : 광주광역시』, 전남대학교출판부, 2005 외 교통·물류 관련 논문 65여편 이상

사회간접자본과 지역발전

— 호남권 교통현안과 대책 —

인쇄 | 2010년 2월 20일
발행 | 2010년 2월 25일

저자 | 정봉현
발행 | 김윤수
발행처 | 전남대학교출판부

등록 | 1981. 5. 21. 제53호
주소 | 500-757 광주광역시 북구 용봉로 77
전화 | (062) 530-0571~3
팩스 | (062) 530-0579
홈페이지 | http://altair.chonnam.ac.kr/~cnup

값 16,000원

ISBN 978-89-7598-807-3 (93320)

이 도서의 국립중앙도서관 출판시도서목록(CIP)은 e-CIP홈페이지(http://www.nl.go.kr/ecip)에서 이용하실 수 있습니다.
(CIP제어번호: CIP2010001287)